元峯 千昌宇 교장 팔순기념 산문집

굽이굽이 강물처럼

千昌宇

책펴냄열린시

천창우 산문집

굽이굽이 강물처럼

지은이 천창우
펴낸이 최명자

펴낸곳 책펴냄열린시
주소 (48932)부산광역시 중구 동광길 11, 203호
전화 010-4212-3648
출판등록번호 제1999-000002호
출판등록일 1991년 2월 4일

인쇄일 2022년 7월 13일
발행일 2022년 7월 15일

ⓒ천창우, 2022. Busan Korea
값 15,000원

ISBN 979-11-88048-60-1 03810

• 저자와 협의하여 인지를 붙이지 않습니다.
• 잘 못된 책은 바꿔 드립니다.
• 이 책의 내용 중 일부 또는 전부를 저자 및 출판사의 동의없이 사용하지 못합니다.

• 책을 내면서

  1943년에 태어나 9남매의 맏이로 자라온 가난한 농촌 생활은 육신이 혹사를 당했던 유소년기의 잔혹사殘酷史였으며,
  국민학교와 중학교의 졸업장은 학교를 만든다고 수고한 공로를 인정받은 증표였다.
  군복무 때는 그 시대의 고민을 온몸으로 감당했으며, 43년여 교직생활을 하는 동안에는 몸과 마음을 함께 묻었다.

  첫 입시에 낙방하고 방황하다가 재수再修로 소가 뒷걸음치다가 쥐를 잡는 행운으로 사범학교에 입학할 수 있었으며, 양良이고 가可가 대부분인 성적으로 유급留級을 면免하고 선생님이 되어서는 안 될 선생님이 되어 벌어지는 아무나 흉내 낼 수 없는 코미디 같은 반전反轉 드라마가 온전히 내 삶의 궤적이라 해도 과언이 아니다. 유별나게 다양한 교사로 생활 하면서 아무나 겪을 수 없는 순간순간을 독자제위께서도 굽이굽이 강물처럼 함께 따라 갈 수밖에 없을 것이다.

  어쩌다가 쓰일 곳도 모르고 취득한 특수교사 자격증이 내 교직생활과 삶의 방향타가 되어버린 운명도 예사롭지 않다.
  소신과 양심에 때를 묻히지 않고 월급 값을 하려고 몸부림치며 버텨

온 과정을 보배로 만들기 위해 하나하나의 구슬을 꿰었으나 익숙하지 못한 솜씨가 원망스럽다.

늘 쫓기며 바삐 살면서 한 일도 많았고 할 말도 많았지만 말재주도 글재주도 없었으니 답답할 뿐이었다.

이토록 변화무상하고 아슬아슬했던 지난 세월은 늘 예사롭지 않았지만 고비마다 행운이 다가와 새로운 도약으로 승화시켰으니 남은 시간은 이웃도 돌아보면서 감사하며 여유롭게 살고 싶다.

딴에는 교육 여정에서 보고 겪고 생각한 것들을 아련한 기억으로 소환하여 한데 모았으나 이 것 또한 인쇄매체의 공해가 되지 않을까 염려하면서 망설이다가 친구 박순강 교장과 홍영지 선생의 응원에 용기를 냈었지만 정제精製되지 못한 원고를 다듬어주신 책펴냄열린시 편집진의 노고가 없었다면 한권의 책으로 태어나지 못할 뻔 했다.

누군가가 읽어서 내 별스런 인생사에 박수를 보내준다면 더 없는 영광이 되겠다 싶다.

내 삶을 변함없이 지켜봐 주시는 인연들의 건강과 가정에 행운이 늘 함께하였으면 한다.

2022년 6월 첫날에
천창우

차례…6
책을 내면서…3

제 *1* 부

파란만장의 유년시절……………………………………………11
사라호 태풍이 진로를 바꾸다…………………………………20
열아홉 살 철부지가 선생님 되다………………………………26
상동이 산동으로………………………………………………35
자신감을 길러준 군복무………………………………………41
물 난리만 세 번…………………………………………………48
출향 20년만에 귀향하다………………………………………62
저승길에 만난 신리……………………………………………76
다시 고난의 길로………………………………………………87
특수교사 자격증이 난파선을 구하다…………………………94

제 *2* 부

세상은 내 편……………………………………………………109
하수구를 복개하다……………………………………………122
다시 전문직으로………………………………………………130
원드우먼 별이 되다……………………………………………140
부산 특수교육의 사령탑이 되다………………………………146

거제초등학교 교장으로……………………………………155
다시 구남으로………………………………………………163
모천으로 돌아온 행복한 연어……………………………179
불사조 폐암에 손들다………………………………………189
은하수 건넌 아내 돌아올 줄 모르네……………………203
덤으로 사는 세월 감사하며 살련다………………………212

제 3 부 칼럼, 기타

특수교육은 보물찾기………………………………………221
온 세상에 '알아주는 삶'이…………………………………223
나를 전율케 하는 말 '교육'!………………………………226
선생님께 드리는 글…………………………………………234
등록금 내리는 대학엔 가지마라…………………………236
세월의 속도…………………………………………………240
봄비가 준 선물………………………………………………242
백양산 소고…………………………………………………245
수능 문제의 처방은 없는가?………………………………248

국정감사 참 가소롭다……………………………………252
동백섬 만물상………………………………………254
정치개혁 제대로 하자………………………………257
요즈음 TV 아이들이 볼까 두렵다……………………259
안보라인에 구멍이 났다………………………………262
지하철 배려석 문제는 없는가?………………………265

발문/무한한 책임감으로 성공한 교육자 • 박순강……………267
저자 프로필……………………………………………269

제 *1* 부

파란만장波瀾萬丈의 유년시절幼年時節

내가 국민학교 1학년일 때에 6·25사변이 일어났다. 그 시절 우리 동네에는 라디오도 없고 신문도 없어 다른 곳에서 벌어지는 일들은 한참 뒤에야 구전口傳으로 전해오면 뒤늦게 알려지곤 하던 시절이었다.

여름방학이 끝나고 학교에 갔더니 좁은 운동장에 천막이 가득 쳐져 있어서 천막 사이로 뛰어다니고 숨바꼭질을 하며 즐겁게 놀았는데 그 천막들은 군인들이 주둔할 막사였다. 그 여름이 저물 무렵부터 피난민들이 밀려오기 시작하면서 우리 집에는 마루와 외양간이며 디딜방앗간 할 것 없이 하늘만 가릴 수 있는 공간에는 피난을 온 유민流民가족들이 가마니로 이웃을 가리고 살기 시작했으며 우리가족들은 가능한 한곳으로 모여서 생활하면서 비좁은 방이 더 비좁아지고 굶주리는 피난민들의 눈치 때문에 식사도 마음 놓고 할 수가 없었다. 특히 화장실이 부족하여 급한 용변을 참지 못하고 구석진 곳에서 해결하는 경우가 많아 밟지 않으려고 조심해야하는 등 여러 가지로 많이 불편했던 기억들이 남아있다.

해가 바뀌면서 귀가 찢어질 듯 날카로운 소리를 뱉으며 쏜살같이 바쁘게 날아가는 쌕쌕이(전투기)소리에 놀라기도 했으며 멀리서 들려오는

굉음이 잦아지면서 우리 가족들도 비상식량과 얼마씩의 돈을 넣은 개인용 휴대가방을 만들어 두고 피난 떠날 준비를 했던 기억이 생생하다. 그 때 그 많던 피란민들은 어디로 갔으며 어떻게 되었는지를 알지 못하니 그저 미안할 뿐이다.

 감꽃이 한창인 5월이면 아침 일찍 일어나는 여동생이 그 감꽃을 다 줍고 난 뒤에 일어난 내가 감나무 아래로 가봐야 몇 개 줍지 못하고 속상해 하면 여동생은 감꽃으로 목걸이를 하고 숨겨 논 감꽃으로 간식을 즐기며 약을 올리곤 했는데 한 번도 일찍 일어나 감꽃을 먼저 줍는 복수(?)를 해보지 못했다.

 요즈음의 젊은 부부나 부유층이 생각하면 까무러칠 일인지는 모르지만 고만고만하게 어린 우리 남매들은 아마도 우리끼리 자랐다는 생각이 든다. 서너 살을 먹을 때까지 아랫도리는 아예 가릴 엄두도 내지 않은 채 마당을 기어 다니며 개와 먹이다툼을 하거나 여기저기 고약하게 생긴 닭똥을 장난감으로 조물락거리며 만지거나 주워 먹기도 하면서 놀았다. 나도 그랬는지는 모르지만 동생들이 자라면서 이불이나 방바닥에 변便을 보았을 때 "워~리"하고 마당의 개를 부르면 문지방을 홀쩍 뛰어들어온 개가 변을 핥아먹고 치워주곤 하였는데 다행스럽게도 남자아이들의 성기性器를 깨물지 않은 것만도 참 다행이었다 싶다.

 그 당시의 평상복은 어른이라고 해서 특별할 것도 없었다. 남자들은 바지하나에 매듭단추 한 두 개인 적삼하나면 족하다. 여름옷은 삼베로 지은 홑옷이요 겨울옷은 무명천으로 솜을 넣어 두껍다는 차이밖에는 다를 것이 없고 팔을 들면 땟국으로 얼룩진 뱃살이 그대로 드러나는 모양새다. 여자라고 특별히 다를 것도 없이 고쟁이 겉에 통치마 하나 걸쳐

입고 옷고름으로 섶을 묶은 적삼 하나가 일상복이니 팔만 들면 가슴은 저절로 나오지만 브래지어가 필수품인 요즈음과 달리 출산하지 않은 여자의 가슴은 별도로 가리는 속옷이 없었지만 얼마나 단단히 감추었는지 신비스럽고 미스터리 그 자체였다.

어릴 적에는 동네에 이발소가 하나 있었는데 이발료를 그때그때 받지 않고 가족 수에 따라 보리를 수확하면 보리를, 벼를 수확하면 벼로 이발료를 갚곤 하였는데 우리 남매들은 중학교를 다닐 때까지 아버님이 '바리깡braikan'이라는 이발기계로 밀어주셨는데 잘 잘라지지 않아서 머리카락을 물고 지나가면 생머리가 빠지는 고통 때문에 눈물을 삼켜야 했다. 머리에는 늘 '버짐(백선白癬균)'이 덮고 있어서 크레졸 비누로 감으면 눈물 콧물이 범벅이 되면서도 참지 않으면 쥐어 박히곤 했으니 그때 왜 머리에는 진물이 나는 '버짐(다른 말로는 기계똥 이라고도 했음)'이고 얼굴에는 '마른버짐'이요 시퍼런 콧물을 물고 다니다 훌쩍 들이마시기도 하고 소매 자락으로 훔치다보니 그 소매 자락은 늘 반질반질 윤이 났는데 그래서 인지 국민학교에 입학을 할 때면 가슴에 손수건을 필수품으로 달았던 것 같다.

학교에서 때 검사를 하는 날은 거북등처럼 갈라져서 피가 나던 손등은 돌멩이로 문지르고 모래로 씻고 침을 발라서 비벼 봐도 늘 불합격으로 벌을 서야 했으며 남녀를 불문하고 긴 머리에는 머릿니가 기승을 부리니 그때는 '참빗'도 가정의 필수품이었다.

아이들의 안색顔色은 하나같이 누렇게 뜨고 창백하였는데 분뇨糞尿로 키운 채소를 먹다보니 기생충의 알이 대변으로 배출되므로 늘 기생충에 감염되어 심할 때는 수타면手打麵 면발 같은 살아있는 회충이 항문이나 입으로 기어 나오기도 할 정도로 아이들의 뱃속에는 회충, 요충, 촌충,

조충 등이 기생하여 영양분을 가로채기 때문에 영양실조와 배앓이가 심하여 구충제를 복용하면 변보다 많은 양의 회충이 무더기로 배출되기도 하였다. 이토록 비참했던 아득한 옛이야기가 남의 이야기가 아니라 우리들의 이야기이기에 너무 호사스런 오늘이 불안하게 느껴짐은 어인일인가 싶다.

 국민학교에 들어가서부터는 산안山內사람들의 추렴으로 겨우 네 칸 중 두 칸은 흙바닥인 교실에서 학생마다 자기가 사용할 가마니를 가져와서 깔고 앉아 공부를 하는데 칠판(흑판)이라고 해도 나무판을 몇 개 이어 붙여서 먹물을 칠한 것이어서 분필(백묵)로 글씨를 쓰면 희미하게 잘 보이지 않아서 가끔씩 다시 먹물을 덧칠하곤 하였으니 아련한 옛 생각이 꼬리를 문다. 여름이면 가마니를 말아서 어깨에 메고 학교주변의 큰 나무 아래로 이동하여 공부를 하곤 했는데 떼를 지어 이동하는 모습을 상상하면 웃음이 절로 나온다.

 그 시절의 여름놀이는 나무그늘의 흙바닥에서 하는 '땅따먹기' '구슬치기' '꼰 두기'가 남자아이들의 놀이요 여자아이들은 주로 '사방치기'를 했으며 겨울에는 '딱지치기' '자치기' '고무줄 뛰기' '제기차기' '팽이치기' '썰매타기'를 주로 하였는데 우리 동네에는 행복하게도 동네 앞에 저수지가 있어서 엄마들의 빨래 길에 손을 잡고 따라나서면 그 빨래가 끝날 때까지 물속에서 오리새끼처럼 놀다보니 헤엄을 못하는 아이들이 없었으며 겨울이면 얼음으로 덮인 저수지가 스케이트를 비롯한 팽이치기와 딱지치기로 안성맞춤이니 우리 동네 저수지는 현대식 종합운동장보다 더 유용하고 활기찼던 것 같다.

 휴전이 되고부터는 나라의 경제가 핍박하여 수많은 군인들을 먹여 살리기 위해 그나마 일본인들이 가꾸고 아껴온 삼림들을 벌채하는 장교들의 후생사업을 권장하였는데 우리 고장의 높은 산 '고죽골'에도 벌채가 진행되면서 벌채한 나무를 장작으로 쪼개어 사람들의 등짐으로 하산을 하는데 지고 온 무게에 따라 운임을 계산해 주었다. 국민학생인 우리도 소원(?)인 '10리 사탕'과 '송진 껌'을 사고 싶어서 수업이 끝나면 자가용 지게를 지고 고죽골로 올라가 무거울 만큼 장작을 지고 내려오다가 지치면 한두 개를 버리고 또 내려오다가 힘들면 몇 개를 더 내려놓고 목적지에 가까스로 도착하면 처음의 $\frac{1}{3}$은 버리고 왔는데도 기진맥진하였다. 그 돈으로 10리 사탕과 송진 껌 몇 개를 사서 동생들 몰래 먹다가 부모님께 야단을 맞고 억울해서 울먹이며 하나씩 나누어주고, 송진 껌은 씹다가 벽이나 책상 밑에 붙여두었다가 식사가 끝나면 다시 씹곤 하였는데 동생들이 말을 잘 들으면 씹던 껌을 한 번씩 씹어볼 수 있도록 은전恩典을 베풀고 나면 그토록 힘들었던 하산길의 나뭇짐이 고맙기만 했다.

나는 중학교를 졸업할 때까지 칫솔에 치약을 묻혀서 이를 닦는다는 사실을 몰랐다. 어쩌다 가운뎃손가락에 소금이나 모래를 묻혀서 이를 문지르기는 하였지만 가루로 된 치약을 칫솔에 묻혀서 양치질을 하는 모습은 본 일이 없었다. 중학교 3학년 겨울방학 중에 어머니를 따라 부산의 '혜원산부인과'라는 병원의 원장인 외가의 친척집에 간적이 있었는데 세면장에 갔더니 그림으로만 보았던 칫솔 여러 개가 커다란 컵에 담아져 있어서 손님들이 사용하라고 준비해둔 것으로 생각하고 하나를 집어서 서투른 솜씨로 난생 처음 칫솔질을 해봤는데 그 칫솔들이 모두 각각의 주인이 따로 있었다니 만약에 내가 무작위로 사용한 칫솔의 주인이 그런 사실을 알았다면 얼마나 황당했을까를 생각하면 지금도 웃음이 절로난다.

1956년 3월 밀양으로 유학을 시키려면 남매가 함께 다니는 것이 여러 모로 경제적이고 자취를 하더라도 편리할 것 같다면서 한 살 아래인 여동생을 5학년에서 중단하고 밀양여중에, 나는 밀양중학교에 입학하기로 결정이 났었는데 그 동안 아버님이 열성을 다해 추진하던 향리鄕里의 중학교 설립이 성사되자 남매는 밀양 시내의 중학교 진학을 포기하고 새로 생길 상동중학교에 입학하게 되었다. 아버님의 지론은 당신이 그토록 갈망하고 추진하던 소원이 성사되었는데 당신의 자식을 교육환경이 더 좋은 읍내의 학교로 보낼 수는 없었으며 더군다나 신생 중학교에 입학시킬 지방유지급 인사가 거의 없었으므로 아버님이 솔선해야 명분이 서기 때문이기도 했으리라.

　설립 가인가는 났으나 당장 학생을 수용할 공간이 없었으므로 청도군 청도읍 유호동의 경부선 철둑 곁에 있던 교회의 창고에서 공부하던 고등공민학교에서 입학식을 하고 중학생이 되었다.
　그해 5월 상동면 옥산리 옛 경부선 유천역 플랫폼platform위에 얹은 목조 세 칸 교실로 이사를 오게 되어 다음날부터 매일 오후에는 가마니로 들것을 만들어 자갈을 치우고 플랫폼 콘크리트를 부숴내면서 부잣집 마당만한 운동장을 만들어 나갔다. 그렇게 공부보다 운동장을 만드는 토목공사가 주 업무가 되니 경제력이 따르고 자녀교육에 관심이 있는 사람들은 하나 둘씩 밀양이나 청도로 전학을 가기도 하여 학생 수가 점점 줄어들더니 개교 2년 만에 밀양중학교 상동분교로 격하되고 말았다.
　원래 선생님이 부족했지만 분교가 되니 교장 선생님도 교감 선생님도 없고 생물 담당 김상옥(?) 선생님과 국어 담당 신정자(?)선생님이 발령을 받아 오신 분이고 다른 교과목 선생님은 대학교를 졸업했거나 특별한 능력이 있으신 분이 전공과 관계없이 교과목을 맡으셨다가 몇 달 지나면 온다간다 소식도 없이 떠나고 또 다른 분이 오시곤 해서 가르치는 선생님이나 배우는 학생이나 책보자기 택배만 했을 뿐 헤매기는 마찬가지로 제대로 교육과정을 익힐 수가 없었으며 특히 예능 교과는 3년 동안 그의 운동장 고르는 토목공사로 대치했으며 상동국민학교 윤한영 교감선생님이 몇 번 오셔서 노래를 가르쳐주신 것이 전부였다.

 열악한 교육여건이지만 왕복 16km가 넘는 안정이라는 동네나 솔방이라는 동네에서도 부지런히 다녔으며 우리 면에서 통학거리가 왕복 8km 이상인 소위 산안山內마을 전체에서 여학생은 내 동생 귀우 밖에 없었는데 새벽부터 10여명 대식구의 아침밥을 챙겨놓고 남학생들 뒤따라 등교하느라 얼마나 바빴을까? 등하굣길에 이웃동네의 짓궂은 남자 아이들이 바지 입은 여학생이라고 놀려댐으로 걸음이 빠른 남학생들을 따라 같이 걸어야 놀림을 당하지 않았으니 그 시절엔 여자가 중학교를 다니는 것만도 질투의 대상이었다.

 매서운 겨울바람에도 장갑이나 목도리 하나 없이 책보자기를 들고 다니느라 열손가락이 얼어서 퉁퉁 붓고 진물이 나니 제대로 씻을 수도 없었으며 치료라고 한다는 게 밤마다 얼어터진 두 손을 콩자루 속에 묻고 잠자리에 들곤 하면서 봄을 맞아 언 손가락이 아물면 일상으로 돌아가곤 하던 그때의 끔찍했던 그 강바람만 생각하면 지금도 아찔하다.

 설상가상으로 3학년 여름 어느 날 플랫폼에 그냥 얹혀있던 교실이 비바람이 심하게 몰아치는 바람에 덜컹덜컹 들렸다 놓이며 구겨지고 넘어졌으며 그렇지 않아도 겨우 전교생이 아침조례를 할 만큼 다듬어졌던 운동장도 한쪽 모서리가 홍수에 쓸려 나가버리니 몇 날 동안 교실을 제자리로 옮기느라 우리 손으로 건축공사를 하기도 했으나 쓸려 가버린 운동장은 정부의 지원도 학교의 재정도 없으니 복구를 할 엄두를 내지 못하고 위험구역으로 새끼줄만 쳐놓고 졸업 때까지 그냥 두었다.

　아버님을 비롯한 지방유지 몇 분께서 우리 면에 중학교가 있어야 다른 곳으로 유학을 시킬 수 없는 어려운집 자녀들도 중학교를 마칠 수 있겠다는 일념으로 동분서주 하시면서 겨우겨우 세운 중학교에서 우여곡절을 겪으며 3년을 마치고 남자 20명 여자 4명이 무사히 밀양중학교 상동분교의 졸업장을 받게 되어 사범학교에 1명, 대구공업고등학교 1명, 대구상업고등학교 1명, 밀양농잠학교 4명, 밀양여자고등학교 1명, 대구여고 1명 등 몇 안 되는 졸업생이 변변한 학교생활을 하지도 못 했지만 명문 고등학교의 입학시험에 합격하여 후배들의 귀감이 되었다. 나의 중학교 3년은 공부보다 학교를 만드는 토목공사와 동창천을 따라 걷는 왕복 8km의 고행길이 여름이면 물귀신이요 겨울이면 얼음판을 누비던 변화무상의 체력단련과 인내력의 시험코스였다.

　3학년 봄 어느 일요일에 아버님의 심부름으로 밀양읍 삼문동 어딘가에 있는 병아리부화장에 병아리를 찾으러 갔었는데 우리 몫으로 부화된 병아리는 먼저 온 사람에게 나누어주고 나는 몇 시간을 더 기다려서 새로 나오는 병아리를 받아와야 했다. 그동안에 집으로 다녀올 수도 없는 노릇이라 무작정 기다리다보니 점심때가 한참 지나서 고픈 배를 채우기 위해 난생 처음으로 부근에 있는 식당에 들어가서 '차림표'를 살펴보니 내가 알만한 음식의 이름은 없고 모두 처음 보는 이름들이라 머뭇거리며 망설이고 있으니 주인아저씨가 "무얼 먹겠느냐?" 차림표를 가리키며 "야끼메시燒飯,やきめし 먹어라 맛있다" 하시므로 무슨 음식인지도 모르고 그러겠다고 하고는 자리를 잡고 앉았다. 잠시 기다리고 있으니 잘게 쓴 붉은색 무 조각이 섞인 기름기가 반지르르한 쌀밥 한 쟁반이 얇게 부친 달걀 지짐으로 가려진체 나오고 뒤이어 단무지 몇 조각과 희멀건 국물

이 한 보시기 딸려 나왔다. 국에 말아 먹어야 하는지 따로 먹어야 하는지 몰라 우물쭈물 하다가 밥부터 한 숟갈 떠먹었는데 너무 맛이 있어서 눈 깜짝할 사이에 밥그릇을 비우고 국은 따로 마셨는데 그때 처음 먹었던 그 음식은 성인이 된 한참 뒤에야 오늘날의 "볶음밥"인 것을 알게 되었으니 중3이 되도록 외식 한 번 해보지 못한 촌놈이 아버님 덕분에 출세를 한 셈이었다.

지금도 세상에서 제일 맛있었던 그때 그 '야끼메시'가 자꾸 생각난다.

내가 졸업할 무렵에 교육청에서 빈지소로 가는 벌에 고 박영혁 우체국장님의 밤밭을 희사받아 넓은 운동장과 튼튼한 새 교실을 지어 졸업 이듬해에 새 보금자리로 이전하였으나 유래가 없는 사라호 태풍으로 한 학기도 채우지 못하고 흔적도 없이 사라지고 말았으니 돌이켜보면 나의 모교도 내 운명처럼 유난히도 우여곡절이 많았구나 싶다.

사라호 태풍이 진로를 바꾸다

중학교를 졸업하면서 특차로 입학시험을 치르는 부산사범학교에 친구랑 둘이서 지원을 했는데 친구는 합격을 하고 책보자기만 들고 다녔던 나는 보기 좋게(?) 미역국을 마셨다. 하는 수 없이 1차로 모집하는 밀양농잠학교에 지원을 하였는데 지원자가 정원에 미달이라 저절로 합격이 되었다.

한번 쓴 맛을 봤으면 정신을 차리고 제대로 공부를 해야 할 터인데 '어차피 농사꾼이 될 터인데 그까짓(?) 농사공부 특별히 해야 할 이유가 뭐람!' 하는 안일한 생각으로 자포자기하고 있는데다 화학시간에 원소기호를 외우지 못하여 급우들 앞에서 모욕을 당하고부터는 아예 공부하고는 담을 쌓았다. 낮에는 악대부에 들어가서 선배들 담배 심부름이나 하고 밤이면 권투도장에 다니면서 건방이나 떨다가 지금의 밀양여고 부근인 광산마을 건달들과 패싸움을 벌리기도 하고 공부하기 싫은 놈들끼리 어울려서 몰래 삼문동의 땅콩 밭을 뒤져서 땅콩을 삶아먹고는 껍질을 허투루 버렸다가 경찰서 신세를 지기도 하는 등 타락의 길로 빠져들어

방황하고 지냈다.

　1959년 9월 16일부터 사흘간 추석을 맞아 집으로 온 사이에 우리나라의 남부지방에 유래가 없는 홍수로 사망 실종한 자가 849명, 부상자가 2,533명, 이재민이 37만 3,459명의 피해를 입힌 사라호 태풍이 영남지방을 휩쓸고 갔다. 이 물난리로 밀양 시내 내일동 일대에도 침수로 집이 무너지거나 떠내려가는 통에 자취를 하던 내 집도 흔적 없이 사라지니 책도 가재도구도 함께 떠났다.

　그 참에 다니던 밀양종합고등학교(농잠학교로 입학했으나 교명이 바로 개편됨)농업과를 그만두고 비워있던 골방에 비료 포대종이로 문을 발라 암실로 만든 후 안거安居에 들어갔다. 며칠을 두문불출하며 고심한 끝에 지난해 사범학교 입시에서 합격한 친구의 자랑이 떠올라 자존심도 상하고 해서 한 번 더 도전해봐야겠다고 다짐하고 한 번만 더 여유를 달라고 부모님께 말씀드렸더니 아무 대꾸도 않으시던 아버님이 다음날 느닷없이 양초를 한 다발 훌쩍 던지시며 "네가 하고 싶은대로 해보라"시며 용기를 주신 덕분으로 지난해에 보듯 말 듯 한 입시용 참고서로 씨름을 시작했다.
　24시간을 밥 먹고 용변 보는 시간을 빼고는 앉은뱅이책상 앞에서 중학교 과정의 '책과의 전투'를 시작한 셈이다.

　목표를 명확히 하고서 다시 책을 들여다보니 그간 책보자기 운반만 했지 공부는 하지 않았다는 사실을 깨닫게 되었다. 처음부터 다시 읽고 외우고 풀어보며 중학교를 졸업하기까지 나무하고 소먹이며 풀 베고 공차며 친구들과 어울리기만 했던 과오를 만회하기 위한 고난의 길로 들어섰다. 지난 3년을 허송세월로 밥만 축을 내고도 부끄러움조차 몰랐다는 후회가 뼛속으로 스며든다.

해가 바뀌어 모교를 찾아 선생님께 입학원서를 써달라고 말씀을 드렸더니 망설임도 없이 "너는 안 된다, 실력도 그렇고 선생 될 인성도 안 된다."며 일언지하에 거절하신다. 기어코 해내겠다고 꿇어앉아서 다시 말씀을 드려도 요지부동이시다. 아마도 중3 때 선생님과 행정실 직원이 어울려 근무를 소홀히 한다고 전교생(100명 남짓)의 등교거부데모를 주도한데 대한 괘씸죄가 용서할 수 없었던 것 같다.

원서 접수 마감일은 다가오는데 '이대로 포기할 수는 없다' 다시 용기를 내어 사택으로 찾아가서 버티기로 했다. 아침부터 점심때가 되어도 저녁때가 되어도 버티고 있으니 나 때문에 식사를 하기도 그렇고… 잠자리까지 같이할 낌새를 아셨는지 저녁 늦게야 "네놈한테는 당할 수가 없구나, 한번 해봐라, 그 대신 이번에 실패하면 다시는 내 앞에 나타나지 마라, 그날로 우리사이 인연을 끊으마." 하시면서 원서를 써주셨다.

그렇게 해서 내 무모한 근성이 부산사범학교에 입학을 허락했으나 이제는 당장 몸담을 곳이 없었다. 부산이 어떤 곳인지도 모르는 농부의 아들이 합격자 발표를 보고 오는 길에 광복동 입구에서 버스를 기다리다 어떤 건달에게 가진 돈을 모두 뺏기고 돌아오는 차비를 도로 얻어서 와야 했던 촌놈이니 자취방을 구할 수도 없고 그렇다고 영도의 대교동에 있는 유일한 친척집도 형편이 못 되고… 입학 날은 다가오는데 가난한 촌뜨기가 하숙을 할 수도 없는 일. 궁리 끝에 지난해 합격해서 다니고 있는 고향의 친구집(교통부부근 검정다리 밑에 위치)을 찾았다. 억지를 부릴 수 있는지 염탐했더니 친구의 형님 내외도 단칸방에 세 자녀와 살면서 다다미(tatami,たたみ) 창고에 동생인 친구가 기생(?)하고 있는 형편인데 고맙게도 우선은 친구와 같이 지내면서 해법을 찾아보자고 해서 염치불구하고 쳐들어가기로 했다.

 그렇게 전철電鐵을 타고 지금의 화랑초등학교에 있던 사범학교를 다녔는데 4·19 혁명이 일어나면서 우리학교도 대신동에서 학교의 악대부를 선두로 전교생이 서면까지 가두행진을 하면서 민주화를 요구하는 데모를 한 것이 가장 기억에 남는다. 학교가 지금의 부산교육대학교 부설초등학교로 이전하자 친구의 형님(6·25 참전 학도병 출신임)도 거제리의 '광명원'이라는 참전자參戰者들 중에서 실명용사들을 위하여 특별히 조성한 주택단지의 한집으로 이사를 했다.
 껌딱지처럼 따라붙어서 2원 50전하는 전철표와 5원씩하는 버스요금을 아끼려고 동해선 철길을 따라서 도보로 통학을 하다가 친구가 졸업을 하자 혼자서 더 붙어있을 수가 없으므로 학교 부근에 누우면 천장 틈으로 별빛이 처량한 자취방을 구해서 독립하게 되었으나, 문득문득 세상에서 가장 고맙고 감사한 친구 서보은 선생의 형님(서보순)네가 2년 동안이나 챙겨주신 은혜를 잊을 수가 없다. 설혹 피붙이라 하여도 그토록 살뜰히 보살피기는 쉽지 않았을 터인데 형님과 형수님이 스스럼없이 베풀어주신 온기가 온몸을 파고 든다.

 한 달에 한 번 정도 집으로 가서 양식과 반찬인 콩자반을 담은 항아리를 지고 들고 와서 지내다가 그마저 떨어지면 이틀이고 사흘이고 굶다가 죽을 지경이 되면 구내식당에 가서 국물이라도 많이 먹으려고 7원짜리 곱빼기가 아니라 5원짜리 우동을 시켜서 네 그릇 다섯 그릇씩 배가 터지도록 먹고는 식곤증으로 몇 시간씩 세상모르게 자고나면 얼굴이 퉁퉁 붓곤 했는데 지금 생각하니 그때는 그래도 행복했던 것 같아 웃음이 절로 난다.

그 당시 사범학교 학생들은 주로 시골의 가난하지만 공부를 잘 하는 학생들이었는데 부산에 연고가 없어서 생활이 넉넉한 부잣집 자녀들의 가정교사로 입주를 하는 학생들은 숙식은 해결이 되지만 자기시간이 자유롭지 못한 단점이 있었으며, 자취를 하는 학생들은 오늘 날 같이 시장이나 마트같은 곳이 없으니 반찬을 직접 만들어 먹거나 시골에서 가지고 온 곡물과 부식으로 생활하기 때문에 자유롭기는 하지만 생활에 절제가 어렵고 미처 시골에 다녀오지 못하고 양식이 고갈되면 굶는 일이 다반사라 누군가가 고향에 다녀왔다는 소식을 들으면 허기진 자취생들이 모여서 굶주린 사자가 얼룩말을 물어뜯듯 밥솥에 둘러앉아 포식을 하곤 했다.

3학년 2학기에 '지방 실습'이라는 교육과정이 있었는데 나는 친구들 몇이랑 고향인 상동국민학교에서 한 달간 현장 실습을 하고 겨울방학을 맞아 울산의 이상구 친구 집을 찾아가서 학창시절의 마지막 휴가를 즐기고 친구랑 함께 양산군의 동면 가산리라는 곳에 살고 있다는 고준길 친구를 물어물어 어둠이 깔릴 무렵에 가까스로 찾았지만 "준길이는 부산으로 갔다"는 노부모님의 말씀에 되돌아 나와 동네 '구판장購販場'에서 탁주와 빵을 시켜놓고 허기와 낙담을 달래며 전화도 없던 시절, 버스도 없는 시골에서 난감해 하고 있을 때 자전거를 타고 순찰 중이던 경찰관의 불심검문에 걸렸다.

"고등학교 교복은 입었는데 머리는 장발이고 늦은 밤에 사는 곳도 불분명한 젊은이가 술을 시켜먹는다." 경찰이 아니라도 수상한 정체임에 틀림이 없다. 마침 전날 밤에 통도사 경내의 전깃줄 도난사고가 발생하여 도둑을 뒤쫓고 있던 중이라며 기본적인 조사를 마치고 학교에 통보는 하겠지만 별일은 아니라며 안심을 시키고 있었는데 때마침 아들의 친구가 걱정이 되셨던 친구의 아버님이 찾아주셔서 집으로 안내하고 새로이 따뜻한 밥을 지어 주시니 배부르게 먹고는 종일을 걸어온 피로로 숙면에 들었는데 친구보다 그 부모님이 더 반갑고 고마웠다. 며칠 뒤에 조사한 내용을 없었던 일로 해달라고 사정을 하러 양산군 동면 파출소로 찾아가서 경찰의 군사용 작전도로에 적힌 영문이름을 끙끙거리며 한글로 번역하는 일을 도와주고 왔는데 졸업을 앞둔 시점에 1주일간의 근신勤愼 처분을 받았던 일이 지금도 기억이 생생하다.

열아홉 살 철부지가 선생님 되다

 너무 부끄러워서 누구에게도 말하지 못하고 지금껏 숨겨오던 나만의 비밀은 학창시절 내 성적은 대부분 '양良'이고 '가可' 뿐이었다. 어떤 이는 세상사 중에서 가장 쉬운 일이 공부하는 일이라고 하더라만은 나의 일상은 여름이면 기상과 동시에 소를 몰고 풀을 뜯기러 가야했다. 학교를 다녀오면 깡보리밥 한 그릇 찬물에 말아 먹고 소를 몰아 산에다 방목하면서 소 먹이와 퇴비용 풀을 베어 지게에 가득 지고 배불리 먹어서 만삭이 된 소를 뒤따르는 목동은 기력이 소진하여 사립문이 가까우면 풍기는 국수 삶는 냄새에 고픈 배가 먼저 눈물로 반기곤 했다.

 겨울철의 하루는 이른 아침부터 쇠죽을 끓여야 하고 날이 밝으면 동네를 돌아다니며 개똥을 줍고, 낮에는 땔감을 한 짐씩 해야 하며 저녁 때는 여물을 썰어 쇠죽을 쑤어야 했다.
 요즈음은 소먹이로 건초를 그대로 생식을 시키는데 그때는 아마도 소가 밭 갈고 무거운 짐을 실어 나르며 퇴비도 만들고 큰 일이 있을 때는 목돈을 만들어 주는 재산목록 1호인 탓인지는 몰라도 추운 겨울날 아낙

네는 얼음을 깨고 빨래를 하지만 소는 따뜻한 물은 물론 먹이도 먹기 좋도록 짚을 썰어서 콩깍지와 보릿겨를 섞어 맛있게 끓여서 먹였다.

뿐만 아니라 나는 9남매의 맏이로 동생들을 돌보는 일도 일과 중에 중요한 한 영역이었다. 아래로 1945년생 여동생, 48년생 남동생, 49년생 남동생(세살 때 사망), 52년생 남동생, 54년생 남동생, 56년생 여동생, 60년생 남동생(7세때 사망), 62년생 막내 여동생까지 여덟명 동생들은 숙명적으로 나의 보살핌이 필요했다.

따라서 한 번도 책보자기를 풀어볼 날이 없었으니 어제 들고 갔던 책보자기 풀어보지도 않고 오늘도 들고 가고 내일도 들고 갔으며 국민학교 6년은 우리 아버님이 제공한 밭떼기에 지붕만 얹은 네 칸 교실에서 가마니 깔고 앉아 졸다가 돌아오고, 6·25 사변 이후로는 학교로 가는 길에 책보자기와 깔고 앉을 가마니를 둘둘 말아서 어깨에 메고 큰 나무 아래에서 장난만 즐기다가 돌아오곤 했다.

6년 동안 여자 선생님은 한 번도 본 적이 없었으며 어떤 해는 동네 구장(통장)하시던 분이 담임을 할 만큼 선생님이 귀했으니 미술이나 음악은 구경도 못했으며 5·6학년 때는 실과시간이면 부족한 교실을 짓기 위한 흙벽돌을 만드는 시간일 뿐이었다.

중학시절도 화학비료가 귀하여 가축의 분뇨와 퇴비와 인분으로 농사를 지었다. 부족한 인분을 보충하기 위해서 개똥을 주워와서 똥통에 보충하기도 하였는데 그 인분을 똥장군으로 옮겨서 논밭에 뿌리는 일을 맡아 하였으며 고장에 중학교가 있어야 농촌의 가난한 아이들도 중학교라도 다닐 수 있다면서 중학교 만들기에 여념이 없으셨던 아버님의 배려(?)로 상동중학교 3년 동안 예능 교과는 경험해 보지도 못하고 다른 교과도 무엇을 어떻게 학습했는지 아무런 기초학습이 되어있지 않았으니 사범학교 입학시험을 통과한 것만도 황소가 뒷걸음치다가 쥐를 잡은 격의 행운이었다.

 기초가 다져지지 않은 상태임에도 사범학교에서 특별히 중요시하는 미술과 음악은 담당 선생님만 뵈도 현기증이 날 지경이었다. 자연히 학습을 따라 할 수가 없었으니 성적이 좋을 리 없고 공부가 너무 힘들고 흥미가 없었지만 우리가 사범학교의 마지막 학년이라 유급을 면하고 친구들 따라 덤으로 졸업을 했으리라… ! 자연히 내 성적은 양良이 귀하고 가可가 더 많았다.

 1963년 1월에 졸업을 하면서 발령지 희망서류를 제출하고 고향으로 돌아와서 여늬때처럼 그 날도 뒷산에 나무를 하러 갔다 오니 이틀에 한 번씩 오는 우편물로 긴급히 등교하라는 편지가 와 있었으나 이미 소집일은 하루가 지났고 부산으로 가는 교통편도 끝이 난 상태였다. 다음 날 부랴부랴 학교에 갔더니 예년에는 부산에 1등과 2등 졸업생 두 명만 발령을 받았으나 그해에 부산이 직할시로 되면서 서울에 20명, 부산에는 무려 80명을 배정하게 되었는데 소집날짜에 도착한 친구들이 모두 횡재를 하고 늦게 와서 선택의 여지가 없는 나머지 100명은 경남으로 배정 신청을 마쳤다고 하시니 산골의 촌놈에겐 그때나 지금이나 늘 밀리기 마련인가 보다…!

 3월에 들면서 발령이 났다는 소식을 손을 꼽아 기다리던 어느 날 신문의 신규 발령자 마지막 부분의 하동군 명단에서 내 이름을 확인하고 다른 친구들 보다 먼저 신문에 이름을 올린 기쁨보다 하동이 도대체 어디인지가 더 궁금했다. 지도에서 찾아보니 밀양에서 가장 서남쪽 생소한 지역이라 가는 방법이 무엇인지 궁금했는데 충무동 연안여객선 항구에서 오후 6시에 출발하는 여수행 여객선을 타고 새벽에 하동 노량에서 내려 항구의 여인숙에서 잠시 머물다가 날이 밝으면 하동군청 소재지로 가는 버스를 타야 한다는 도 교육위원회의 안내를 받았다.

1963년 3월 대망의 꿈을 안고 하동으로 출발하기 위해 아버님께서 선생님이 되었으니 학생처럼 낡은 교복을 입고 부임할 수는 없다고 하시면서 거금 5천원을 들여서 10개월 월부로 맞추어주신 새 양복을 입고 지도에도 없는 미지의 세계를 향해 탐험을 시작했다.

충무동 여객선터미널에서 저녁노을이 불타는 오후 6시에 여수행 여객선에 올라 '이별의 부산항'을 애처로이 흘리면서 석양을 향해 떠나는 뱃머리에서 까닭 없는 눈시울을 적셨던 것 같다. 낙동강 하구를 지날 때는 배가 요동을 치니 안전을 위해 선실로 들어가서 멀미를 이기느라 안간힘을 쓰기도 하면서 새벽녘에야 배는 남해 노량에 잠시 정박한 후 이내 하동의 노량이라는 곳에 도착하였으나 아직 날이 밝지 않아 이름 모를 일행 몇 명과 함께 선창의 여인숙에서 벽을 기대고 칼잠으로 잠시 휴식을 취한 후 하동읍으로 가는 첫 버스로 하동교육청을 찾아갔다.

내 임지는 진주와 가까운 진교면 월운국민학교라고 하면서 버스를 타고 진교에서 하차 후 4km쯤 걸어야 한다고 했다.
지도에도 없는 월운을 묻고 또 묻고 자갈길을 하염없이 걸어서 돌고 돌아 찾은 목적지는 나지막한 산기슭에 부잣집 사랑채만한 건물에다 게양대에 걸린 태극기가 아니라면 학교인 줄도 분간이 안 될 정도의 작은 학교였지만 이곳이 내 생애 최초의 직장이라고 생각하니 그렇게 살갑고 정겨울 수가 없었다.

더 이상 갈 길도 없고 아직 전기도 없는 꼭 내 고향집 같은 막다른 고을인 이곳 월운에서 열아홉살 초보 교사는 기거할 곳이 없어 본교사와 떨어진 벽돌조 새 건물인 6학년 내 교실에서 숙식을 해결해야 했다. 아침에 일어나면 가사실습용 냄비에 버려진 쓰레기로 밥을 지어 먹고 아이들이 등교하기 전에 책상을 정돈하고, 아이들이 하교한 후에는 저녁밥을 지어먹고 촛불을 밝히며 책상 몇 개를 모아 잠자리를 만들어 노숙 같은 시간을 보냈다. 토요일과 일요일엔 뒷산에 올라 고향 쪽 하늘을 바라보며 '저 산 너머 새파란 하늘 아래는…(고향생각)' 노래를 흥얼거리며 향수를 달래는 것도 일과로 변해갔다.

4월 들어 송충이를 잡을 빈 깡통과 대나무 젓가락을 준비하여 면에서 주관하는 식목일 행사에 참가하기 위해 진교면 소재지로 내려가서 행사장에 올라 묘목을 심고 송충이를 잡는 식목일 행사를 마치고 신임교사 환영회 겸 늦은 점심을 먹기 위해 주막으로 들려서 탁주와 가오리찜을 안주로 조촐한 환영회가 시작되었는데 반 쯤 취한 젊은이 몇이서 시비를 걸면서 술잔을 가로채기도 하고 심지어는 체구가 엄청 작은 교장 선생님을 향해 멱살을 잡기도 하는 순간 나도 모르게 그놈에게 한 방 훅 hook을 날렸다. 배를 움켜쥐고 물러난 괴한들 때문에 환영회고 점심이고 어수선하게 끝내고 정신없이 돌아왔는데 다음 진교 장날 오후에 장사꾼들의 짐을 나르는 소위 장차場車 트럭에 젊은이들이 한가득 타고 학교에 들이닥쳤다.

아직 수업중인 교실의 창문을 열고 들여다보면서 덩치가 얼마 안 된다느니 이러쿵저러쿵 큰소리로 공포분위기를 만드는가하면 교무실에서도 학생들을 하교시키고 오라는 연락이 왔다. 나는 직감적으로 식목일 사건이 심상치 않음을 느끼고 "여기서 당하면 죽는다." 어떻게 제압할 것인지를 머릿속으로 계획하며 공포에 질린 눈으로 걱정이 태산 같은 아이들을 안심시키며 하교를 시키고 비상시를 대비하며 복도의 일부를 교무실로 사용하는 교무실의 지형지물을 활용할 계획으로 느릿느릿 교무실로 들어갔다.

  몇 개 안되는 의자는 그 놈들이 다 차지하고 있었다. "어떻게 오신 손님들인지는 모르지만 예의가 좀 없는 것 같네… ?" 기선을 제압할 필요를 느끼고 한마디 뱉었다. 얼마동안 침묵이 흐르며 실눈을 하고 기 싸움을 하는데 그 중의 한 놈이 "사실은 치료비를 받으러 왔다. 협상을 하자."고 하면서 꼬리를 내리는 게 아닌가? "아프면 병원에 가서 치료를 받아야지 무슨 치료비를 왜 날더러 달라고 하느냐?"며 시치미를 떼자 선생님 한 분이 중재에 나서서 5만원을 요구하는 협상안을 가져왔으나 일언지하에 가당치도 않다고 거절했다. 가소롭기 짝이 없었다. 당시 17-2호봉 내 월급은 5,230원이고 세금과 기여금을 제하고 나면 겨우 4,800원 정도이니 5만원이면 1년도 더 굶고 벗고 살아야하니 죽으라는 말과 같다. 나는 들은 척도 않고 "여기까지 오신 손님들이니 내 예의상 막걸리 한 말 대접할 생각이다. 먹고 가든지 실어주든지 요구대로 하겠으니 선택하라"고 최후통첩을 하고 숙소인 교실로 와버렸다. 자기들 끼리 웅성웅성하더니 내 기세에 꺾여서 돌아가는데 남자 선생님 한분이 마을까지 따라 나가서 막걸리 두말을 실으며 "잘 못 건드려서 화禍를 자초하지 말라"고 넌지시 협박을 해서 보냈다고 했다. 그렇게 위기를 모면한 후로는 가끔 진교로 내려가면 어디서 나타났는지 아는 체를 하며 '형님'으로 호칭을 하기도 했다. 가끔 막걸리도 한 사발씩 사주면서 "만만한 월운 아이들 함부로 괴롭히지 말라"고 못을 박기도 했다. 무식하면 용감해 진다더니 일촉즉발의 위기에서 내 만용이 부른 해프닝이다.

어느 날 선배선생님들의 원지를 긁어서 등사를 하는 모습을 어깨너머로 본 눈짐작으로 어렵사리 줄판(철필로 등사원지를 긁을 때 밑에 받치는 철판으로 가는 홈 줄이 빗금으로 쳐져 있어 글씨를 바르게 쓰기가 쉽지 않다)에다가 철필(등사판에 붙일 원지에 글씨를 긁는 필기도구)로 시험 문제를 원지(등사판에 붙일 원고를 긁는데 쓰는 얇은 기름종이)에 엄청 많은 시간을 들여 완성하고는 조심조심 등사판에 붙이고 롤러roller로 밀었는데 이를 어쩌나… 글씨가 뒤집어져서 찍히는 게 아닌가? 왜 이런 일이 생겼는지? 어떻게 수습을 해야 하는지? 양쪽 손은 물론이고 소매자락이랑 윗옷 여기저기까지 등사잉크로 채색을 하고 등사기 여기저기에도 잉크 칠로 손을 댈 수가 없도록 망가트리고 말았다. 사범학교에서 학교 현장에 가면 이렇게 중요한 작업을 할 수 있도록 실습을 하지 않았다는 게 원망스럽기 짝이 없었으며 전달업무를 하는 분에게 남몰래 배우느라 곤욕을 치르기도 했다.

교감도 배치되지 않은 초소형 산골학교에 교장도 학급을 맡아야 하니 학구 내에서 고등학교를 졸업한 아가씨 두 명(문 선생과 양 선생)이 학교 자체강사로 학급을 맡는 등 교육환경이 열악하다 보니 기초학력이 정착되지 않아서 6학년이어도 분수의 통분이 어려우니까 덧 뺄셈이 안 된다. 하루는 공통분모를 만드는 방법을 기필코 익혀서 하교시키기로 작정하고 이해한 학생부터 하교를 시키다 보니 수업시간이 끝나고, 저녁이 오고, 어두워지자 책상위에 촛불을 켜고 통분방법을 가르친다고 역정逆情을 내면서 혼신을 다하였으나 자정이 지나도 10 여명이 남게 되었다.

스스로 교수방법이 서툰 줄은 모르고 죄 없는 아이들만 공포 속으로 몰아넣고는 점점 더 난감해지기 시작했다. 야밤에 산모롱이를 돌고 돌아야 마을이 나타나는 무서운 하굣길을 한두 명씩 그냥 보낼 수가 없어 모두 교실에서 기다리게 하고 가까운 동네부터 바래주다 보니 어느덧 새벽이 오고 나는 기진맥진 허탈해지기 시작했으며 아직도 교실에 남은 학생들은 공통분모를 만드는 방법보다 더 무서운 공포에 떨고만 있었을 그 아이들은 무식하고 못난 선생을 얼마나 원망하고 있었을까?

10월에 들면서 교실은 추위를 막기에는 역부족이다. 교장선생님이 교실에서 숙식하는 부하직원이 불쌍하게 보였는지 마을에 빈방이 있는 집을 탐문하여 구한 방이 추운 겨울철에 염소가 출산을 할 때 이용하던 방으로 흙벽이 그대로요, 방바닥도 가마니를 깔아서 조심하지 않으면 흙먼지가 풀풀 날리는 방이라기보다는 묵혀둔 창고 같은 곳이었는데 청소를 하고나니 따뜻하고 주인집에서 끼니를 얻어먹을 수 있는 조건이라 다가오는 겨울을 살아남으려면 만족해야 했으며 밤이면 동네 아가씨들도 놀러오고 내 반의 학생들도 가끔씩 방문을 하니 마을에서 멀리 떨어진 외딴 교실생활보다는 인정이 교감하던 월운동네의 홍종수(?)네 그 집이 아련하게 그리움으로 다가온다.

교사는 용기나 욕심만으로 되는 것이 아님을 절실히 느끼는 계기가 되었다. 무모한 선생님을 잘 못 만난 여리고 착하기만 했던 그때 그 어린 학생들도 지금은 모두 직업 일선에서 물러나 옛이야기 나누며 황혼을 즐기는 훈훈한 노년이다. 참으로 미안하고 죄스럽기 짝이 없는 무용담이지만 그들 모두가 하나같이 열심히 공부하여 세 명이 진주 교육대학을 졸업하고 주경야독으로 두 명이 고등학교 교장으로, 한 명은 초등학교 교사로 또 한 명은 가정형편으로 고등학교를 마치면서 총무처 공채 공무원으로 수도 서울의 교육행정에 헌신했으며 사업가로도 명성을 얻는가 하면 사회의 각계각층에서 봉사하면서 누구보다 자랑스러운 국민으로 노후를 즐기고 있다.
 헤어진 지 55년이 지난 2018년 어느 날 우연히 연락이 닿아 2019년에는 일부러 부산에서 동기들의 모임을 가지면서 그때 그 철부지 선생을 초대하여 못난 선생님을 용서해준 그들이 너무너무 대견하고 감격스러웠던 그 기분을 영원히 잊을 수가 없다. 여든을 맞는 선생과 일흔 줄에 접어든 제자들은 '일사회'란 이름의 카톡으로 시도 때도 없이 훈훈한 소식 나누며 행복하게 지내고 있지만 지금도 그때 그 생각만 하면 웃음이 절로 난다.

상동上東이 산동山東으로

　1963년 11월 어느 날 내 전임교사가 군복무를 마치고 복직을 하는 통에 정들고 한 많았던 첫 부임지 월운에서의 철없던 탐험을 끝내고 고향으로 돌아와 나무하고 소먹이며 무직자가 되어 지내다가 이듬해 3월 밀양으로 정식발령이 나서 교육청으로 찾아갔다. 마침 중학교 때 몇 시간 음악수업을 해주셨던 그 당시 상동국민학교 교감선생님이 장학사로 계셔서 "선생님 저 상동입니다"하면서 고향인 상동국민학교로 보내달라는 부탁 아닌 부탁을 했는데 다음 날 발령장을 받아보니 '산동'으로 글자가 틀려있어서 선생님께 말씀드렸더니 '산동'이 맞는다고 하시면서 아무도 가지 않으려는 산동을 희망하기에 우선적으로 발령했다고 하신다. 참으로 기가 막힐 일이다. 아마도 선생님은 많은 제자들 중의 하나가 그런 오지奧地에 자진해서 가겠다고 희망하니 발령업무를 쉽게 할 수 있었고 나는 내 고향이 상동임을 선생님은 알고 계실 것으로 착각했던 것 같다. 처음 들어보는 '산동'이 어디냐고 여쭈었더니 '표충사'로 가는 길목이라 교통이 편리한 곳이라고 하시면서 가보면 정이 갈 거라고 하셨다.

밀양군에서 제일 산골인 이곳은 계곡에서 물이 흘러 합쳐지는 삼각지에 위치하고 있어서 비가 조금 많이 오면 계곡물로 둘러싸여 외부와 고립이 되는 곳이다. 1963년과 64년에 연거푸 흉년이 계속되어 극심한 가난과 농지가 거의 없는 산간지역이므로 주민의 과반이 결식과 걸식으로 생계를 이어가는 형편이며 아침이면 밀양 시내에서 천왕산으로 나물과 칡을 캐러가는 사람들이 줄을 잇고 저녁이면 줄줄이 나물보따리와 칡뿌리를 이고 진 불쌍한 난민들이 장관을 이루는 모습은 당시의 우리나라 형편을 대변하는 듯했다.

선생님들도 일과가 끝나면 웅덩이에 고인 물을 양동이에 담아 벼논에 뿌리는 대민지원사업에 동원되기도 했지만 목마른 논에 뿌리는 물 몇 동이가 얼마나 도움이 되었을까 싶다.

나는 6학년을 담임했는데 도시락을 준비한 학생은 고작 서너 명 정도였다. 그 도시락에는 주로 떡을 담아 와서 먹음직스러웠기에 한입 베어 물다가 써서(우려내지 못한 칡가루로 만든 떡) 이러지도 저러지도 못하고 참 난감하기도 했다. 점심은 거의가 결식이고 몇몇은 아침에 이 동네 저 동네 다니면서 걸식으로 끼니를 때우는 형편이었다.

반에서 가끔 지각을 하기도 하는 여학생이 있었는데 지각의 까닭을 물으니 이구동성으로 "사자평에서 다니기 때문에 해가 짧아지는 가을부터는 매일 지각을 하는데요." 한다. 도대체 얼마나 먼 곳인가 싶어서 한번 가보기로 하고 어느 토요일에 그 여학생을 따라 나섰다. 표충사 절이 있는 마을까지는 그래도 몇몇 아이들이 재잘재잘 이야기를 나누며 동행을 했는데 표충사의 뒤쪽 산길을 접어들면서부터는 나와 단 둘 뿐인데 학생이 오솔길을 어떻게 잘 올라가는지 따라가는데 숨이 차다. 겨우겨우 가족이 몇이며 어떻게 여기서 학교를 다니게 되었는지 이야기를 나누는데 4학년 때 부산에서 이사를 왔단다. 아버지가 횟집을 하시면서 제법 잘 살았는데 지금은 산을 개간해서 약초를 재배한다고 한다. 토요일이 아닐 때는 새벽에 등불을 들고 아버지가 절이 있는 동네까지 데려다 주시고 저녁에도 절 동네까지 내려와서 기다리다가 같이 집으로 간단다. 상상이 안 되는 이야기를 주고받으며 오솔길을 오르고 또 올라 어둠이 깔릴 무렵에 광활하게 펼쳐진 사자평에 올라서니 저 멀리 아득히 학생이 가리키는 집은 돌담으로 둘러싸여 지붕만 조개껍데기를 엎어놓은 듯 보일 듯 말듯한데 가까스로 찾아드니 부모님이 펄쩍 놀라서 맨발로 맞아주신다. 이미 방안에는 호롱불이 켜져 있고 저녁을 먹을 준비가 되어 있어 아이가 도착하기를 기다린 듯하다. 잡곡밥인지 나물밥인지 함께 식사를 하면서 아이의 아버지가 이곳까지 오게 된 연유를 털어놓는데 잘 나가던 식당을 정리하고 이곳에서 약초와 염소를 키워 일확천금을 할 야무진 꿈이 가족들 특히 아이들을 이토록 혹독하게 고생시키는 그 아비가 원망스럽고 아이가 불쌍해서 목이 멘다. 그렇게 밤이 깊도록 약초술을 기울이며 그 이해할 수 없는 원대한 꿈 야기를 듣다가 자는 둥 마는 둥 아침을 맞아 맛있는 척 이상한 나물밥을 한 그릇 다 비우고 아이와 함께 걷던 그 길을 혼자서 내려오며 가장의 잘못된 판단이 가솔家率들의 불행을 야기할 수도 있다는 가혹한 현실이 가슴을 죄이더니 장본인인 그 아비가 한없이 원망스러웠다.

 이런 산간오지에는 객지에서 오시는 선생님들이 기거할만한 여유 공간이 있는 민가가 없기 때문에 학교에 사택이 여럿 있어서 방 하나에 한 분씩 자취를 하는 게 보통이다. 나도 방금 허물어질 듯한 사택 한 칸을 배정받아 자취를 하면서 주로 국수로 끼니를 때웠다.
 주전자에 물을 끓이다가 국수를 한웅큼 넣고 다시 끓으면 그대로 찬물을 받아 몇 번 헹구면 다른 소쿠리나 그릇이 필요 없고 삶은 국수에 간장만 한 숫갈 넣고 흔들어서 그냥 먹으면 끝나는 가장 간편한 식사요

설거지 방식이며 결식이나 걸식하는 주민들에게도 미안함이 반감半減된다.

 이런 흉년에도 봄과 가을철에는 전교생이 소풍을 갔었는데 산골의 학생들이 매년 갈 소풍장소는 거의 정해져 있었다. 지금의 밀양댐 하류의 강가로 가거나 표충사로 가지만 소풍날은 그래도 모두가 점심을 먹을 수 있는 유일한 날이니 생략할 수가 없었다. 학교 주변에 사시는 박 정수선생님이 직원들 중에는 그래도 제일 넉넉하시고 처녀선생님이 두 분이 계셨으며 어머님을 모시고 사는 선배 김용욱 선생님과 주전자 국수 달인인 나와 진주사범출신 한 명이 자취를 하고 교감선생님도 한 지붕 같은 부엌을 사용하면서 자취를 하셨으며 교장선생님은 장애자 아들을 비롯한 여덟 식구가 겨우 끼니를 잇는 둥 마는 둥 하였으니 소풍날 선생님의 점심을 맡을 사람이 아무도 없어서 겁도 없이 내가 나섰다.
 학교에 있는 실습용 솥에다 귀한 찹쌀 한 주먹과 얼룩이 콩도 한 웅큼 넣고 1주일치 식량을 털어서 소금도 두어 숫가락 투척하여 밥을 지었는데 큰 그릇이 없어서 세숫대야에 한 가득 담아서 숨기듯 보자기로 싸서 어깨에 메고 갔었는데 반찬도 없는 맨밥을 모두가 만족하였으니 준비한 나도 기분이 좋았지만 두 처녀선생님 보기가 미안해서 칭찬의 말을 아꼈다. 하마터면 직원 모두가 서로 눈치를 보다가 결식을 할 뻔 했던 그날의 기억이 아직도 생생하다.

 체육 시간에 필요한 매트가 없어서 총각 선생 셋이서 골목이 막히도록 쌓이는 칡 찌꺼기인 셀룰로스를 가마니에 고르게 깔아서 넣고 가장자리를 가는 새끼줄로 촘촘히 기워서 매트로 사용해보니 금상첨화였다.
 어느 날 체육 시간에 가마니 매트로 구르기 수업을 하고 있을 때 교육청에서 장학사님이 오셔서 이 희귀한 가마니매트 수업을 보시고 극찬을 하시더니 교육청에서 교사들 교육이 있을 때 산동학교의 대용매트를 이용한 체육수업사례를 자랑하기도 하였다.

 여름에는 갑자기 비가 와서 앞산에서 흘러내리는 물의 양이 어느 정도 많아지면 수업 중에도 비상종을 울려서 교사와 학생들은 수업을 중단하고 마을 단위로 모여서 마을담당교사의 안내로 무사히 강을 건너 하교를 시키면 근무시간과 관계없이 하루 일과는 그 것으로 끝나는 일이 다반사가 되기도 했다.

 이런 흉년으로 기아선상에서 헤매어도 교육청에서는 연례행사의 하나로 가을에 체육대회를 연다. 의무적으로 참여하는 체육행사에 운동장이 자갈밭인 우리학교가 참가할 종목으로는 산골짝에서 다니는 학생들의 체력을 믿고 축구를 선택하여 연습을 시작했으나 신발을 신길 수가 없어서 짚신을 신고 연습을 하다가 돌부리에 걸려서 발가락에 피가 나기 예사였다.
 시합 날에 어렵사리 귀한 운동화를 신겨 출전을 했는데 전반전도 마치기 전에 하루 세끼 밥도 제대로 먹어보지 못한 영양실조에다가 처음 신는 새 운동화가 적응이 되지 않아 신발을 벗어던지고 맨발로 사력을 다해 달려들었으나 경기에 지는 것은 고사하고 관중들의 웃음거리가 되지는 않았을까 싶었다.

 유월인가부터는 2개월 동안 한국과 미국이 악수를 하는 그림의 밀가루를 한 부대씩 월급으로 받았는데 직급이나 부양가족 수에 따라 차등을 두었는지는 기억이 없지만 당시의 연이은 흉년으로 나라나 국민들의 생활 형편을 짐작하게 하였다.
 이렇게 시간은 흘러 11월이 되자 애초부터 비밀에 부쳤던 군 입대를 위해 휴직을 하게 되니 학생들은 울고불고 난리가 났다. 입대 하루 전 날 하직인사를 하고 정류소로 나오는데 아이들이 통곡을 하며 따라 나와 우는 바람에 지나는 사람들이 무슨 큰일이나 난 줄 알고 모여들어 사정을 알게 되자 함께 이별을 아쉬워 해주어서 차에 올라서도 얼마동안 이별의 눈물을 가눌 수가 없었다. 옛사람들이 "드는 정은 몰라도 나는 정은 안다"더니 가난하지만 착하기만 한 산골 아이들에게 내가 해 줄 수 있는 게 아무것도 없었는데 이토록 이별이 서러움은 무슨 까닭인가? 약 8개월간에 이토록 애틋한 정이 켜켜이 쌓일 줄은 내 미처 몰랐었다.

자신감을 길러준 군복무

1964년 11월 19일 아침 일찍 대한민국 남자라면 당연히 감내해야하는 군 복무를 위해 사립문을 나설 때 할아버지와 부모님의 몸 건강하게 무사히 잘 다녀오라는 말씀을 뒤로하고 창원 훈련소로 향했다.

입소대기 중에 머리를 삭발하고 배정받은 내무반에서 입고 갔던 사복은 내의까지 홀랑 벗어던지고 헐렁한 군복으로 바꿔 입을 때 하마터면 내의 속에 꽁꽁 숨겨온 비상금 5,000원(지금 돈 가치로 50,000도 더 됨)도 함께 던질 뻔한 아찔한 순간에 재빨리 빼돌렸는데 서슬 시퍼런 기간병의 감시를 피할 수 있었던 순발력에 나도 놀랐었다.

첫날 저녁 병장 계급장을 단 하늘같은(?) 기간병이 나를 좀 보자며 불러내더니 입대영장에 명시된 의무병과는 화학병과로 바뀌게 되어있는데 자기가 책임을 지고 확실하게 의무병과를 받아 대구에 있는 육군군의학교로 보내줄 터이니 그렇게 해보겠느냐고 은밀히 제의하기에 반신반의 하면서 전 재산 5,000원으로 통 큰 배팅을 했다. 아마도 이름도 성도 모르는 그와의 약속이 지켜지기만을 바라는 일념으로 고된 훈련도 견뎌낼 수 있었던 것 같다.

　입대 첫날부터 한 끼도 남김없이 잘 먹었으며 한 번도 훈련 중에 낙오하지 않았던 것은 어렵고 힘들게 자라온 저력과 혼자가 아니라 여럿이 누구나 다 똑같이 겪는 함께이었기 때문이 아닌가 싶다. 6주간의 고된 훈련을 마치고 부대 배치가 완료되어 뿔뿔이 떠나고 나를 비롯한 몇 사람만 보충대에 남아 잡역雜役을 하면서 조마조마한 1주일을 보내고서야 결국 약속대로 효목동에 위치한 육군군의학교로 배치명령을 받았다.

　훈련 내내 이름 모를 그 기간병을 믿어도 될까 하는 의구심을 떨칠 수가 없었지만 약속을 지켜준 그가 두고두고 고맙게 여겨졌다.

　어느 일요일 대부분의 병사들이 외출을 나가고 부대에 남은 병사들은 식사량이 충분하여 배불리 먹고 내무반에서 쉬고 있다가 면회를 왔다는 방송을 듣고 면회소(휴게실)로 갔더니 입대를 할 때도 그렇게 무덤덤하시던 어머니가 어떤 아가씨(알고 보니 외 6촌 동생이었음)와 함께 반겨주셨다.

　점심을 평소보다 배불리 먹었지만 주문해주신 짬뽕과 준비해 오신 찹쌀떡 10개를 다 먹고는 헤어져서 돌아올 때는 배가 너무 불러서 허리를 바로 펴지 못하고 겨우겨우 돌아와서는 뱃살이 땅겨서 바로 눕지도 못하고 매트리스에 기대어 몇 시간인가를 곤히 자고 났더니 좀 편해지게 되었다. 아마도 내 생애에 이때만큼 많이 먹어본 적은 없었던 것 같다.

　군의학교에서의 6주간 교육을 마치고 810 주특기를 부여받고 성적순으로 2군사령부 산하 후방부대인 광주인근에 소재한 31예비사단 모 연대로 배치를 받아 전입신고를 하고보니 같이 간 일등병 동기와 중대장 대위, 선임하사인 중사, 전역을 앞둔 병장 1명이 전부인 연대의무중대였다. 일등병 둘이서 밥통과 국통을 들고 취사장으로 가서 밥과 국 부식을 배식 받아 내무반에서 다시 나누어 먹고 얼음물에 식기류 설거지하고 걸레 빨아서 내부반 침상 청소하고 갈탄褐炭과 황토를 이겨서 밤새 난로 피우고 불침번을 서다 보니 무릎과 엉덩이에 야전삽 같이 덧댄 전투복의 무릎과 팔꿈치가 처음 얼마간은 반들반들 윤潤이 나더니 세탁 한번 하지 않고 구멍이 났다.

먼 산 아득히 연녹색 봄이 오자 예비군 재훈련이 시작되어 오후가 되면 손아귀가 굳어서 팔을 흔들고 손을 주물러가면서 하루에 수천 번씩 예방주사를 찔러야 하는 경우도 허다하였다.

같이 간 일등병 동기는 그동안에 할머니가 돌아가셨다고 특별휴가를 가고 어머니가 위독하다고 특별휴가, 아버지가 사망했다고 또 특별휴가… 그 집에는 그가 부대 배치 받고 3개월도 되기 전에 가족이 모두 죽는 참사(?)가 있었으나 순진무구한 졸병 혼자서 지옥 같은 업무를 모두 감당하기에는 한계에 다달았다.

그 무렵 월남전이 한창이었고 정부에서는 비둘기부대를 파병하여 참전하고 있었으며 다시 전투부대인 청룡부대와 백마부대가 파병을 앞두고 지원병을 모집하고 있었다.

중대의 모든 일을 혼자서 감당해야하는 지옥보다는 차라리 전쟁터라면 싸우기만 하면 되므로 그 쪽이 천당(?)일 것 같은 몽매한 생각이 들어서 죽고 사는 건 하늘에 맡기기로 하고 월남으로 가겠다고 불쑥 지원을 했더니 사단장이 직접 베푸는 파병 환송파티가 있은 후 대구에 있는 205 보충대로 전출명령을 받아 31사단을 떠나왔다.

205 보충대에 도착하자 대위 한 사람이 "더블 백(병사의 개인 소유물을 보관하는 큰 가방)은 여기에 두고 1주일 동안 집에 다녀오라"고 하며 특별휴가증을 건네주는 것이 아닌가! 사지死地인 월남으로 가는 병사

에게 베푸는 최후의 배려인 것 같아 마음이 착잡하였으나 특별휴가가 마냥 신났다.

그 당시 형제나 자식이 군에 입대하거나 복무중인 가족들은 월남 파병문제로 신경이 곤두서 있을 때인지라 조심스럽게 부모님께 한 일 년(당시 파병병이 1년을 근무하면 본국으로 귀대한다고 하였음)소식이 없어도 잘 지내고 있으니 걱정하지 말라는 언질을 드리고 마지막(?)이 될지도 모르는 특별휴가를 집안일 돕기와 내 주변 정리까지 마치고 귀대를 했는데 어떤 연유인지는 모르지만 대구 인근의 가창에 있는 파병을 위한 유격훈련장이 아니고 5관구사령부 의무참모부로 배치가 되어 있었다.

내 언행을 수상하게 생각하셨던 어머님이 수소문을 하여 밀양의 부북면 굴밭이라는 곳에 살고 계시던 왕고모 할머니의 아들이 대구의 큰 부대에서 장교로 근무한다는 사실을 알아내어 그간에는 내왕도 별로 없었는데 염치불구하고 찾아가서 자초지종을 말하고 종갓집 장손인 나를 보살펴 달라고 부탁을 하셨던 모양이다. 이렇게 나의 월남파병지원은 폼만 내고 일장춘몽으로 끝나고 말았다.

수성 못 아래쪽 수성천변川邊에 있는 5관구사령부는 당시 경남북 지역에 주둔하고 있는 각종의 육군부대를 지휘감독하며 통솔하는 사령탑이었는데 이곳의 의무참모부에 전입신고를 하고보니 참모장이 하늘 같이 높아보이던 대령이고 대위가 4명, 중위가 2명, 중사가 1명, 하사 1명, 병장 2명, 상병 1명, 그리고 일등병이 나까지 2명이었다.

장교들은 특별히 하는 일도 없으면서 매주 월요일 사령관에게 참모가 할 브리핑자료를 훌쩍 던져주고는 바둑에 빠져서 시간가는 줄을 모른다. 중사는 빼돌린 약품 수불부受拂簿를 정리하느라 약제실에서 주로 근무를 하는 편이고 브리핑 자료의 차트는 교사 출신인 내 몫으로 맡겨두고 다른 병사들은 온데간데없다가 식사시간이 되면 나타나곤 하였다. 그 병사들은 주로 대구 시내의 엄청난 재력가의 자녀이거나 고관들의 자녀 등으로 장교들과는 부대 내에서만 상관上官이고 부대 정문만 나서면 그냥 친구처럼 지내는 사이였다.

같은 군대인데 전임지인 예비사단의 말단 의무중대와는 그 구성원부터 업무나 계급 간의 차이는 하늘과 땅의 차이다. 그곳에서는 업무라는 것이 24시간을 노역으로 감당해야 하는 마당쇠에 불과한데 비해 이 곳 참모부에서는 사람대접을 받으면서 바빠도 자율과 여유가 있고 육체적이기보다는 정신적이며 사고를 요하며 부서 간에 협력이 이루어지는 행정적인 업무가 많다. 그 당시의 군대행정은 학교행정이나 일반 관공서 행정보다 세련되고 능률적이며 일정한 룰이 있는 선진행정으로 훗날 공직생활에 큰 도움이 되었다.

브리핑차트 만들랴, 새벽마다 대구역으로 나가 월남 파병 장병들의 범국민 환송행사에 참석하랴, 한밤중에 K2(공군대구비행장)로 귀환하는 부상환자 후송차량 인솔하랴, 바쁘긴 해도 단시간에 부대 업무를 확실하게 익혔더니 다급한 일만 생기면 나를 찾게 되어 자의반타의반으로 부대필수요원이 된 셈이었다.

사령부에서 16헌병대에 수감 중인 군 죄수들(주로 한여름 더위나 한겨울 추위를 견디지 못하고 탈영했다가 자진 복귀하거나 잡혀온 사병들임)을 활용해서 대민지원건설사업을 하는데 위생병 한 명을 차출하라는 지시가 내려왔는데 얽매이는 현장으로 갈 희망자가 없으므로 결국 힘없는 내가 당첨되어 죄수들과 같이 몇 달을 풍찬노숙도 마다하지 않았다.

대구는 대륙성 기후라 더위와 추위가 유별나다. 찌는 듯한 여름날 갑자기 소나기라도 쏟아지면 연병장에는 나체쇼가 벌어지기도(당시에는 부대에 여군이 없었다)하였으며 시내에는 아스팔트 바닥에서 내뿜는 열기 때문에 스커트를 입은 여자들을 보기가 어려울 지경이었다.

밤이면 콘센트막사의 여열餘熱을 견디지 못하고 가뭄으로 바닥을 드러낸 수성천으로 나가 자갈돌을 들어내고 구덩이를 파서 고이는 얕은 물에 엉덩이만 담그고 더위를 식히면 전깃줄을 엮어서 만든 바구니에 소주병과 오징어를 담고 알몸인 장정들을 누비며 장사를 하는 이동주보(?) 아줌마들의 호객에 더위를 잊기도 하였지만 대구의 더위와 추위에는 군복이 가장 취약하다는 생각을 잊어 본적이 없었다.

월남전이 절정에 달할수록 내가 감당할 업무는 더욱 많아지고 파병 차출은 나날이 내려오는데 그 때마다 돈 없고 백없는 내가 당연 차출 1순위였으나 "그 놈 보내고 참모부 일은 누가 할 것이냐"며 참모님은 늘 나를 붙잡아 주셨다. 미안하고 죄송한 마음에 전체부서 사병의 필수코스가 된 유격훈련을 다른 사병의 이름으로 대신 받는 절충안을 스스로 제시하기도 하였다.

월남의 전쟁터로 파병을 가는 병사들은 쇳덩이에 불과한 M1소총 등 개인 장비로 사용이 불가능한 고물장비를 휴대하였지만 임무를 마치고 귀환하는 국군은 물론이고 부상병이나 말라리아로 전투 한번 해보지도 못하고 후송되는 병사들도 신형의 새 소총은 기본이고 트랜지스터 라디오는 필수품으로 휴대하고 왔으며 군의관들은 전역 후 개업에 필요한 의료장비들을 마련하여 귀국하는 등 우리군의 장비현대화를 앞당기는데 크게 기여하였다.

업무가 쉬워지고 조수助手도 생기며 전역이 가까워지자 시간의 여유가 생기면서 휴일에는 당시 군에서 유행하던 포경수술을 희망하는 사병들을 불러서 수술과 치료를 하기도 하였으며(나도 선임하사의 도움을 받았음) 군생활의 여유시간을 유용하게 보낼 수 있는 방법이 없을까 궁리하다가 중등교사자격을 하나 따는 것이 좋겠다는 생각이 들어서 사범학교 시험에 떨어지고 밀양농잠학교에 다녔던 경험과 부모님이 춘추로 누에를 치고 계셔서 "양잠養蠶"과목으로 공부하면 다른 과목에 비해 이해하기도 쉽고 가정에도 도움이 될 것 같아서 참고서적도 찾아보고 틈틈이 전문서적을 읽으며 제대말년의 시간을 알뜰히 보내고 있었다.

어느 날 대구의 제일 큰 극장과 대형 제재소를 운영하는 사장의 아들인 병사가 나더러 제대하고 자기 집 극장이나 제재소를 운영해 보지 않겠느냐고 제안을 해서 한 참 고민했지만 아무래도 사업보다는 교사가 내 적성에 맞는 것 같아서 정중하게 사양했다.

64년 11월 19일에 입대하여 67년 5월 13일까지 2년 5개월 24일간 한 편의 드라마 같은 군대생활을 마감하면서 어떠한 어려움이나 고통이 닥친다 해도 헤쳐 나갈 수 있다는 자신감과 열심히 살 수 있겠다는 각오를 갖게 해준 군 복무가 내 젊은 날의 값진 경험으로 가장 유익한 인생학교 이었으며 대장간역할을 한 수련의 과정이었고 월급 받으며 공부하는 공짜대학이 아니었나 싶다.

18번 올빼미 새 세상으로 도강渡江 준비 끝!

물 난리만 세 번

　1967년 5월 13일 하사 51017276 천창우 전역을 명命받아 2년 6개월 간의 군복무를 무사히 끝내고 밀양군 교육청에 복직을 신청하며 가능하면 산동으로 가고 싶다고 했더니 학기 중이라 바로 복직은 어렵다며 새 학기가 되어야 가능할 것 같으니 그렇게 알고 기다리라고 한다.

　나무하고 보리밭 메고 누에칠 준비를 하며 집안일을 도와드리니 부모님은 듬직한 아들이 돌아와 힘든 일을 맡아하니 더없이 만족스러워하시지만 나는 하루가 여삼추다.
　예상보다 빨리 한 달 뒤인 6월 15일 삼랑진 국민학교로 발령이 났다. 군 입대를 하기 전에 근무하던 산동으로 발령이 나지 않아 좀 서운하기는 했지만 아무나 쉽게 갈 수 없는 밀양군에서는 제일 경합이 심한 학교이고 두 번째로 큰 학교여서 내심 걱정도 없지 않았다.
　예정보다 빨리 복직이 되는 바람에 검게 물들인 군복을 입고 부임을 하니 2학년을 맡겨주었는데 아직 군기가 빠지지 않은 상태에 짧은 머리까지 어린 2학년 아이들과는 어울리는 조합組合이 아니었다. 아이들도 긴장하고 나도 이 꼬마들을 어떻게 다루어야 할지 당황스러워서 다른 선생님들의 관심꺼리가 아닐 수 없었다.

선생님들도 30명 정도 되니까 누가 누군지 신상을 파악하는 데만 여러 날이 걸렸는데 내 동기 "정종명"이가 이미 근무하고 있었지만 하필 부임하는 날 맹장염 수술을 하고 입원 중이며 부산에서 기차로 출퇴근을 하는 송신조 친구도 있었지만 내가 학교에 적응하는 데는 큰 도움이 되지 못했는데 다음해에는 노명숙과 백명순 등 부산사범 16기 동기동창 다섯이 같이 근무하게 되었으니 학교가 빛나지 않을 수가 없지 않겠는가!

급히 자취방을 구한 것이 학교 모퉁이 동네의 공동 수도가 있는 집 구석방이었는데 물 길으러 오는 동네 아주머니와 아가씨들의 불심 검문(?) 때문에 난감할 때가 한 두 번이 아니니 여간 조심스럽지가 않아서 다시 중학교 정문 옆으로 방을 옮겨 안정된 생활을 하면서부터 동생의 학비를 아끼기 위해(내가 취업을 하고부터 아버님은 동생들의 중학교까지를 담당하시고 고등학교부터는 내가 맡기로 약조를 하였음)동아고등학교에 다니는 영우동생을 통학시키기 시작하였다. 첫새벽에 일어나 김칫국이나 두붓국을 끓여서 아침밥 먹이고 멸치볶음이나 김치쪼가리와 콩자반으로 반찬 만들어 도시락 챙겨주며 통학열차를 놓치지 않으려고 긴장한 덕택으로 졸업 때까지 차를 놓친 적은 한 번도 없었다. 늘 같은 반찬이지만 한 번도 반찬 탓을 하지 않았을 뿐만 아니라 기차 안에서 만난 당시 동아중학교에 평화봉사단으로 와서 영어를 가르치던 미국인 "제리"라는 친구와 사귀면서 영어공부에 재미를 붙였는지 통학을 즐거워(?)해서 얼마나 고마웠는지 모른다.

졸업을 앞두고 미국으로 유학을 가려고 손톱만큼도 도와주는 이 없는 개천의 미꾸라지가 교육부, 국방부, 내무부, 법무부 등 고등학교 교복차림으로 관련부서를 순회하며 동분서주하였지만 결국 유학의 길은 열지 못하고 입시준비 대신에 유학의 꿈에 매달리다 보니 부진해진 성적에 맞춰 부산대학교 사범대학의 불어불문학과로 진학을 하게 되고 그런 외국어와의 인연이 나중에 외무고등고시에 합격할 밑천이 되었으니 결국은 세상이 동생 영우편이 된 것 같아 이런 경우를 두고 사람들은 새옹지마라 했던가?

　1968년 1월 북한의 김일성 집단이 김신조 일당을 남한에 침투시켜 자유대한의 박정희 대통령을 살해하려는 소위 1·21사태가 터지자 온 나라가 준전시체제로 변하면서 그해 4월 1일 예비군이 창설되고 학교에도 직장예비군이 설치되어 수업이 끝난 오후에 여교사들까지 베레모를 씌우고 제식훈련을 하곤 했다.
　우리학교는 육군하사 출신인 내가 소대장이 되어 그 훈련교관 노릇을 했을 뿐만 아니라 모든 제대군인들 중 교원들은 방학 때에 예비사단으로 2주간씩 동원훈련에 참가해야 했으며 시 군별 예비군 훈련소가 생기면서는 방학 때마다 예비군 훈련소에 출근하여 유격, 사격, 각개훈련을 2주간씩 받았다.
　1966년에는 서독과 '특별고용계약'을 체결하고 간호사 3,000명과 탄광 광부 3,000명을 3년 체류계약으로 파견하였는데 그들이 77년까지 매년 5,000만 달러(당시 한국GDP의 2%상당액임)의 외화를 송금해 와서 이 돈은 70년대 한국경제성장의 종자돈이 되었다.
　그 간 파견한 간호사와(10,226명) 광부(7,932명)들의 애환哀歡을 예비군 훈련중의 휴식시간에 광부로 다녀오신 선생님들이 들려주신 실화가 가슴을 저미게 하였으니 고된 훈련도 당연한 의무로 생각했다. 이 무렵의 국민들은 오직 나라를 지켜야 한다는 일념으로 뭉쳐서 기꺼이 참여하고 자부심으로 충만했던 것 같다.

한편 1970년 4월 22일부터 '새마을 운동'이 '농촌 현대화 운동' '잘 살기위한 운동'으로 관공서를 앞세워 국민 계몽운동으로 펼치니 학교에서도 남교사를 동원하여 일몰이후에 읍면 직원과 합동으로 자연부락을 다니며 홍보영화를 상영하며 새마을 운동의 필요성을 홍보하는데 너와 내가 따로 없었으며 모두가 자기 일처럼 즐거이 열성을 다하였다.

삼랑진 사람들은 이미 오래전부터 농촌의 소득증대를 위해 최첨단을 걷고 있었다. 산중턱까지 개간하여 복숭아와 포도밭을 일구고 평지에는 통대나무로 하우스를 짓고 비닐을 덮은 다음 딸기를 재배하면서 수백 수천 장의 짚으로 짠 거적을 아침 해가 뜰 때에는 벗기고 해가 지기 전에 다시 덮는 일을 딸기 농사가 끝날 때까지 설날도 초상初喪때도 예외 없이 반복하며 생산된 딸기와 복숭아며 포도를 머리에 이고 등에 지고 부산으로 내다 파는 일(그 당시에는 택배회사나 용달업도 없었음)까지 그 많은 일을 어떻게 감당하는지 상상을 초월하며 인간능력의 한계가 어디까지인지 가늠할 수가 없는 초능력자들이다 싶었다.

8월 어느 날부터 장마가 시작되어 많은 비가 오더니 새벽녘에는 학교 주변부터 점점 물에 잠기고 내 자취방에도 물이 차기 시작하여 처음에는 부엌의 자취도구를 방안으로 옮기고 방안에도 물이 차오르니 간이책상위로 물건을 올리고 또 책상위에 판을 올려가며 버티었는데 삼랑진역 부근과 철도관사가 있는 내송지 일부를 제외한 전 지역이 물에 잠기어 흡사 미얀마의 인레호수를 방불케 하였다.

학교운동장도 어른의 목이 잠길 만큼 호수가 되었고 운동장에 인접해 있던 4개 교실도 물에 잠겼다. 생필품이 필요할 때는 고무보트나 드럼

통으로 만든 보트(?)로 이동하였으며 낚시를 좋아하던 나는 방정맞고 미안한 생각이지만 언덕위의 남은 교실에서 운동장에 낚싯대를 담그기 딱 좋은 호숫가의 유원지 같다고 생각하기도 했는데 물이 빠지고 집으로 들어갈 때까지 수몰민은 물론이고 이재민이 된 나도 교실에서 피난생활을 하며 추석을 지낼 정도의 큰 재난이었지만 삼랑진에 근무하면서 이런 상습재난을 세 번이나 당했어도 아무 일도 없었던 듯 다시 그 재난을 수습하고 일상으로 돌아오며 자연에 순응하는 삼랑진 사람들의 오뚝이 같은 억척스러움에 숙연해지곤 했다.

 물이 빠지고 방이 마른 후에 다시 들어가 일상생활을 하는데 방문을 열고 들어가면 연탄가스 냄새가 나곤하여 자세히 살펴보니 갈라진 방바닥 사이로 난방용 연탄불을 갈고 나면 연기가 솔솔 나오는 것이 아닌가? 고치려면 방구들을 다시 깔아야 하고 그러면 또 여러 날을 짐을 옮기고 다른 곳에서 생활하는 번거로움이 있으니 그냥 갈라진 방바닥위에 요를 깔고 살았는데 연탄가스가 새어나오는 그 방에서 한겨울을 지냈지만 무사히 살아남은 것은 아마도 하느님이 보우하사가 아닌가 싶다.
 당시에는 낙동강의 하상河床이 높아 비가 잦은 여름이면 상습적으로 유역이 침수가 되었는데 삼랑진도 예외가 아니었다. 낙동강 강물이 불어나면 삼랑진 내부에 모인 빗물을 낙동강으로 배수를 할 수 없으니 강물보다 낮은 삼랑진도 상습적으로 수몰이 되곤 하였으나 이명박 대통령의 4대강정비사업이후로는 삼랑진의 상습수몰현상도 다시는 볼 수 없는 옛이야기가 되었다.

 동생이 졸업하자 1969년 1월 20일 겨울 방학을 이용하여 부모님의 등살에 못 이겨 맞선 한번 보지 않고 오기傲氣로 결혼을 하게 되니 이런 무모無謀한 인생사가 어디 있나 싶었다.

할아버님은 돌아가시기 전에 증손주가 보고 싶어 안달이시고 어머니는 평생 단손으로 집안 살림이며 길쌈이며 채전 농사까지 하시다가 일손이 하나 생기면 조금 수월 해지려나 하는 계산(?)에서 행동대장을 맡으셨다.

어머님은 입맛에 맞는 규수를 동분서주 찾으시더니 한사코 결혼을 밀어붙이시는데 더 이상 버틸 재간이 없었다. 결국 모두의 성화에 굴복하여 "부모님이 하라시면 언청이라도 좋다"고 선언해서 벌어진 사달이다. 맞선도 한 번 보지 않고 결혼 날짜를 잡아놓고는 예복이라도 맞춰야 하니 시간 내어 밀양읍내에서 만나도록 하라는 통고를 받았다.

내가 낼 수 있는 시간으로 날을 잡아서 밀양읍내의 중국집 식당에서 함께 온 색시의 일행들과 만났는데 모로 앉은 모습을 얼핏 훔쳐보았더니 그렇게 싫은 얼굴은 아닌 것 같았다.

결혼식 날 아침 일찍 마당에 정화수井華水를 차려놓고 조상님께 고(告)한 후 한복에 흰 두루마기를 펄럭이며 동네 앞 들판을 가로질러 신부 댁으로 걸어가서 예식을 하는데 마당에 차려진 구식초례상舊式醮禮床을 마주하고 다시 신부를 슬쩍 훔쳐보았는데 그런대로 쪽진 모습이 싫지 않았다.

이렇게 우여곡절 끝에 결혼을 했지만 어머님은 시집의 장맛이나 예절이며 풍습을 익혀야 한다며 쉽게 신혼을 허락하지 않고 몇 개월을 내가 사범학교 입시를 준비하던 골방에 신부가 혼자 기거하게 하시니 변함없이 내 자취생활은 계속되었는데 봄누에를 치고 나서 예물로 가져온 이불 한 채로 신혼살림을 허락해주셔서 지난해 가을에 물난리를 맞았던 그 집에서 학교의 운동장 끝에 있는 철도관사의 창고를 개조한 "연자"네 창고로 옮겨 신접살림을 꾸렸으나 그 여름에 다시 물난리를 겪으며 신접살림이 물에 모두 잠겼지만 그때는 창고를 개조한 방도, 심지어 물

난리마저도 싫은 줄을 몰랐으니 지금 생각하면 웃음이 절로 난다.

  1970년 3월에 '정우' 동생이 부산의 고등학교에 입학하니 단칸방에서는 지낼 수가 없어 다시 송원동의 과수원길 끝자락에 있는 '이은영'의 할아버님 댁으로 이사를 하여 3월부터 동생이 부산으로 통학을 하기 시작했다. 동생들의 고등학교 학비는 내가 맡기로 했기 때문에 당시의 내 봉급으로는 동생을 부산에 자취나 하숙을 시킬 형편이 안 되므로 통학이 최선의 방법이었다.

  이 무렵의 삼랑진국민학교는 교기로 야구를 선정하여 좁은 운동장을 독점하고 비라도 조금 왔다하면 수업보다 먼저 전교생이 온 동네를 뒤져 연탄재를 옮겨와 운동장에 뿌려서 야구연습에 지장이 없도록 하였으며 시합을 앞두고는 아침부터 연습을 하면 시합을 마친 후에는 수업결손을 같은 학년 선생님들이 보충수업으로 담당하였지만 모두가 당연한 일로 여기고 성심성의를 다했다.

  군악대출신인 임광기 선생과 사범학교시절 밴드부 출신인 내가 고적대鼓笛隊를 조직하여 군郡내에서나 도道단위 학예대회에서 우수한 성적을 얻게 되니 도에서 벌어지는 각종 행사와 개천예술제에서까지 초청을 받아 공연을 하며 야구부가 시합을 가면 고적대도 함께하여 응원전을 펼치는 것은 물론이고 두 세 분야의 각종 시범학교와 연구학교를 운영하면서 부산이나 마산 쪽에서 통근하는 선생님을 제외한 선생님들은 야근을 당연시 하였다.

  야근이 길어지면 사택에 거주하시는 교장선생님의 사모님께서 살며시 교무실을 들여다보시고는 손짓으로 제일 젊은 나를 불러서 손수 담근 막걸리를 주전자 한가득 들여 주시며 "교장선생님 주무시게 얼른 마치고 퇴근하세요." 하시거나 아니면 부침개까지 직접 들고 오셔서 교무실의 불을 빨리 꺼줘야 교장선생님이 주무실 수 있다고 격려(?)를 해주시니 일에 재미가 더해진다.

한편 3000m 장거리 달리기 선수를 훈련시키는 김영모 선생님은 늘 가난했던 내 반의 구상득 어린이에게 운동장을 15바퀴씩 달리는 연습을 시키는데 기록을 몇 초라도 단축을 하면 급식용 옥수수 빵(휴전중인 1953년 국제연합아동기금UNICEF과 미국경제협조처USAID에서 우리나라 어린이들의 영양실조를 돕기 위해 보내준 분유를 학교에서 선생님들이 끓여서 한 그릇씩 나누어 먹었으며 우유를 처음으로 먹은 아이들이 설사를 하곤 했는데 1963년부터는 국제원조구호기구에서 보내준 옥수수 가루로 죽을 끓여 먹였고 다시 옥수수떡으로 변했다가 교육청에서 옥수수 빵을 만들어 학교로 배분하여 결식아동에게 나누어 주었는데 모든 학생들이 선호하였으며 1976년 9월부터 빵과 우유로 유상급식을 시작하였음)을 하나씩 상으로 주는 방법으로 훈련을 시키는데 인간을 동물처럼 음식을 매개로 훈련을 시켜도 좋은지 회의를 느끼면서도 내가 할 수 있는 묘안이 따로 없었기에 답습할 수밖에 없었다.

교실에서는 '고전읽기대회'를 준비하는 선생님이 책을 읽히기보다 예상문제를 만들어 답을 암기시키는 방법으로 지도하는 것도 대회의 취지가 우리의 고전을 많이 읽히려는 목적이 수단과 방법으로 가려지는 것 같아 안타까움이 있었지만 결국 '꿩 잡는 놈은 매'라는 사실에 왠지 입맛이 쓰곤 했다.

야구선수 훈련, 장거리달리기 선수 양성, 고전시험 잘 보기, 합주 훈련, 학교경영 우수학교, 도덕교육 우수학교, 교사 1인 1연구 등등 모든 선생님들이 즐거운 마음으로 교육에 긍지를 가지고 열성을 다하니 교육청에서 실시하는 '교육실증자료전시회'에 삼랑진국민학교 교사들이 전

분야에서 대량으로 수상을 하는 등 밀양교육의 선봉장이 되었으니 이 무렵이 삼랑진의 전성기가 아니었던가 싶다.

당시는 행정업무가 군대의 선진행정업무를 답습하는 형편이어서 군복무당시의 행정경험을 살려 내가 서무를 맡았는데 교장선생님께 결재를 받으러 가면 공문의 내용이 무엇인지 설명하라시며 듣고만 계시다가 주머니에서 도장을 꺼내주시면서 나더러 찍으라고 하시는가 하면 보고할 공문도 내용을 설명하면 직접 보시지도 않고 도장을 주시니 상사上司의 신뢰에 힘을 얻어 더욱 잘 하려고 애를 쓰게 되더이다.

육성회비 주머니와 전도자금 주머니를 나누어 차고 회계업무를 맡았는데 당시 육성회비는 학반별로 담임 책임으로 80%(?)를 납부하도록 하였으나 나는 매월 목표를 채우지 못하고 부족분을 월급에서 공제당하기가 일상이었다. 그 당시의 삼랑진국민학교는 부산이나 마산 쪽에서 통근이 가능하므로 밀양시내의 밀양국민학교보다 경합이 심하여 4년을 근무하기가 쉽지 않았는데 이동시기가 오거나 자리를 비워야 할 사정이 생길 때도 김신경 전교육장님의 아버님이신 고 김종안 교장선생님은 천창우 선생은 자취를 할 때부터 어렵게 동생을 부산으로 통학시키고 있는데 돈으로는 못하더라도 동생이 졸업할 때까지는 근무할 수 있도록 도와줘야 한다고 하시면서 정우동생이 졸업할 때까지 장장 7년을 근속하도록 배려해주신 은혜는 잊을 수가 없다.

어느 핸가 가을 운동회 연습을 마치고 평소에 자주 지각을 하거나 결석이 많은 '행곡'이라는 동네에 가정방문을 나섰다. 여학생들의 말을 빌리면 그들은 등교 도중에 지금의 안태공원 부근의 개울로 들어가 가재나 송사리를 잡으며 놀다가 다른 아이들이 하교를 하면 함께 집으로 가곤 하므로 부모들은 그냥 학교에 잘 다녀오는 줄로 알고 계신다는 정보다.

　안태 본동을 지나고 구남 동네와 물방앗간을 지나서 오솔길인 오르막이 급해지면서 같이 가던 아이들은 하나 둘 떨어지고 어둠이 깔리기 시작하자 저 멀리 바위틈에 초가인지 움막인지가 분간하기 어려운 집들이 드문드문 얼굴을 내밀자 같이 걷든 셋에서 "여기가 우리 동네입니다." 한다. 아뿔싸 너무 늦었구나! 이 험한 산길을 무서워서 어떻게 내려간담. 내려갈 방법이 걱정인데 이장 댁에 동리사람들이 하나 둘 모이더니 닭을 잡고 저녁밥을 다시 지어서 마을이 생긴 이래 처음으로 선생님이 오셨는데 그냥 보내드릴 수는 없다면서 조촐한 파티를 벌리더니 누추하지만 여기서 주무시고 내일 아침 아이들과 함께 내려가시란다. 혼자 돌아가야 할 두려움에 걱정이 태산 같았는데 자고 가라는 그 말이 그토록 고맙게 들릴 수가 없었다.

　이때의 가정방문에 대한 자세한 이야기는 "안촌마을 이야기" 6호(2020.4.1.)와 7호(2020.11.5)에 실려 있다.

　이런 와중에도 목표했던 중등교사 자격검정시험 준비도 새색시가 있는 집에서는 책을 펼치기가 어려워 학교에서 틈 날 때마다 조금씩 보고 퇴근을 하거나 늘 불만이 가득한 감포監抛교사들의 술시중을 들기도 하는 등 이런 저런 이유로 늦어지기 마련이었지만 국민학교를 졸업한 이후로는 세상구경을 하지 못했던 21살 어린신부는 그렇게 이렇게 사는 것이 결혼생활이고 선생님의 사모님인줄로만 알고 무던히도 잘 따라 주었다.

　1970년 그해 여름방학을 며칠 앞두고 첫 출산일이 가까워지자 9남매를 집에서 낳아 키우신 출산 베테랑인 어머니의 도움을 받도록 시골로 보냈는데 출산 당일인 7월 20일에 어머니는 동기들 모임에 가시고 혼자서 진통이 오자 동네 한쪽에 사시는 종숙모님께 어떻게 연락을 해서 도움을 받았는지 또 자세한 상황이 어떻게 진행되었는지 아무도 모르는 가운데 첫 아이 '영호'를 출산했다니 그 두려움이 얼마나 컸으며 씨만 뿌려놓고 나 몰라라 했던 철없는 남편과 첫 손주를 낳아줄 어린 며느리의 임박한 첫 출산을 개의치 않고 그렇게 중요하지도 않은 모임에 가신 시어머니가 얼마나 원망스러웠을까? 그 어머니에 그 아들이라 대책이 없기는 거기서 거긴가 싶었다.

그해 가을이 익어갈 무렵 어느 날 학교에 간 정우동생이 돌아올 시간이 지나도 감감 무소식이다. 같은 학교는 아니라도 같은 차로 통학하는 다른 학생들을 찾아가서 물어봐도 행방을 아는 이가 없다.
전화도 없는 시절이고 더군다나 용돈도 없이 달랑 당일 시내버스비만 들고 다니는 산골동네 촌놈이 부산의 학교를 오가는 일 외에는 아무 것도 모르는데 막차가 올 때까지 기차역 대합실에서 마음을 졸이며 서성거렸지만 끝내 그는 돌아오지 않았다.
뜬 눈으로 아침을 맞았으나 어디로 찾아 나설 수도 없고 그렇다고 파출소에 미아신고를 하기도 그렇고 출근은 해야 하고 내가 불안해하면 색시가 따라서 걱정할까봐 참 난감하였지만 오늘 하루만 더 기다려 보기로 하고 출근하여 정신 나간 사람처럼 쉬는 시간마다 집으로 뛰어가서 혹시라도 무슨 소식이 왔나 확인하면서 불안한 근무를 끝내고 다시 기차역 대합실에서 올라오는 차만 마중을 하는데 통근차가 도착하자 여러 통학생들이 쏟아져 나오는 가운데 어깨가 축 처진 모습의 동생이 나를 발견하고는 빙긋 멋쩍은 웃음을 보이는 게 아닌가…? 얼마나 반가웠던지 와락 끓어 안았는데 반가움의 눈물이 주루룩 뺨을 적셨다.

가방을 받아들고 묵묵히 돌아와 저녁을 먹고 천천히 잠적의 사연을 털어 놓는데 책 읽기를 좋아하는 그가 여느 때와 마찬가지로 통근열차를 타자말자 재미있게 책을 읽고 있었단다. 얼마나 갔었는지 창밖을 힐끗 보니 풍광이 익숙하지 않아 정신이 버쩍 들어 자세히 살펴보니 어느 시골을 지나고 있어서 아차 부산진 역에서 마산행과 포항행이 비슷한 시간에 출발하는데 나란히 서 있던 포항행 통근열차를 잘 못 탄 것을 알았을 때 차는 이미 경주를 지나고 있었단다.
　애라 모르겠다. 모든 걸 포기하고 무작정 종점인 포항역 대합실에서 저녁을 굶고 새우잠을 잔 후 아침에 다시 그 차를 타고 부산으로 와서 학교를 마치고 집 나간 지 36시간 만에 세끼를 굶고 무사히 귀가를 한 것이란다.
　상동 촌뜨기가 차를 잘 못 탄 것을 알았을 때의 두려움과 한창 먹성 좋은 나이에 세끼나 굶도록 여윳돈 한 푼 주지 않고 당일 시내버스비만 쥐어주며 통학을 시킨 내가 너무 옹졸하고 여유가 없었음에 가슴을 치며 후회했다.
　미안하다 정우야 그땐 나도 뭘 너무 몰랐단다. 내가 이렇게 뉘우치고 있으니 그때 그 일만은 떠올리지 말거라.

　주말마다 아이를 강보襁褓에 싸서 기차로 유천역에 내리면 걸어서 편도 4km의 시골집으로 오가곤 했는데 할아버지나 할머니보다 1945년 5월 내가 세 살 때부터 혼자되신 증조할아버지가 증손자가 귀여워 식사 때가 아니면 출입하시지 않던 내실을 하루에도 몇 번씩이나 오르내리셨던 내 조부님이 그해 겨울방학을 며칠 앞둔 12월 17일 갑자기 돌아가셨다는 연락을 받고 집에 도착하니 전날 오후에 머리가 무겁고 입맛이 없다고 하셔서 평능마을 '삼세한의원' 김기홍 원장의 아버님이신 김봉현 한의원에서 한약을 지어와 겨우 한번 드시고는 오늘 아침에 편안하게 돌아가셨단다.

 평생에 자녀를 낳지 못해 재롱을 보지 못하시다가 겨우 증손자의 방긋거리는 모습에 취하곤 하셨는데 당신의 가슴으로 한 번 안아보지도 못하시고 운명하셨다니 그게 불효인 것 같아 슬픔을 가누기가 쉽지 않았다.

 겨울이면 동네의 할아버지들 5〜6명은 늘 할아버지 방에서 바둑을 두시거나 장기를 두며 소일하시면 어머님은 김치로 밥국을 끓이고 손수 담근 탁주를 곁들여 점심을 내시곤 했는데 오늘 이후로는 사랑방이 텅 비면 아침저녁으로 화롯불을 돌보고 할아버지 속옷의 이Pediculus humanus를 잡던 손주들은 할아버지가 더욱 그리워질 것 같아 자꾸만 눈물이 난다.

 송원동 과수원집이 동네에서 멀리 떨어진 외딴 곳인데다 노인네와 살다보니 너무 적적하고 저녁이면 늘 늦게 퇴근하는 신랑이 올 때까지 무섭기도 하다는 하소연에 그럴 수도 있겠다는 생각으로 새로이 방을 구하는데 마침 삼랑진 농협의 사택에 조합장 내외만 살고 있어서 주말에는 비워두기가 예사이고 평소에도 조합장이 자주 늦게 퇴근을 하면 사모님이 적적하여 방이 두 개인 별채에 누군가 들어와서 함께 살았으면 한다는 소문을 듣고 중개를 부탁했더니 흔쾌히 함께 하자고 해서 집을 옮겼는데 조합장 내외분은 물론이고 이웃 주민들도 좋아하고 가까이 사는 학생들도 내 아이와 놀아주기를 좋아하니 내 집엔 늘 사람들이 끊이지 않아 사택의 분위기가 살아나고 우리 가족은 매일이 즐겁고 영호는 사람들의 귀여움으로 무럭무럭 잘 자랐으며 아내도 둘째를 가지게 되었다.

 1972년 5월 9일 한밤중 무방비 상태에서 산통産痛을 시작하는데 이 밤중에 모든 차편도 다 끊어지고 하나있는 의원마저 문을 닫은 상태이니 이를 어쩐다… 간헐적으로 이를 악물고 어떻게 좀 해보라고 아우성이지만 뾰족한 방법이 없어 날이 밝기만을 빌고 빌 뿐이었다.

아침밥을 좀 일찍 챙겨서 동생을 학교에 보내고 날이 밝아오자 염치불구하고 윗채의 조합장 사모님께 도와달라고 부탁을 하였더니 기꺼이 오셔서 물을 데우게 하고 산모가 준비해둔 출산준비물을 점검하는 순간에 비명과 함께 둘째의 울음소리가 요란했다. 사모님은 차분하게 아기를 받아 탯줄을 끊고 목욕을 시키며 뒤처리를 해주시고는 미역국을 끓여 산모에게 먹이면서 딸이나 며느리처럼 이마의 땀을 닦아주면서 안정을 시켜주니 위기를 잘 이겨낸 산모도 스스로 대견스러워하였지만 사모님께는 사례도 할 생각을 못했으니 언제쯤 철이 들려나?

이 사건 또한 한심한 철부지 남편의 허술함이 고스란히 아내를 걱정시켰지만 사모님의 도움으로 무사히 고비를 넘기고 얼떨결에 두 아들의 아비가 되었다.

1973년 11월 28일 세 번째 도전으로 그간에 틈틈이 준비했던 중등학교 준교사 고시검정에 합격했다. 군 복무 중에 우연히 시간을 좀 유용하게 보내야겠다는 생각으로 시작하여 약 5년 동안 틈틈이 시간을 쪼개어 준비한 결실이라 내겐 참 소중했던 시간이었다.

한 때는 뒷기미 밤낚시와 검세 수로의 붕어낚시, 깐촌의 잉어회에 빠진 적도 있었고 두 동생의 부산 통학이며 신혼의 즐거움도, 두 아들의 아비 노릇도 어느 것 하나 제대로 챙기지 못했지만 중등교사 검정시험의 합격만으로도 그 간의 과오에 대한 용서가 되었으면 좋겠다고 생각했는데 이로 인해 약 30여 년간 동기들 보다 3년의 가산연수덕분으로 호봉은 물론 급여와 연금수령에까지 도움을 받았으니 지금 생각해도 내가 한 일 중에 가장 잘한 일이 아닌가 한다.

출향出鄕 20년만에 귀향歸鄕하다

　1974년 3월 1일자로 사범학교 시절 지방실습을 했던 고향의 유서 깊은 상동국민학교로 귀향하라는 발령이 났다. 2월말 봄방학 중에 새 부임지인 아버님의 모교를 방문하여 학교를 지키고 있던 교감선생님께 전입신고를 하고 교문 앞에서 가게를 운영하는 친구를 만났더니 몇몇 다른 친구까지 연락하여 함께 여수동의 산속에서 염소를 키우는 농장(지금의 반딧불 마을)으로 올라가서 이런저런 학교의 이야기와 사는 이야기를 나누며 첫날밤을 뜬눈으로 환영해 주었다.

　일제 때 지어진 목조본관건물을 철거하고 2m정도 뒤로 물려서 신축을 했기 때문에 교사校舍만 정돈이 되었을 뿐 화단이나 주변정리가 되지 않아서 내 손이 많이 필요할 것이라는 이야기와 선생님들 대부분 기차로 통근하기 때문에 직장에 대한 애착이나 아이들 교육보다는 출퇴근이 기차시간과 연관되어 있거나 더 편리한 곳으로 전근할 기회를 잡으려는 경향이 많은 편이라서 고향으로 온 네가 주인이라며 내 역할에 기대를 걸고 물심양면으로 내편이 되어 주겠다고도 했다.

교실 앞 언덕위에 오래된 섬향나무가 일정한 간격으로 자리하고 있으나 새 교사에 맞추어 만든 현관으로 올라가는 계단을 막아선 놈이 있어서 옮겨야 하겠는데 당시에는 크레인같은 장비를 이용하기가 쉽지 않고 몇 사람의 인력으로는 불가능한 일이라 예비군 중대장을 만나 애로사항을 말씀드리니 예비군 훈련을 하는 날 예비군을 동원하기로 하고 미리 필요한 연장이며 목도용 나무와 밧줄, 그리고 옮길 장소에 구덩이를 파 놓는 등 만반의 준비를 해두고 훈련 날을 기다렸다.

수십 명의 장정壯丁들이 악전고투 끝에 첫 사업을 마무리하고 안도安堵하고 있을 때 관공서에서 하는 일마다 관심이 많다는 분이 꼬투리를 잡기 시작하는데 "개교당시에 심어져서 선배들의 혼魂이 담긴 나무를 동창회나 학부형들의 승낙도 없이 옮겨서 죽기라도 하면 그 뒷감당을 누가 어떻게 할 것이냐"며 학교장에게 따지듯 소란을 피우니 교직원 아무도 제대로 설득을 못하고 당황하는데 사달의 장본인인 내가 나설 수밖에 없었다.

현장으로 모시고 나가서 "이런 불균형을 언제까지 그냥 둘 수는 없는 일이며 사람도 다치거나 병들어 최선을 다해 치료했으나 목숨을 잃을 수도 있는데 아무리 소중하다 해도 나무인데 정성을 다해 돌보다가 잘못 된들 해보지도 않고 그냥 베어버리는 것 보다는 나을 것 같아서 할 수 있는데 까지는 다해보려고 한 일"이라며 상황을 설명하고 너무 나무라지만 마시고 애썼다고 한마디 격려라도 해주시면 더 좋겠다고 했더니 멋쩍은 듯 웃으며 한바탕 소동은 그렇게 일단락이 되었다.

교사를 새로 건축한 탓으로 교사 주변은 정리가 되지 않은 상태이고 특히 교사의 앞 공간이 비어 있어 살벌하므로 화단을 만들려면 윤곽이라도 만들어서 복토復土를 하고 꽃을 심어야 하는데 그 윤곽을 만들 골재와 시멘트를 학교에서 마련할 방법이 없다고 방치하고 있으니 성질 급한 내가 다시 나섰다.

　5·6학년 네반 선생님들의 도움으로 수업이 끝난 후에 강변으로 나가서 남학생은 자갈을, 여학생은 모래를 세숫대야로 두 세 번씩 날라서 골재를 준비하고 여러 해 계속해서 근무하는 동장들을 1：1로 만나서 새마을 사업으로 지원되는 시멘트를 한 두 포대씩 얻어서 직접 전달부와 함께 화단의 윤곽을 만들고 교사 뒤쪽의 실습지에서 겉흙을 실어다 덮고 꽃들을 심었다.

　어느 날은 여수동에서 시멘트를 한 포대 얻어서 자전거에 싣고 오다가 포대가 터져서 윗도리로 응급처치를 하고 학교에 돌아오니 시멘트는 반도 남지 않고 내 몰골은 온 몸이 시멘트를 덮어쓴 별에서 온 외계인이 되어 있었다.

　묵은 새마을 관련 서류들을 뒤적이다가 교육청으로부터 장학사업으로 10마리의 염소를 분양받아 학교에서는 다시 염소를 키울 수 있는 학생들 중에 형편이 어려운 학생을 대상으로 분양하고는 몇 년째 관리가 되지 않고 있어서 분양 확인서와 대조한 결과 최초 분양자가 계속 사육하고 있는 것을 확인하고 그 염소를 돌려받아 다른 학생을 선정하여 다시 분양하면서 첫 번째 새끼는 반납하고 반납 받은 새끼는 다시 다른 학생에게 분양하는 시스템으로 정비하고 학부형들에게 이런 자세한 내용을 홍보하였더니 분양희망자가 많아서 분양순서를 정하고 희망자들에게 미리 알려주니 염소분양사업은 어려움 없이 자연스럽게 연결 되는 제도화가 이루어졌다.

　이듬 해에도 6학년을 맡으면서 학교에서 토끼를 키워 아이들에게 분양하면 용돈도 마련하고 가난한 농촌에 토끼고기로 단백질도 공급할 수 있어서 좋겠다는 생각이 들어 좋은 품종의 토끼를 탐색하던 중에 구포 역 부근에 토끼 아파트(?)가 있다는 풍문을 듣고 수소문을 한 끝에 숙박 업을 하다가 토끼를 키운다는 집을 찾아갔다.

  토끼들의 아파트가 아닌가 싶을 만큼 좁은 공간에 많은 토끼를 기르 고 있었는데 난생 처음 보는 엄청나게 큰 토끼인데다가 동물원과 계약 을 해서 납품을 하기 때문에 판로가 정해져 있고 번식력이 강하며 먹성 이 좋아서 거친 먹이도 잘 먹으며 성장 속도도 빨라서 수익성이 높다는 사육자의 설명을 듣고 내가 토끼를 사육하려는 의도를 설명하자 암컷 3 마리와 수컷 한 마리를 생각보다는 헐값으로 분양을 해주어서 학교 창 고에 있던 폐자재로 토끼장을 만들고 내 반 아이들부터 당번을 정하여 사육을 시작했다.

  그 크기 때문인지 삽시간에 홍보가 되어 구경꾼이 많아졌다. 두 달 만 에 새끼를 낳기 시작하는데 장마철과 방학 때를 제외하고는 매달 7~8 마리씩 분만을 하니 한 학기를 마치기 전에 우리 반 아이들에게 분양을 완료하고 2반 학생들에게 사육당번이 넘어가고 여름 방학을 맞았는데도 토끼장을 아이들에게만 맡겨 둘 수가 없어 가끔씩 청소랑 먹이상황도 살피고 당번에게 지도도 해 줘야 했다.

  하필 내가 숙직인 어느 날 아침 기상과 동시에 사육장을 점검하는데 문이 열려있고 귀를 쫑긋거리며 내다볼 토끼가 세 마리나 사라진 것이 다. 그 자리에 망부석처럼 온몸이 굳어서 움직일 수가 없었다. 정신을 차리고 교장선생님께 상황을 보고하고 파출소에도 신고를 하고나서 정 신을 차리고 행방을 유추_{類推}하다가 마침 그날이 청도 장날이라는 사실 을 깨닫고 교문 앞에 사는 우리 반 재식이를 데리고 청도 시장으로 숨 어들었다. 재식이더러 가축시장에 가서 잘 살펴보라고 보내고 나는 저 만치 떨어져 기다리고 있는데 잠시 후에 재식이가 상기된 얼굴로 뛰어와 우리토끼와 흡사한 놈을 봤단다.

　나도 가슴이 콩닥거리긴 마찬가지다. 숨을 고르며 다가가니 첫눈에도 낯익은 그놈들이 틀림없다. 나도 모르게 "이 토끼 내가 산다. 주인이 누구시오?"하고 물으니 상인은 눈치 빠르게 건네주는데 그 새 곁에서 막 돈을 받으려고 하던 젊은이가 비좁은 장꾼들 사이로 순식간에 사라졌다. 나는 사라진 그가 누구인지는 알았지만 그놈의 앞날을 생각해서 비밀에 부치기로 마음먹고 잃어버렸던 그 놈만 찾아 의기양양하게 돌아왔다.

　하마터면 숙직을 한 내가 할 말이 없어지고 분양차례를 기다리던 아이들에게 돌이킬 수 없는 실망을 안겨줄 수도 있는 다시는 생각하기조차 싫은 헤프닝이었다.

　　*염소 분양과 토끼사육에 관한 자세한 이야기는 '내가 왜 토끼 아빠야'란 제목으로 경상남도 교육위원회 발행　새마을교육 우수 실천수기 제6집, 1976. 12. 28.　에 수록되어있다.

　시골 아이들은 보통 부모들의 교육에 대한 관심도에 따라서 학력차이가 많이 나고 기초기본 학습에서 결손이 생기면 상급학년으로 올라갈수록 학습에 곤란을 겪는 경향이 많다. 매월 일제고사를 보는데 우수상을 받는 학생은 늘 그놈이 그놈이다. 따라서 직원회의때 시험 성적이 우수한 학생에게도 상을 주지만 우수상만 주는 일은 학습의욕을 돋우는데 별반 도움이 되지 못하고 오히려 성적이 부진한 학생들에게는 자포자기를 유발할 수 있으므로 지난번에 비해 성적이 많이 오른 학생도 '진보상'이란 이름으로 보상補償을 하면 좋겠다고 건의하여 그렇게 결정을 보았다.

　우리 반은 특별히 마을별로 성적을 환산하여 성적이 좋아진 마을을 담임재량으로 따로 상과 부상을 주다가 마을에 공부방을 지정해서 상급생이 하급생을, 성적 우수학생이 학습 부진학생을 돕도록 하고 관심과 시간이 허락하는 부형님들도 아이들 공부에 도움이 되도록 권장하며 동장의 모임이 있을 때 이런 취지를 설명하고 성적이 부진한 부락의 동장은 성적이 우수한 동장에게 점심을 제공하자고 제안하였더니 재미있고 참 좋은 의견이라며 모두 동의하여 동장들의 관심과 흥미를 학교와 연관시키니 학교가 지역사회의 주역이 되는 기분이었다.

체육주임과 사전에 조율을 그쳐 가을 운동회도 직원회의에서 종전의 청군 백군 대신에 마을 대항으로 진행을 하였더니 아이들보다 부형들이 더 극성이고 운동회 분위기는 온통 들떠서 지금까지 한 번도 경험하지 못했던 운동회가 되어 염려하던 선생님들도 여운이 오래도록 가시지를 않았다.

*마을 공부방 운영과 마을 중심 운동회에 관한 구체적인 내용은 "콩 심은데 콩 나고 팥 심은데 팥 나더라,라는 제목으로   학습부진학생 지도 성공사례집. 경상남도 교육연구원. 1977,10,15. 에 자세히 수록되어 있다.

교사 앞 공간에 화단이 만들어져서 1년초 꽃이 지고 나니 섬향나무 사이가 너무 허전하여 고민하고 있을 무렵 동물상을 설치해 준다는 팸플릿을 접하고 이 것 참 잘 어울리겠다 싶어서 전화로 물어봤더니 상像 하나에 1만5천원이라니 10개면 거금 15만원에다 좌대座臺등 부수적인 경비를 추산하면 20만 원 정도가 소요될 것 같은데 교장선생님께 말씀드렸더니 펄쩍 뛰시며 그런 큰돈이 어디 있느냐며 그만 두라고 하신다.
친구 몇 사람에게 이런 좋은 기회가 있는데 2만원의 찬조가 가능하겠느냐고 타진했더니 가능할 것으로 짐작이 되는 졸업생과 유지들을 열거해 주는데 예감이 좋아서 다시 교장선생님께 구체적인 계획을 말씀드리니 반신반의하신다.
밀어붙이면 될 것 같은 확신이 서자 내 눈으로 직접 확인을 하기위해 가을걷이 가정실습기간을 이용해서 생산 공장이 있는 전주로 찾아갔다. 만들어놓은 시제품試製品을 보고 실망스러워 설치해놓은 현장을 찾아 전주 시내의 몇 학교를 가보고나서 안도의 한숨을 쉬고는 돌아오는 길에 구미에 들러 당시 윤성방직회사에 간부로 근무하고 있던 박용수 친구에게 모교에 이런 일을 벌이니 한 개 맡아 달라 했더니 쾌히 승낙을 한다. 출발이 좋다. 시작이 반이라고 하니 자신이 생겨서 다시 교장선생님께 말씀드리고 동분서주하였으나 작품이 도착할 때까지 결국 한 개 분량이 모자라서 좌대座臺에다 기증자 명패부터 붙여놓고 억지를 부리니 결국은 돈을 내고야 말더이다.

　시골학교에 모조품이기는 하지만 작은 동물원(코끼리, 호랑이, 악어, 하마, 기린, 사슴, 캥거루, 물개, 독서 상, 쌍사자 석등)이 생겨서 이웃의 할머니들이 손주의 손에 이끌려 동물원 구경을 즐기니 모두가 흐뭇하다.

　학교를 찾는 이가 많아지고 1년초 화단에 꽃이 지니 너무 허전하다. 좋은 방법이 없을까하고 의견을 들으니 선생님들도 잘 구별하지 못하는 교과서에 나오는 암석표본을 배치하면 교재원으로 손색이 없을 것 같다고 해서 부산의 교재상을 찾아 의논하니 일부학교에 암석원을 설치하는데 암석 한 덩이에 2,000원으로 설치를 해주고 있다고 하면서 자기들은 서울에 있는 무슨 상회에 주문해서 설치한다는 지나가는 말을 듣고 기억했다가 서울에 전화를 하니 한 덩이에 1,000원씩 하지만 밀양지역은 처음이라 홍보차원에서 특별히 800원에 보내주겠다고 한다. 부산의 교재상에게는 정말 미안하지만 서울에 직접 발주를 해서 싼 값으로 10종류를 주문해서 화단의 귀퉁이에 앉혔더니 교사전면에는 누가 봐도 손색없는 교재원이 이루어졌다.

　내친김에 교사와 교장선생님 사택사이가 늘 지저분하고 허전하여 교장선생님도 관심이 많은 조류사육장을 만들어 볼 계획으로 창고를 뒤지니 쓸만한 자재들이 더러 있어서 선생님들의 의견을 모아 전달부와 함께 사육장 시설을 만드는 한편 가능하면 접하기가 쉽지 않은 희귀종을 탐색해 나갔다.

대구의 대명동 교차로 부근에 희귀조류 시장이 있다는 소문을 듣고 교장선생님을 모시고 직접 찾아 나섰다. 일반 가정에서 쉽게 보기 어렵고 먹이를 적게 먹으며 가능한 병에 강하고 화려한 놈으로 구입하는데 너무 부담스럽지 않은 것을 고르는 일이 쉽지 않았다. 공작 비둘기, 금계, 흰꿩, 호로호로새, 쟈브닭, 오골계, 오리, 칠면조, 공작새, 거위 등 10종류를 구입하여 사육하기 시작하니 동물상과 함께 구색이 갖추어진(?) 동물원으로 관람객이 줄을 이었다.

교사의 북쪽에는 부지가 메워지지 못하여 출입구와 2층으로 통하는 계단을 만들지 못해 중앙계단을 이용해야하는 불편과 혼잡이 있어 부지를 정지整地하여 교사를 완성하는 것이 숙제로 남아있었다. 육성회에서 예산을 확보하고 그 예산으로 실습지의 흙을 파다 매우기를 2년이나 했으나 연못에 돌 하나 던져 넣을 만큼 완전히 매우기는 하 세월이다.

마침 가까운 곳에서 진행되고 있는 국도확장공사장에서 나오는 채석과 흙을 멀리까지 돈을 주고 버린다는 공사장 감독에게 학교의 형편을 이야기하니 직접 현장으로 와서 확인을 하고는 잘 되었다고 하면서 연락만 주면 당장 메워주겠다고 하기에 교장선생님과 육성회장님께 말씀드리고 공사장 감독에게 안전에 문제가 없도록 일요일에 옮겨와서 마무리를 해달라고 부탁했다.

이틀 뒤 일요일 아침부터 흙이 섞인 채석을 실어오는데 운동장을 반이나 넘도록 갖다 부으니 교장선생님은 이 많은 걸 어떡할 거냐며 더 가

겨오지 못하도록 교문에서 돌려보내내려하고 감독은 아직 더 많은 양이 있어야 제대로 메울 수 있다며 옥신각신하고 있었다. 내가 봐도 엄청난 양이 들어온 것 같지만 공사전문가인 감독의 말을 듣기로 하고 교장선생님을 모시고 교무실로 들어와 공사감독만 믿고 두고 보자며 만류하느라 한참 난감하였는데 오후가 되자 중장비가 들어와 그 많던 잔토로 매립을 완료하고 대지를 다지고 뒷정리까지 마무리하니 몇 년 동안의 묵은 숙제를 일요일 하루 만에 아무 일도 없었던 것처럼 기적을 만들어내고 나니 중장비의 위력과 적중한 전문가의 예측에 감탄을 금할 수가 없었다.

어느 날 부터인지 허리가 아파서 5분도 앉아있을 수가 없었다. 충격을 받거나 다친 적도 없으며 학교의 궂은일들을 열심히 한 죄밖에는 원인을 알 수가 없는데 회의를 하거나 강의를 듣거나 앉아야 할 상황이 오면 겁이 날 정도로 앉아서 잠시만 지나면 허리가 저려옴으로 일어나서 허리를 한두 번 돌리고 앉으면 잠시 지낼 만 하다가 다시 같은 저림과 통증이 계속되는데 서 있을 때는 아무렇지도 않고 앉기만 하면 오는 통증이다.

밀양의 병원과 약국마다 다니면서 치료를 받기도 하고 근래부터 평능이라는 곳에서 '삼세한의원'을 운영하는 김기홍 원장의 아버님이신 고 김봉현님께 침을 맞아도 보고, 뱀을 술에 우린 사주蛇酒도 먹어보고 심지어 통대나무마디를 잘라서 오래된 재래식 화장실의 분뇨糞尿통에 넣어두었다가 대통에 삼투압으로 생긴 인분 물을 먹기까지 하는 소동을 벌렸지만 차도가 없었는데 자칭 고려대학교를 졸업하고 침구시술을 연구하여 만병통치를 한다는 떠돌이 침구사가 고향집에서 며칠씩 묵으며 어머니와 이웃사람들에게 무면허 의료행위인 침술로 돈을 벌고 있었는데 나의 허리도 치료가 된다면서 척추의 양쪽으로 금침시술을 했는데 언제부터인지 허리 저림은 없어졌지만 무엇으로 효과를 보았는지는 알 수가 없었으며 지금까지도 엑스레이x-ray를 찍으면 금침이 선명하게 나타난다.

　1976년도에도 2층 교실인 6학년 1반의 담임을 맡았는데 가끔씩 아이들의 시선이 집중되지 않고 복도 쪽으로 쏠리고는 했으나 내 수업기술 부족으로 치부하고 아이들만 나무라곤 했는데 얼마 후에 교무부장의 이야기를 듣고 아연실색을 하고 말았다. 그해 부임한 손영현선생님도 옆 교실인 6학년 2반 담임이었는데 내가 6학년 담임을 많이 했다는 소문을 듣고 수업을 어떻게 진행하는지 출입문의 쪽문을 통해 염탐廉探을 하는 바람에 아이들의 시선이 집중되지 않았다는 사실을 알게 되고는 정신이 바짝 들었다.
　한번은 그 여선생님이 자취를 하고 있던 집 주인이 우스갯소리로 "우리 집 선생님은 밤마다 쿵덕쿵덕 요술을 부린다."는 것이다. 알고 보니 그 무렵 내가 체육시간에 앞구르기수업을 했는데 2반 아이들에게도 앞구르기를 지도하려고 집에서 연습을 한 모양이다. 매사에 철두철미한 비교육대학 출신으로 교육경험이 일천日淺한 젊은 손영현선생님의 열정에 머리가 숙여진다. 아마도 내 교육경력 43년 동안에 그렇게 겸손하면서 열성적이고 아이들을 진정으로 사랑하며 철저한 교사중의 교사는 그분이 으뜸이 아니던가 싶다.

　3월 들어 새로 입학한 1학년이 어미닭을 따라다니던 병아리들처럼 교정을 순회할 동안 사택에 살아서 친구들이 없던 큰아이도 따라 다녔는데 그 1학년이 교실로 들어가자 교실까지 따라 들어가지는 못하고 밖에서 교실 안 모습이 궁금하여 자기키보다 높은 창문틀에 매달려 교실 안을 염탐하다가 팔 힘이 빠지는 바람에 미끄러지면서 턱을 갈아 피를 보게 되었다.

　담임 선생님께 사정을 말씀드리고 교실까지 입실을 허용하고 자리도 하나 마련해주시면 고맙겠다고 부탁을 드렸는데 하루는 퇴근을 하니 큰놈이 매달리며 선생님이 자기 이름을 부르지 않는다고 트집을 부린다.
　그 시절 도회지에서는 자녀를 유치원에 보내기 위해 유치원 문 앞에서 밤을 새운다는 둥 열기가 대단했는데 못 난 아빠 때문에 턱을 갈고 이름도 없는 청강생신세라는 게 서글퍼졌다.
　다시 담임선생님께 출석부 끝에다 연필로라도 이름 석자 적어두셨다가 마지막에라도 불러주시면 좋겠다고 조심스럽게 부탁을 드렸더니 성사가 되어서 학교 가는 일에 재미를 붙였는지 학교에서 있었던 일들을 조아리며 숙제를 한답시고 방 가득 가방을 펼쳐놓고 수작酬酌을 벌리는 게 싫지 않았다.

　어느 날은 우연히 수업을 하다가 운동장을 내려다보니 마침 1학년 아이들이 달리기를 하고 있었는데 내 아이 영호는 다른 아이들이 저만큼 뛰어가고 난 뒤에 출발하는 게 아닌가! 이상하게 생각하고 퇴근 후에 사연을 물어본 즉 "아이들과 같이 뛰다가 부딪치면 나만 다치기 쉬우니까"라고 하는 게 아닌가… 생각이 대견하기도 하고 학생이 되기에는 몇 개월이 부족하여 유치원생이어야 할 어린 것을 다른 아이들에게 시달리며 패배의식을 길러주는 게 아닌가 싶은 걱정으로 마음이 무겁기도 했다.
　그렇게 2학기가 되어 1학년도 월말에 일제고사를 보았는데 큰놈이 반에서 제일 높은 점수를 받았단다. 믿기지 않았지만 다음 달에도 수상대상이 되니 몇 안 되는 선생님들이 이 사실을 모두 알게 되고 나도 욕심이 생겨 교무주임과 교감선생님께 학적을 만들어서 정식으로 학생이 되도록 해 달라고 사전에 모의를 한 후 수상을 핑계로 전 직원을 집으로 초대하여 다과를 대접하면서 슬그머니 아이의 이야기를 꺼내며 학적을 만들고 싶다는 의견을 내자 교무주임과 담임은 물론 교감선생님까지 어려운 것도 아니고 아이도 잘 따라하고 있으며 보호자가 원하는데 못할 게 뭐가 있겠느냐며 학적을 만들어주는 쪽으로 분위기를 몰고 가니 교장선생님도 얼떨결에 어쩔 수 없이 승낙을 하고 말았다.

다음해에 다시 1학년으로 재입학을 시키려고 했으나 아이가 한사코 고집을 피우니 어쩔 수 없이 그렇게 단숨에 달려서 고등학교를 졸업하고 재수는 필수요 삼수는 선택이라는 신조어가 보편화 되고 있을 때 고3 담임선생님의 서울진학 권유를 받아들일 수 없는 아비의 경제능력 부족과 재수를 염두에 두고 달래고 우겨서 새로 생기는 동의대학교 한의과대학에 지원하였는데 하느님이 보우하사 차석 입학이라니! 입학금과 등록금을 면제받는 영예도 영예려니와 가난한 아비의 형편에 날개를 달아주었다.

투 스트라이크로 만족하고 피임을 하고 있던 중에 교문 앞에 살고 있는 친구네 계집아이의 재롱에 끌려 스트라이크도 두 번이나 연거푸 성공했으니 보올ball 쯤이야 싶어서 딸아이의 재롱을 꿈꾸며 여유롭게 투구를 했는데 76년 9월 28일에 허물기 직전의 사택에서 장모님의 도움으로 다시 스트라이크로 막내인 승환이가 태어났으니 기뻐할 수도 실망할 수도 없는 세 아들의 아비가 되어버렸고 그 어미의 힘난한 앞날을 걱정하면서 이번에는 아주 내가 영원히 경기를 할 수 없도록 보건소의 도움을 받았다. 콧구멍만한 단칸방에서 아이 셋과 어른 둘이서 어떻게 살았는지 지금 생각하면 이해가 되지 않지만 그 때는 불편을 몰랐던 것 같았다. 아마도 우리 가족은 남달리 환경에 잘 적응하는 하등동물의 속성이 있지 않았나 싶다.

그 무렵에는 방학 중이라도 학구내에 위험지역이 있으면 선생님들이 당번을 정해서 순회를 하면서 학생들의 안전을 점검하곤 했는데 주로 여름에는 물놀이를 즐기다가 문제가 생길까봐서 못이나 소류지와 강을 중심으로 순회를 하고 겨울에도 얼음을 지치다 사고를 낼까봐 순회하며 생활지도를 하는 것이 당연시 되었다.

76년 겨울 방학 중에 교감선생님과 함께 빈지소를 순회하던 중 음식점에서 손님을 맞으려고 얼음장 밑에 보관하고 있던 잉어를 발견한 교감선생님이 몇 번이고 들여다보며 잉어가 잘생겼다고 입맛을 다시니 그냥 돌아올 수가 없어 둘이서 한 마리를 희생시켰다.

며칠 후부터 몸이 근질근질 하더니 나중에는 피가 나도록 긁어도 시원하지가 않아 밤잠을 제대로 자지 못하게 되고 피부병에 온천물이 좋다고 해서 미어터지는 버스를 몇 번씩 바꿔 타고 부곡온천을 다녀오면서 비닐 통에 온천물을 받아서 비좁은 버스를 이용하다가 안내양에게 온갖 수모受侮를 당하기도 하였지만 상태가 호전되기는커녕 속옷의 색깔이 누렇게 변하더니 어느 날 장모님이 "천 서방 눈알이 노랗다"고 하시니 아뿔싸 가슴이 철렁한다.

그 당시에는 디스토마에 감염되면 처음에 눈알과 피부가 누렇게 변하고 시간이 지나면 피부가 검게 변하며 입맛이 없어지고 소화가 안 되다가 배가 불러서 앉지도 눕지도 못하며 호흡도 곤란해지면서 마지막에는 피를 토하다가 죽어 가는 게 낙동강 주변에서 흔하게 발견되는 풍토병이기도 했는데 갖은 민간요법을 다하지만 특별히 치료가 되는 경우는 없다는 걸 알고 있어서 예단豫斷하기는 이르지만 나도 속절없이 가족에게 무책임하고 부모 곁에서 불효한 자식이 되는구나 하는 불길함이 엄습하니 열심히 일한 죄밖에 없는 나에게 이 무슨 청천벽력인가!?

억울해서 사방팔방으로 수소문을 하니 당시 경북대학교 의과대학에 간디스토마를 치료하는 약을 개발하여 임상실험 중에 있다는 김종석 약리학 교수의 이야기를 듣고 반신반의 하면서 찾아 갔더니 하나같이 얼굴이 검거나 배가 만삭인 사람들이 들것에 누워 차례를 기다리고 있는데 머리끝이 섬뜩하다. 차례가 되어 진찰대에 누웠는데 선생님이 배를 쿡쿡 눌러보시더니 "이사람 안 되겠네"하시는 게 아닌가! 나도 모르게 벌떡 일어나서 의사의 다리를 붙잡고 "선생님 저는 안 됩니다. 아직 해야 할 일이 너무 많습니다. 어떻게 좀 해 봐 주십시오"하고 매달렸다. 의사선생님이 우두커니 내려다보시더니 아무 말이 없으시고는 1주일 후에 변을 받아 오라신다.

간호사의 설명을 듣고 돌아왔는데 부모님께 아직 효도라고 할 만한 걸 해 본적이 없었는데 최악의 불효한 모습을 보여드려서는 안 될 일일뿐만 아니라 딸린 가족의 생계 때문에 사표를 낼 수는 없고 차라리 쉽게 돌아오기 힘든 좀 먼 곳으로 가야겠다는 결심을 하고 인사내신 시기는 좀 지났지만 경상북도 교육위원회 전출 신청을 해놓고 평상시와 같이 생활하면서 약리학 교실을 찾아가서 변 검사 결과 '간디스토마' 확진을 받고 보조 의사가 디스토마 성충을 모아둔 집기병을 보여주며 "이런 것들이 당신의 간을 갉아먹고 있다"고 하는데 빈대와 가분다리(진드기)같은 크기와 징그러운 생김새에 정신을 잃을 뻔 했다.

약을 받아서 1개월 뒤에 다시 오라는 말을 뒤로하고 돌아오는 열차를 탔는데 정신을 차리고 보니 아무 것도 모르는 삼형제가 매달리며 재잘거리는 천지간에 둘도 없이 포근하고 아늑한 우리 집이었다. 탈무드에는 "아내를 괴롭히지 마라, 하나님은 아내의 눈물방울을 세고 계신다."고 했다는데 나는 지금까지 얼마나 많은 눈물을 흘리게 했으며 앞으로는 또 얼마나 더 많은 눈물방울을 세게 할 것인가…!?

저승길에 만난 신리

 전출내신을 낸지 열흘 남짓 지난 2월 25일인가 교육청에서 1978년 3월 1일자로 경상북도 교육위원회로 전출발령이 났으니 그 쪽으로 가보라는 연락이 왔다. 예상보다 한 학기쯤 빨리 발령이 나서 당황스러웠으나 어차피 멀리 떠나기로 독한 마음을 굳혔으니 잘 된 일이기도 하여 며칠 동안 주섬주섬 사무정리와 이삿짐 준비를 하면서 "내 반드시 살아서 가장으로서의 역할과 원망스럽지 않는 아비 노릇을 다하고 말리라" 다짐하고 또 다짐하였다.

 27일인가 대구에 있는 경상북도 교육청을 찾았더니 영덕군교육청으로 발령이 났다면서 가는 방법을 일러주는데 동부시외버스정류장으로 가서 울진 강릉행 버스를 타고 세 시간 정도 북으로 올라가면 영덕이란 곳을 만나게 된다고 일러주었지만 15년 전 초임지인 하동을 찾아 나설 때와 흡사하게 들어본 적도 없는 미지의 임지를 찾아가야 했다.
 몸 상태가 좋지 않아 한두 끼 정도는 먹지 않아도 배가 고프지 않아서 점심도 결식하고 동부시외버스정류장을 찾아갔더니 노선이 엄청 많아 어떤 버스 기사에게 영덕으로 갈려고 한다니까 울진, 강릉, 후포, 백암 영해 등을 열거하며 아무거나 타면 된다고 해서 영덕 표를 구입하고 먼저 출발하는 차에 승차를 하고보니 행선지아래에 "무정차"라는 표시가 된 차량이어서 다시 기사에게 잘 못 승차를 한 것 같다고 물었더니 "중간에 정류소로 들어가지 않고 목적지까지 곧장 달리는 버스로 요금은 같다"고 해서 잘 되었다 싶었다.

한 시간쯤 지나자 동산만한 무덤들이 여기저기 보이는 경주를 지나쳐서 단숨에 달리더니 처음으로 버스가 섰는데 울긋불긋한 군복의 해병헌병이 올라와서 칼같이 거수경례를 하더니 승객들의 신분증과 얼굴을 하나하나 대조하며 시간을 지체하는데 내가 살던 밀양과는 너무 달라 살벌하다는 느낌이 들어 나도 모르게 긴장하게 된다.

이윽고 포항 정류소에 잠간 들러 용변 볼 시간을 주었다가 다시 달리기 시작하는데 흥해라는 곳을 지나자 1976년 8월부터 시작된 포항↔삼척 간 '동해안고속화도로' 공사가 한창이어서 비포장인데다 쌓인 흙더미로 잠시 우회하기도 하면서 춤을 추며 흙먼지 속을 거침없이 달리니 뒷쪽 좌석에 앉은 승객은 손잡이를 움켜잡고서도 중심을 잡기가 힘들고 한 번씩 덜컹거리면 머리가 천장을 박을 정도로 난폭하게 북으로 북으로 쉬지 않고 달리는데 만약에 건강을 회복하여 돌아올 행운이 생긴다 해도 참 난감할 것 같은 묘한 기분으로 비몽사몽 중에 왕복 2차선의 꼬부랑길을 달려서 영덕에 도착했다.

머리와 옷에 묻은 먼지를 대충 털고 교육청을 찾으니 다음날 11시에 임지를 발표한단다. 숙소를 정하고 대충 씻고 나니 몸은 천근만근인데 잠을 청해 봐도 아내와 아이들의 불길한 앞날만 아련히 펼쳐지면서 쉽게 숙면에 들지 않는다. 늦게 일어나 동네를 한 바퀴 돌아보고 시간에 맞추어 교육청에 들렸더니 조금 큰 회의실 같은 곳에 여러 사람들이 모여 있고 결재판을 옆구리에 낀 몇몇이 바쁘게 드나들더니 이윽고 사령장을 나누어주는데 신리학교로 발령을 받은 나를 부르더니 지금 바로 버스를 타고 영해로 가면 영양으로 가는 버스가 1시경에 있으니 그 차를 놓치면 다음 차는 오후 늦게 있으니 서두르라며 자세히 안내를 해주는데 나도 모르게 안내에 따라 서두르게 되었다.

영해정류소에서 영양으로 가는 버스시간이 30분 정도 여유가 있으므로 매점에 들러 빵과 우유로 허기를 때우고 차에 올라 기사의 바로 뒷좌석에 자리를 잡고 신세계를 관망하며 계곡을 따라 꼬불꼬불 자갈길을 달리다가 마주 오는 트럭을 만났는데 버스가 한참이나 아슬아슬 뒷걸음질로 길을 비켜주고는 아무 일도 없었던 듯 산모롱이를 돌고 도는데 얼핏 양쪽 언덕에 바지랑대를 걸쳐도 될 만큼 좁은 길을 잘도 달린다.

2월의 끝자락인데도 산머리에는 아직도 희끗희끗 겨울눈이 남아있고 손바닥만 한 구릉지의 산기슭에 처마가 땅에 닿을 듯한 슬레이트(slate) 지붕과 양철지붕이 드문드문한 촌락의 길가에 내려 두리번거려서 측백나무 울타리에 가려진 학교를 겨우 찾았는데 복도 한쪽에 책상 몇 개와 오래된 나무의자, 문이 제대로 잠기지 않은 캐비닛 몇 개로 꾸려진 교무실(?)이 있었지만 맞아주는 이가 아무도 없다.

학교를 한 바퀴 구경을 한 후에 나타난 남자에게 내 신분을 밝히고 가족과 함께 부임하려고 하는데 기거起居할 방이 필요하다고 했더니 길 건너편 주막에 나를 맡기고 사라졌다. 해가 저물 무렵에 나타나서 방을 하나 구했으니 같이 가보자고 해서 마을로 갔는데 오래 묵은 빈방으로 지금은 창고로 사용되고 있지만 허접한 물건들을 치우고 청소를 하면 그런대로 살 수 있을 것 같아 결정을 하고 다시 주막으로 돌아와 저녁을 먹고 숙직실로 안내되어 첫날밤을 보내게 되었는데 주말이나 휴일에는 선생님들은 본가로 가시고 전달부인 자기가 학교를 지키게 되며 학교는 산골이고 전화도 없으니 특별히 학교를 지킬 필요가 없다는 둥 학교의 형편이나 영해로 나가는 차편과 끼니를 해결하는 방법 등 이런저런 이야기를 나누다가 함께 잠이 들었다.

  3월 2일에 짐을 꾸려 가족들(아내와 셋 아들)은 부산으로 내려가서 기차로 포항까지 가서 다시 버스로 바꾸어 타고 영해로, 영해에서 신리로 가는 외국여행이라도 하듯이 복잡한 경로를 이용하고 나는 이삿짐트럭에 편승하여 저승길에 오르기로 계획하였는데 학구 내에 사는 고종4촌이 이번 이별이 영원한 이별이 될 수도 있겠다는 낌새를 느꼈는지 한사코 동행을 하겠다고 해서 이삿짐을 맡기고 나는 불안해하는 가족을 인솔하고 사지死地로 향했다.

  짐을 내리고 돌아서는 고종동생의 가늘게 흔들리는 어깨를 감싸 안고 "걱정하지 마라. 내 곧 돌아갈 것이다. 좀 멀기는 해도 참 좋은 곳이더라고 전해 달라"고 당부하는데 기사가 갈 길이 바쁘다고 재촉한다. 이별주도 한잔 나누지 못하고 돌아갈 길이 먼 동생을 떠나보내고 급하게 짐정리를 하는데 싣고 온 장작으로 군불을 피웠는데도 아궁이에는 연기만 풀풀하고 방바닥은 소식이 없으니 이불보자기를 모두 풀어서 오소리굴처럼 만들어 아이들을 묻어놓고 저녁 걱정을 하고 있는데 이웃집에서 할머니 한분이 오셔서 이 어처구니없는 상황을 목격하시고는 이러다가 알밤 같은 아이들을 다 얼리겠다면서 다짜고짜 자기 집으로 가자고 성화를 부리시니 대책이 없는 나로서도 싫지 않아서 사양 한번 하지 않고 대식구를 이끌고 따라나섰다.

  얼른 보아 단독주택으로 제일 안쪽이 외양간이고 그다음이 부엌인데 여기서 외양간의 소도 건사하고 취사준비도 하며 이어 붙은 두 방의 난방도 이루어지는데 내 고향 밀양의 주택 구조와는 완연히 다르다. 할머니네 식구도 할머니와 아들 내외 그리고 국민학생 두 손녀로 모두 다섯 식구인데 내 가솔 다섯이 더부살이를 하면 열 식구가 방 둘에 기거하게 되는 셈인데 우리는 할머니와 손주가 사용하던 방을 점령하고 내실에는 할머니의 3대식구가 사용하게 되니 참 송구스럽기는 하였지만 뜨끈뜨끈한 온돌에 갓 지은 저녁밥이 종일 제대로 먹지 못한 주린 배를 황홀하게 만들어주었는데도 못난 가장은 억장이 무너진다.

다음날에 할머니가 나서서 다른 집을 알선하여 거처를 옮기고도 인정 많은 순옥이 할머니와 아들 남중대씨 내외는 수시로 오셔서 이것저것 챙겨주고 가르쳐주시니 차츰 저승문전에서의 생활은 안정을 찾아갔다.

이곳에 온지 두어 달이 지났을 무렵 막내아이 승환이가 갑자기 생활에는 아무런 지장이 없는데 얼굴과 다리가 퉁퉁 붓기 시작한다. 이웃의 할머니들께도 보여 보았지만 뾰족한 답을 얻을 수가 없어 영해로 업고 나가 약국의 연세 높은 약사에게 보였더니 경험이 풍부한 그 약사가 혹시 최근에 먼 곳에서 이곳으로 이사를 온 아이가 아니냐고 정곡을 찔러주어서 사실대로 진술했더니 모유를 먹지 않는 어린이들에게서 가끔씩 기후와 음용수가 맞지 않아 생기는 풍토병(향수병)인 것 같다면서 마침 최근에 개원한 '영덕아산병원'이 인근에 있으니 그 쪽으로 가보는 게 좋겠다고 해서 곧바로 병원으로 갔더니 급성신장염이라며 입원을 시키란다.

내 문제도 문제지만 설상가상으로 아이까지 문제가 생기니 누구하나 상의할 곳도 없는 사지死地에서 당하는 당혹스러움을 혼자 감내해야하는 무게가 너무너무 버거웠다. 모든 것을 포기해버리고 싶은 충동으로 크나큰 과오를 저지르고 말 것 같은 혼란상태에서 3-4일이 지나자 아이도 회복이 되고 내 혼란도 서서히 일상으로 회복되었다. 고비를 넘기고

서야 그래도 첫 시련을 잘 이겨낸 내가 대견스러워 보였다.

　승진한 교장이나 교감선생님은 초임지이고 선생님들은 어딘가 문제가 있어서 벽지의 혜택을 받지 못하는 문제교사들이 벽지중의 벽지로 유배流配를 오는 학교로 주민들의 관심을 벗어난 듯하다. 따라서 어디서 굴러 온지도 모르는데 눈알이 노오란 이상한 내 모습에도 별반 관심을 갖는 것 같지 않았다.

　한 달에 한 번씩 대구의 병원으로 가서 한달 치 약을 받아오는데 그 가루약은 1주일을 먹고 1주일 쉬고 다시 1주일 먹고 1주일을 쉰 후에 다시 약을 받아오지만 먹을 때 주의하지 않으면 날아가 버릴 만큼 가볍고 소량이다.

　뼈마디가 쑤셔서 밤잠을 설칠 정도로 독하여 의사선생님은 매일 쇠고기의 살코기를 200g이상씩 먹을 것을 주문하지만 첩첩 산중인 이 곳에서 쇠고기는커녕 단백질 섭취수단이 마땅치 않으니 아내가 띄엄띄엄 떨어진 화전민가옥을 방문하여 방사放飼한 달걀을 몇 개씩 수집하여 쇠고기를 대신하고 계곡의 얼음장을 깨고 잡은 개구리를 탕으로 끓여먹으며 의사의 지시를 따르려 전력을 다했다.

　일요일에 대구로 나와 월요일 아침에 의사를 만나 약을 받아서 돌아오면 하루해가 저무는 일이 다달이 되풀이 되고 가까운 산을 누비며 고사리랑 도라지며 더덕을 캐서 반찬으로 이용하니 차츰 입맛이 생기고 소화가 쉬워지더니 기운이 생기고 생활에도 활력이 생기는 걸 느끼기 시작한다.

　차츰 겨울준비로 땔나무도 하고 이른 새벽에 2km가량 떨어진 '방앗골'의 탄산수 약수터까지 올라가서 사이다맛과 흡사한 탄산수를 한 바가지씩 마시고 보온병에 담아 와서 그 탄산수로 밥을 하면 색깔이 검푸르게 지어지고 찰기가 더해져서 보통의 물로 지은 밥보다 훨씬 맛있는 밥이 되는데 이렇게 탄산약수를 신리를 떠나올 때까지 계속 복용했는데 그 곳의 공기와 산나물과 개구리 탕이며 방사한 달걀과 방앗골 약수는 물론이고 신리사람들의 아낌없이 나누어준 인정이 저승의 문턱에서 이승으로 되돌아올 수 있었다는 믿음은 아직도 변함이 없다.

 4학년을 맡았는데 학교일과 아이들에 대한 애정도 생기고 학구에 대한 의문도 생기면서 일요일에는 산나물도 캐고 이 마을 저 마을을 순방하며 지역의 특성도 살필 겸 가정방문도 하면서 잎담배 농사가 주업인 화전촌락의 특성도 조금씩 익혀갔다. 어느 날 갈천이라는 곳으로 가정방문을 나갔는데 토끼들이나 다닐 법 한 산길을 오르고 돌아서 산과 산 사이에 망루처럼 높은 담배건조장이 먼저 눈에 띄고 자세히 봐야 초막 같은 가옥들이 있음을 알 수 있는데 갈천 동네에서도 대략 1.5km정도쯤 더 산속으로 들어가니 독립가옥 하나가 담배건조장에 가려서 집인지 초막인지 분간하기 쉽지 않는 이곳에 강태호씨의 딸 은희가 용감하게 혼자서 학교를 오간다. 사람 사는 모습이 참 천태만상이지만 이곳 사람들의 삶이 너무 가혹하다 싶고 측은하기까지 하였지만 쉽게 포기했던 내 삶은 너무 호사스러웠구나 생각하니 미안하고 죄송하여 숙연해진다.

 학구 내에는 당시 50대 이상의 남자들은 다른 지역에서 이주 해 오신 '소천 어른' 한 분 뿐이다. 따라서 동네는 같은 날에 제사를 모시는 집이 많은데 사연인즉 6·25 사변당시 빨치산들에 의해 젊은 남정네들이 한꺼번에 학살을 당했기 때문이라니 여기에서도 6·25의 참상을 짐작할 수 있었다.
 영해⟷영양간 이 도로도 6·25 당시 미군이 개설한 군용작전도로이며 학교는 영해⟷영양간을 관통하는 노선버스가 하루에 두세 번 다닌다는 이유로 벽지로 인정되지 않는 벽지중의 벽지다. 주민들은 이산저산 산자락에 화전을 일구어 잎담배를 재배하는데 모종을 키울 때부터 수납을 할 때까지의 모든 필요경비는 담배인삼공사에서 제공한다. 봄부터 잎담배농사에 쉴 틈이 없더니 한더위가 지나자 집집마다 담뱃잎을 새끼로 엮어서 건조막사에 걸고 며칠씩 불을 지펴 말린 뒤에는 다시 잎을 고르고 펴서 한웅큼씩 묶어서 쌓아두었다가 계곡에 찬 서리가 내리면 잎담배 수납공판장이 열리고 적적하던 산골에도 도회지의 여느 시장 못지않은 활기가 넘친다. 연일 돼지가 운명을 달리하고 막걸리를 경운기로 실어 나르며 대형 건축현장의 함바집처럼 야외 가설 식당이 왁자지껄해진다.

  수납하고 받은 수익금으로 그 간의 경비를 상환하고 남는 돈 얼마로 다시 1년을 살아야 하는 쳇바퀴 인생인데 부족한 생활비는 봄이면 맹동산이나 독경산을 누비며 채취한 산나물을 서울에서 내려온 수집상에 넘기고 개울을 끼고 덕석만큼씩 만들어진 논배미에서 재배한 마늘도 수집상으로 넘기며 여름은 남녀노소 밥 숟가락 들 힘만큼이라도 있는 사람은 잎담배 손보기에 매달리고 가을이면 송이버섯을 채취하며 영림서에서 국유림을 가꾸는 일에 일용근로자로 위험한 산판山坂일을 하면서 부족한 생활비를 충당하는 생활이 내가 보기에는 참으로 고달픈 삶이며 늘푼수 없는 생활이지만 그러면서도 여유롭고 죽 한 사발 김치 한 보시기도 나누며 서로 내 일처럼 걱정하거나 도우며 정겹게 사는 모습이 오히려 부럽다.

  인생의 종착역에 도착하여 1년을 넘기자 얼굴색도 차츰 제 모습을 보이고 근무의욕도 생기면서 둘째인 보만이가 입학을 하는데 아무리 궁리를 해봐도 내 아이를 맡겨도 될 만한 동료가 없어서 자청해서 1학년을 맡았다.

요즈음처럼 TV가 없었던 산골 오지 어린이들에게 '사람들은 왼쪽 길, 차나 짐은 바른 길'이나 '지하도와 육교'를 가르치는 일이 너무 어려웠다. 지난해 4학년 한 학기와 6학년 한 학기를 맡았을 때 한글을 해득하지 못하는 학생은 물론이고 기초기본학력이 정착되지 못하여 교육과정을 이수하는데 말 못할 고초를 겪었다.

　1학년을 맡으면서 한글만은 모두가 해독하도록 하고야 말겠다는 각오로 교과서에 나오는 낱말을 보고 쓰고 익히기를 할 과제물을 하루도 빠지지 않고 등사해서 보내곤 했는데 학교장이 칭찬은커녕 학교의 종이와 원지를 많이 쓴다고 투덜거리니 세상에 이런 교장도 있나 싶어 학부형 중에 동장이 한사람 있어서 지나가는 말로 종이 이야기를 던졌더니 1년을 쓰고도 남을 만큼 보내주어서 다른 선생님들도 필요하면 나누어 쓰곤 했는데 소문이 어떻게 났는지 어떤 학부형은 집으로 땔나무를 한 경운기나 실어다 주는가 하면 덫으로 잡은 야생 고라니며 멧돼지고기도 후하게 보내주는 넘치는 인정 때문에 내 건강도 빠른 속도로 회복되어 갔다.

　가을부터 늦은 봄까지는 북쪽에서 보낸 삐라(전단지)가 산야에 지천至賤으로 널렸는데 학생들이 등굣길에 수거해 오면 모아서 1주일에 한 번씩 영덕에 주둔하는 동해안 방첩대에 보내면 전단傳單 수만큼 공책으로 바꿔주는데 전달부가 힘들어 할 정도로 많다.

　나는 이 삐라를 통해 평양에 지하철이라는 것이 있다는 걸 처음으로 알게 되었으며 밀양쪽에서는 이상한 인쇄물만 신고를 해도 파출소나 경찰서로 수없이 불려 다니며 죄인 취급을 받는 형편인데 이곳 강원남도(?)에서는 개가 돈 본 듯할 뿐이다.

　당시 동해안 700Km의 경비와 보안을 관장하던 영덕지구 방첩대장이 내 사범학교 동기동창인 곽 명의 준위의 후배이며 밀양이 고향이라더니 학교 인근의 무기고초소로 종종 안부전화를 해주는 바람에 고향이나 친구소식도 듣고 초소 근무자들이 나를 VIP로 특별히 보호하고 호위하는 영광(?)을 얻기도 했다.

이런저런 연유로 경리업무도 맡게 되고 학생도 몇 안 되지만 영해까지 나가야 연필 한 자루 공책 한 권이라도 살 수 있는 사정을 감안하여 학교에서 학용품을 구입하여 비치해 놓고 필요한 학생들에게 심부름 값을 붙여서 팔곤 하는 교내문구점도 내가 맡고 있었는데 새로 부임한 교장이 직원들 사무용품도 학년 초에 볼펜 한 자루씩 나눈 후에는 볼펜심만 추가로 지급하게 하는 고린자비인데 문구판매로 몇 닢 남았는지까지 따져서 군침을 흘리기도 하고 마을에서 초대가 있으면 점심때부터 눌러앉았다가 저녁까지 해결하곤 하면서 공휴일의 전날부터 집에 갈 채비에 몰두하는 모습을 보면서 10년 20년 후 가족과 떨어져서 생활하는 초라한 내 자화상을 보는 것 같아 진로를 결단해야할 시점이 아닌가하는 엉뚱한 마음이 싹트기 시작했다.

경상북도 교육청이 주관하는 '창의창안전시회'가 있어서 평소 학년 초에 학생들의 체격에 맞추어 책걸상을 배정 해주었지만 2학기가 되고 시간이 흐를수록 아이들은 쑥쑥 자라지만 높이가 고정된 책걸상은 아이들의 자세를 나쁘게 만드는 것이 늘 마음에 걸려서 책걸상의 높이를 조절하는 기능을 만들어 전시회에 출품하였더니 우수한 성적으로 입상하였는데 그 때 그 아이디어 제품이 지금 보편화된 학생용 책걸상이 되었다.

어느 날은 화장실에서 묵은 구문舊聞을 뒤적이다가 특수교사자격검정시험에 대한 광고를 접하고 무엇을 하는 교사인지는 모르지만 이름이 교사이므로 사는 날 까지는 무엇이라도 한번 해보자 마음먹고 진료를 받으러 대구로 나가는 김에 서점을 뒤져 특수교육에 관한 책을 몇 권 구해서 읽고 있으니 2학기에 부임한 젊은 교사도 하겠다고 하기에 돌려가며 읽었는데 소 뒷걸음치다가 쥐 잡는다더니 단숨에 어려웠던 그 자격검정시험에 함께 합격하여 79년 11월 12일에 '특수교사'(정신박약→정신지체→지적장애)자격증을 받게 되었는데 이 자격증이 훗날 내 가족의 생명줄이 될 줄은 꿈에도 예측하지 못했다.

저승의 문턱에서 어렵게 살아가는 사람들로부터 삶에 대한 욕구를 느끼며 건강을 회복하였고 가난을 여유로 승화시키는 이분들의 애틋한 인정이 나의 삶을 뒤돌아보게 하였으며 어렵고 힘든 상황에서도 '창의창안전시회' 創意創案展示會에 우수한 성적으로 입상하여 학교의 존재감을 알렸고 여가시간에 전문서적을 읽어 우리 주변에 장애를 가진 아이들도 있다는 사실을 알게 하는 '특수교사자격증'도 취득할 수 있었으니 이보다 더 큰 소득을 어디서 얻을 수 있으랴! 신리는 나에게 있어 부활의 성지가 아닌가 한다.

그럼에도 불구하고 이런 부활의 성지를 떠나려는 생각은 그 자체로 배신이 될 수도 있겠지만 교장과 교감의 자취생활을 보면서 나의 앞날을 연상하게 되었으며 큰아이도 6학년으로 진급하게 되면서 아이들의 교육문제도 걱정하지 않을 수 없도록 건강이 회복되어 마음에 여유가 생긴 것은 아마도 이승에서 못 다한 숙제를 마치고 오라는 신호가 아닌가 싶었다.

군 교육청 장학사님께 내 진로문제를 걱정했더니 경산시 교육청으로 보내주겠다고 만류를 하셨지만 경산은 몇 년 후에 또 순환근무라는 미명으로 이름 모를 어디론가로 유배를 가야하며 부모형제에 대한 막연한 죄의식 때문에 1980년 2월 29일, 37세 5인가족의 가장이 아무런 대책도 없이 천직으로 살아온 17년의 교직생활을 하직하는 사고를 치고 말았다.

다시 고난苦難의 길로

　　1980년 2월 29일자로 37세의 다섯 식구 가장이 무모하게도 덜컹 사표를 던지고 망망대해에 일엽편주로 신천지를 찾아 나섰다. 일단 가족들은 그대로 신리에 두고 혼자서 부산을 새 근거지로 작정하고 내려와 반송동 이주단지의 두 칸 방에 여덟 식구가 바글거리는 3촌 댁에 빌붙어 숙박을 하면서 현재 서면의 롯데 백화점 부지였던 옛 부산상업고등학교에 자리한 동부교육청에 여자교원의 출산 휴가를 땜질하는 임시교사를 하겠다는 신청부터 서둘렀다.

　　내가 감당할 수 있는 금액으로 구입이 가능하며 사방으로 출퇴근이 용이할 보금자리를 찾기 위해 시내를 뒤져보았으나 도심은 어림도 없고 물만골, 구서동, 반송동, 양정동 등 변두리를 뒤지다가 주공아파트 단지가 조성되면서 한창 개발 중이던 구서동의 천수답 가운데에 신축하여 분양하고 있던 13평짜리 연립주택이 창고에서만 살아온 내 마음을 붙잡는데 주변이 모두 농지이고 길도 포장이 되지 않아 먼지가 풀풀하고 비가 오는 날이면 큰 일 이겠다 싶어 망설이고 있던 중 3월 18일에 덜컥 발령이 나는 바람에 반송 도서관 앞에서 긴 줄을 서서 가까스로 시내로 나가는 버스를 타고 안락동에서 다시 바꾸어 타야하는 반여동의 장산국민학교에 일자리가 생긴 것이 우선은 다행이다 싶었다.

마음이 바빠지니 좌고우면하지 않고 17년간의 근무로 받은 퇴직금과 구석구석 묻어있던 자투리 돈까지 탈탈 털어서 만져보지도 못했던 거금 일천만원으로 구서동의 13평 연립주택을 구입하고 다음 일요일에 식솔을 인솔하고 생애 최초의 내 집에 입성하게 되니 우선은 부러울 게 없었다. 3월 27일 전입신고와 두 놈을 장전국민학교에 전학시키고 나니 비로소 의젓한 부산시민이 된 것 같은 뿌듯함으로 어쩐지 출발이 괜찮은 것 같은 기분인데 당장 생활비 몇 푼도 여유가 없었으니 하루하루를 어떻게 살았는지 꿈만 같다.

장산국민학교에는 4월 11일까지로 발령을 받았으니 그 이후가 막연하지만 부산에는 교사가 많이 부족하므로 곧 임용고사가 있을 것으로 예상하고 임용시험을 기대하고 있었는데 그 무렵 경남교육청 관내에서도 부산의 임용고사에 기대를 걸고 무더기로 사표를 내기 때문에 경남의 교육현장은 교사부족으로 학교가 난관에 봉착하자 부산의 임용고사에 태클tackle을 걸어 결국 4년제 대학을 졸업한 자 중에서 국민학교 교사자격증을 가진 자로 임용고사 자격기준을 보완하는 바람에 사범학교 졸업자나 고등학교 졸업자로 준교사고시검정에 합격하여 소정의 연수를 이수하고 국민학교에 근무하던 자 중에서 생활근거지가 부산인 교사들이 사표를 내고 부산의 국민학교 교사임용고사를 기다리던 200여명이 하루아침에 '닭 쫓던 개' 신세가 되고 말았다.

임용고사만 학수고대하던 나도 넋을 잃었지만 아무런 대책이 없는 촌뜨기 가족들이 나를 가만히 두지 않았다. 임시교사도 경쟁이고 계속할 수 있는 것도 아니므로 신문의 광고란을 뒤지기 시작했다.

증명사진 20매로 이력서를 작성하여 채용공고를 보고 회사를 찾아가서 긴 줄 끝에서 가슴 졸이며 차례를 기다렸다가 지원서류접수창구에 이력서를 수줍게 밀어 넣고 마른입술을 깨물며 기다리면 "참 좋은 분인데 이번에 우리 회사에서는 모실 수 없어 애석하게 생각합니다. 다음에 기회가 되면 꼭 모시도록 하겠습니다."라는 점잖은 퇴짜를 맞으며 돌아서는 기분을 말로는 어떻게 표현할 수가 없었다.

임시교사를 하면서 시간이 허락할 때마다 회사를 방문하는 일이 계속되면서 구입한 집 등기업무를 아내에게 맡겼는데 어느 날 동래세무서에서 아내 앞으로 100여만 원의 증여세를 납부하라는 통지서가 날아왔다.
이 무슨 귀신 씻나락 까먹는 소리인가 싶어서 동래세무서로 통지서에 적힌 담당자를 찾아가서 내가 퇴직금으로 구입한 집인데 증여세가 무슨 말이냐고 따지듯 항의를 하니 담당자 왈 "그러니까 사모님이 돈을 벌어서 구입한 것이 아니고 선생님의 퇴직금으로 사서 사모님 이름으로 등기가 되었으니 증여"라 한다. "직장을 구하기 위해서 동분서주하다보니 시간 내기가 적절하지 못하여 아내가 대신하도록 한 것이며 내 돈이 아내 돈이고 아내 돈이 내 돈 아니냐? 내 돈 다르고 아내 돈 무엇이 어떻게 다르냐?"고 따졌더니 참 순진하다며 경제문제는 가족이라 하더라도 남남이란다.
담당자도 딱하다는 표정을 지으며 진위는 잘 알겠지만 법으로 정해져 있으니 어쩔 수 없다면서 빠른 시일 내에 납부하도록 노력해 달라며 일이 바쁘다고 돌아앉는데 당장 생활비 몇 푼도 아쉬운 상황에 거금의 생돈을 납부하라니 학교 일에만 빠져서 살아온 나에게 세상사 너무 어렵고 내편은 어느 곳에도 없는 것 같아 하루하루가 너무 힘들었다.

내 전 재산이 세금을 내지 못해 압류를 당할 수도 있다는 세무공무원의 그 말이 늘 귓가에 맴돌아 어떻게 하더라도 이 문제는 해결해야만 다른 일이 손에 잡힐 것 같아 고민하던 끝에 5월 어느 날 어렵게 장만한 10만원인가를 봉투에 넣고 담당자를 세무서 인근의 다방에서 만나 우리 가족을 길바닥에 내몰던지 굶겨 죽이던지 당신의 손에 달렸으며 내가 할 수 있는 노력은 여기까지라며 준비한 봉투를 주머니에 찔러주고는 뒤도 돌아보지 않고 나와 버렸는데 그분이 자비를 베풀었는지 다시는 소식이 없었다.

　임시교사에게는 만삭의 여자선생님이 생명줄이다. 이 무렵 나는 세상에 만삭의 여인만큼 예쁜 여인은 없다는 생각에 빠져있었고 임시교사 자리마저 연결이 쉽지 않고 학교가 방학에 들어가면 직장이 없는 내 생활비도 방학이다.
　상여금은 물론이고 명절휴가비도 가족수당도 없다. 하지만 우리 가족은 방학 때도 먹어야 하고 명절에도 시늉은 해야 하며 가족들은 먹여살려야하는 가장의 역할은 포기할 수 없는 과업이기에 일자리가 연결이 되지 않아 쉬고 있을 때도 가족들이 눈치 채고 기가 죽을까봐서 출근시간에 집을 나와 18번이나 19번 버스를 타고 종점(구덕운동장)까지 갔다가 시간을 축내기 위해 걸어서 영주터널을 지나고 부산역을 지나오면 건설협회라는 큰 건물아래 비단잉어장이 있어서 지친 몸도 쉴 겸 그놈들의 유영遊泳을 보면서 "저 놈들은 저렇게 한가로이 놀아도 끼니걱정이나 가족걱정을 하지 않아 참 행복하겠다."는 푸념을 남기고 허기진 주린 배로 쉬엄쉬엄 조방앞까지 걸으면 퇴근시간이 가까워 온다.

　80년 6월 5일부터 7월 23일까지와 8월 25일부터 10월 16일까지 3개월 11일 동안 해운대국민학교에서 근무할 때는 학교 방호원 집에서 점심을 사 먹었는데 처음에는 라면을 두 개씩 끓여서 먹다가 한 달쯤 먹고 나니 양이 많아서 한 개 반으로 줄였다가 다시 한 달쯤 지나니 이마저 양이 많아서 하나로 줄여서 달걀을 한 개 넣어 먹다가 나중에는 달걀마저 넣지 않고 라면하나를 겨우 먹을 수밖에 없었다.

값이 제일 저렴한 라면이 처음에는 그런대로 맛이 있었는데 허기를 면하기 위해서 장기간 먹다보니 위장장애가 온 것이다. 이렇게 라면이 건강을 해친다는 경험 때문에 내 아이들에게는 물론이고 나도 한동안 라면을 먹지 않았으니 라면을 좋아하는 많은 미식가들과 라면제조회사에게는 미안한 생각이 들기도 한다.

이런 생활을 약 13개월 동안에 5개교를 바꿔가며 10번의 임용과 10번의 해임발령을 받았으며 그 중에도 특히 81년 3월 1일부터 3월 5일까지 내성국민학교 5일간의 근무는 최단기간의 임용과 해임의 기록을 갖기도 하는 등 9개월 27일을 근무하는 중간에 18개 회사에 이력서를 내는 등 참 바쁜 일정을 보내야 했다.

가족이나 이웃이 눈치 채지 못하도록 오갈 데 없이 공치는 허허로운 날에도 정상적으로 집을 나서서 늦은 시간에 귀가한 날만도 3개월 정도인데 그 대책 없던 빈 기간의 생활비를 가족들 몰래 지원해준 이상구, 고김조부, 노재윤, 고준길 친구의 고귀한 우정과 가정교사 자리를 알선하여 간접적으로 힘을 실어준 임광기 교사의 끈끈한 옛정이 암울한 터널을 빠져나오게 한 원동력이 되었다.

어려움들 중에서도 가장 힘들고 가슴 아린일은 그 당시 컴퓨터학원이 난립하면서 홍보방법으로 아이들에게 학원을 홍보하는 러닝셔츠를 공짜로 입혀주며 호객행위를 하는 경우가 많았는데 어느 날 둘째가 그런 러닝을 입고 있어서 어디서 났느냐고 따져 묻고 "얻어먹고 사는 걸인처럼 공짜를 좋아하면 뒷날 걸인이 된다. 당장 돌려주라."면서 야단만 치고 컴퓨터를 배우고 싶어 하는 둘째의 욕구를 단칼에 좌절시킨 일과 중국 음식점 부근을 지날 때 풍기는 자장면 냄새와 통닭집 앞을 지나며 배를 활짝 열고 "나 좀 데려가 주렴"하고 홀라당 벗은 알몸으로 나란히 누운 통닭에 끌려 발걸음이 느려지는 아이들에게 선뜻 그것 한 번 먹여주지 못했으며, 무더위에 이웃들은 가족들이 해운대 해수욕장을 다녀왔다고 자랑을 늘어놓아도 아이들의 수영복과 아내의 그 야시시한 수영복을 마련할 여윳돈이 없어서 한 번도 바닷물에 몸을 절여주지 못한 옹졸한 가장의 시퍼렇게 멍든 가슴은 지금까지도 지워지지 않고 미안한 마음으로 남아있다.

 1981년 3월 6일부터 부곡국민학교에 임시교사로 4학년을 담임하던 때는 국어교과서에 '나무를 심자'라는 단원이 있었는데 그 단원을 지도하면서 "산에다 나무를 심으려고 하지 말고 가만히 두면 저절로 푸르게 된다. 한 그루 나무를 심으려고 주변의 10그루 20그루를 밟고 짓이겨 오히려 산을 못살게 하는 일"이라고 흥분하며 설명을 했는데 월말고사에 하필 "산을 푸르게 하기 위해서는 어떻게 해야 하는가?"라는 문제가 출제되었는데 내 반 아이들이 대부분 오답을 택하는 바람에 예상하지 못한 소동이 벌어졌다.
 한 건장한 학부형이 학교에 찾아와서 교감선생님께 무자격교사를 임용했다고 행패를 부리고는 교실로 와서 따지기 시작하는데 두서도 없고 조리에도 맞지 않는 말로 횡설수설하기에 사실이 그렇다는 말로 조곤조곤 설득하여 보낸 일이 있었다.
 교감선생님이 그 사실을 아시고는 참 잘했다고 칭찬하시며 그 사람은 당시 부곡동 지역에서 무소불위無所不爲의 토착깡패로 시장의 노점상인인 할머니들에게까지 자릿세를 뜯고 말단 관공서를 찾아다니며 온갖 협박으로 기관장을 괴롭히는 기생충(?)같은 인간으로 맞서는 사람이 없는데 어떻게 잘 무마시켜서 다행이란다.
 얼마 뒤 전두환 대통령의 특단의 조치로 전국의 토착깡패 소탕작전이 있은 후 행방이 묘연하고 부곡동에도 평화가 왔다는 후문이 있었으니 나는 지금도 그 때의 토착깡패 소탕작전은 선량한 국민들의 안녕을 위한 최선의 선택이라고 굳게 믿고 있다.

 6월 어느 날 퇴근길에 소나기가 내렸는데 시장 앞 사거리 정류장에 하차하니 산 쪽에서 쏟아지는 흙탕물이 비포장도로를 따라 넘쳐흘러서 바지가랑이를 걷어 올리고는 신발과 양말을 벗어들고 맨발로 집으로 향하며 출근시간이 아니라 그나마도 다행이다 싶었다.
 그해 여름이 가기 전에 도로가 포장되고 배수로가 정비되었으니 구서동도 사람이 살 수 있는 환경으로 바뀌어 갔지만 2층짜리 연립주택의 2층에는 오뉴월 뙤약볕에 데워진 천장에서 내뿜는 열기는 한증막 같은데 시골보다 더 시골 같은 집 주변의 논밭에 잡초가 무성하니 모기가 아이들을 물고 갈 지경이라 창문을 열지도 못하고 계속되는 억지사우나로 구서동의 여름나기는 참 힘든 시절이었다.

특수교사 자격증이 난파선을 구하다

 1981년 3월 부곡국민학교에서 '나무를 심자' 사건으로 난처해하고 있을 무렵 부산혜성학교에 근무하는 친구로부터 함께 근무하면 좋겠다는 연락이 왔다. 중등학교에도 교사 부족사태가 생기자 4월 1일자로 국민학교 교사 중에 중등교사 자격증을 가진 교사를 중등학교로 전직 임용하는 바람에 부산혜성학교에도 초등부교사 한 명이 중등부로 전직하게 되어 초등부에 결원이 생겼고 당시 특수학교에는 특수교사자격증 소지자를 임용해야 한다는 지침이 있었지만 그 당시 특수교사 자격을 가진 교사는 희소한 상태였고 더구나 나처럼 임시교사로 하루하루를 연명하고 있는 경우는 없었으므로 그 곳에 근무하고 있던 동기들이 내 형편을 알고 있어서 사범학교 은사였던 김봉진 교장선생님께 천거薦擧하여 승낙을 받고 연락을 한 것이었다. 밑져야 본전이다 싶어 당일로 승낙을 하고 1981년 4월 7일 난파선에서 구조선으로 올랐으니 삶의 탄탄대로가 열리기 시작했다.

 부산혜성학교는 지금의 부산혜남학교와 건물만 다를 뿐 그러니까 발달장애영역과 지체부자유영역을 함께 교육하는 특수교육기관으로 당시 시각장애영역의 송도 맹학교와 청각장애영역인 망미동 부산배화학교와 함께 부산의 3대 공립특수학교 중에서 규모가 가장 크고 학생 수도 과밀이어서 입학을 희망하는 장애아가 치열한(?) 경쟁을 거쳐야 입학할 수 있는 학교였다.

구서동에서 51번 버스로 1시간을 너머 달려서 대연사거리에 하차한 후 30분 정도 더 걸어서 대연 6동 산 64번지의 대연동과 문현동 경계선인 산중턱의 대중교통망에서 소외된 위치에 자리하고 있었다.

가까스로 출근하면 아담한 건물이 남향으로 앉아 뒤로는 산이 북풍을 막아주고 남으로는 멀리 용호동과 이기대 오륙도 방향으로 탁 트인 전망이여서 한눈에 반할 수밖에 없다.

학생들은 초등부부터 중·고등부까지 학급당 20명 정원으로 운영되는데 내가 처음 맡은 반은 초등부 2학년 2반으로 9명이었다. 하나같이 신변처리를 도와주지 않으면 안 되는 열약한 학생들로 구성된 특수학교 중에서도 특별한 반이었다. 무엇부터 어떻게 해야 할지 난파선에서 구조선으로 옮겨진 심정이 아마도 이렇게 난감하여 허둥대다 탈진한 그런 모습이 아닐까 싶다.

늘 턱받이를 하고 입을 벌린 채 눈알만 희번덕거리며 주변에는 무관심한 승현이, 남의 일에만 관심이 많아 아이들을 제 맘대로 조종하려는 태용이, 누가 무어라 하거나 말거나 눈만 껌벅이며 징징거리는 동환이, 선생님의 눈치만 보다가 자기 눈과 마주치지 않으면 옆의 아이를 꼬집어서 울리는 찬혁이, 어떤 자극에도 반응이 없지만 배가 고프면 어~엉 어~엉 가늘게 신호만 보내는 귀공자 같은 일승이, 걸상에 앉은 채로 대소변을 보고도 표정하나 변하지 않아 그 고약한 냄새가 교실의 공기를 몽땅 오염시켜야 상황을 짐작하게 하며 세상만사 무관심이지만 먹는 것이 사는 맛 인양 먹을 때만 두 손을 흔들며 즐거워하는 경주, 잡은 손만 놓으면 두 팔을 비행기 날개처럼 벌리고는 물불을 가리지 않고 내달리는 낙현이, 고자질을 온 몸으로 표현하며 잘했다고 자랑하는 미경이, 늘 내 손을 잡고 놓으면 불안한 우리 반의 최 우수아로 유일하게 몇 마디 말을 할 줄 아는 명진이, 이들이 나와 내가족의 생계를 책임지는 천사 중의 천사랍니다.

 겨울 방학과 동시에 새로 입학할 지원자의 상담과 지원서를 받는데 지원자격이 참 기이하다. 장애가 너무 경미해도 안 되고 반대로 결함이 너무 많아도 안 된다. 자식을 장애학교에 보내지 못해서 안달하는 부모가 있다는 사실을 어떻게 설명해야 하나? 장애어린이가 넘쳐나거나, 학교가 장애아동을 모두 수용할 능력이 없거나, 부산혜성학교가 너무 유명한 특수학교라서 이런 현상이 생긴 걸까요?
 2월 봄방학이 시작되면 입학지원자를 차례로 불러서 시험(?)을 봅니다. 그리고 입학사정위원회가 열리고 마지막에 합격자(?)를 발표하는 날에는 희한한 일이 벌어진다. 합격자의 부모는 서울대학에라도 합격한 듯 만면에 감사의 표정을 담아 연신 고맙다고 인사를 합니다. 한편 입학이 거절된 부모는 교문 앞 내리막길에 주저앉아 아무 것도 모르는 아이를 쥐어박으며 신세타령을 합니다. "세상에 이 못난 놈아, 여기마저 못 오는 우리는 남부끄러워 어떻게 살겠노? 차라리 저 언덕으로 함께 뛰어내리자."는 푸념과 함께 꺼이꺼이 목 놓아 울음 우는 눈뜨고 볼 수 없는 처참한 모습은 지금도 가슴이 아린다.

 뿐만 아니라 통학버스 3대가 부산시내를 동부, 서부, 중부로 나누어 누비며 학생들을 등하교 시키는데 처음 승차하는 아이들은 고3 수험생처럼 새벽시간에 선잠 깨서 아침밥 먹는 둥 마는 둥 업고 걸려서 통학차를 놓치지 않으려고 아등바등 시간 맞춰 태워 보내고 집안일 잠시 돌보다보면 금세 하교시간 닥치니 서둘러 정해진 정류장으로 마중을 나가서 기다렸다가 데려오는 일과가 아이 못지않게 지칠 법도 한데…
 아이는 오뉴월 콩나물시루 같은 찜통 버스 안에서 숨쉬기조차 쉽지 않은 고통을(당시의 통학버스는 냉난방시설이 없었음) 1시간도 넘어 견뎌야 하지만 더 심한 고통은 용변을 견디지 못하고 입은 체로 해결해야하는 짐승만도 못한 고통을 위정자나 교육위원회에 참담한 사정을 호소해도 들은 척도 않는 세상 밖 영역이었다.

 지난 3월에도 전입을 희망하는 특수교사가 부족하여 특별채용으로 임용된 교사가 한명이 있어서 나도 전례에 따라 특별채용형식으로 신분이 보장되는 정규교사로 채용해 달라고 시 교육청 담당 장학사에게 직간접적으로 여러 통로를 통해 건의를 해도 묵묵부답이어서 포기하고 200여 명 임시교사 대기자들의 생계를 거론하며 임용을 건의하는 임용대책단체를 만들어 교육부에 건의를 여러 번 해 보았으나 뾰족한 대안이 없자 생계가 급한 교사들은 하나 둘 모천母川으로 돌아가고 나도 언젠가는 잘릴 목을 매만지며 재임용을 포기하고 있었다.

 11월 말 어느 날 교육부에서 장학지도를 온다는 방송이 나오고 선생님들은 평소보다 긴장을 하고 있었는데 점심시간에 화장실에서 어디선가 본적이 있는 사람이 옆자리로 들어와 나란히 소변을 보면서 옆 눈으로 마주쳤다.
 서로 누가 먼저랄 것도 없이 "어! 천 선생님이 여기 근무하시느냐? 아! 이남정 선생님 어쩐 일이십니까?" 순식간에 서로를 알아본 초임지에서 만난 인연이 그렇게 반가울 수가 없었다. "일과를 마치고 소주나 한잔 합시다" 하고 그는 교장실로 가고 나는 교실로 돌아왔는데 그가 바로 교육부에서 장학지도 차 내방한 이남정 연구사였다. 아마 교장선생님과 이야기 중에 내 이야기가 나왔을 테고 내 형편을 전해들은 이남정 연구사는 나와의 소주 미팅도 취소하고 시 교육청에서의 장학지도결과 간담회에서 특수학교에 자격을 갖춘 유능한 임시교사가 있으나 신분보장이 안 되니 학교장이 중책을 맡기지 못하는 어려움이 있는데 이런 고충은 교육청에서 의지를 가지고 해결할 수 있었으면 좋겠다고 건의를 했던 모양인데 교육감님이 지난 3월에도 특별채용을 한 사례가 있으니 그 문제는 해결하도록 검토하겠다고 답변하자 연구사는 "그러면 이 문제는 해결되는 것으로 장관님께 보고하겠습니다." 하고 못을 박았다는 후문이 있었다.

장학지도를 마친 다음날 여러 차례의 청원에도 들은 척도 않던 시 교육청에서 임용서류를 제출하라는 연락이 왔단다. 다른 서류는 늘 완벽하게 준비된 상태에 있었고 다만 '신원조사회보서'를 받아야 하는데 통상 신청 후 2주 정도의 시간이 걸리므로 시경市警에 손이 닿을 학부형을 찾아가라는 교장선생님의 도움을 받아 수업이 끝나자말자 지금의 롯데백화점 부산본점 자리에 있던 부산시경으로 찾아갔는데 민원실 입구에서 바쁘게 어딘가를 가던 키다리 경찰이 걸음을 멈추고 뒤돌아보더니 "어이 너 천창우 아닌가?" 한다.

사범학교 동기인 이신일 친구를 여기서 만나다니? 신원조사회보서가 필요해서 왔다고 하니 그런 일을 자기가 한단다. 언제 필요하냐고 묻기에 빠를수록 좋다고 하니 3~4일안에 가지고 가겠다고 하기에 연락만 주면 가지러 오겠다고 하고 돌아왔는데 3일째 아침 연락이 왔다.

교장선생님께 말씀드리니 보결수업을 부탁하고 빨리 다녀오라신다. 임용서류 제출요청이 있은 지 3일 만에 서류를 갖추어 교육청에 접수를 시키니 담당 장학사님의 놀란 시선이 지금도 선한데 결국 다음날인 12

월 4일자로 복직 임용이 이루어짐으로 만경창파에 던져진지 1년 9개월 만에 완벽하게 구조가 된 감격의 날이었다.

　새로운 출발을 확실히 해준 첫 제자 이남일 군의 형 이남정 선생님, 번갯불에 콩 구워먹듯 신원조사회보서를 만들어준 친구 이신일, 늘 염려해 주시던 은사 김봉진 교장선생님과 윤승희, 박소자, 고 유인진 동기들 모두가 잊을 수 없는 은인이다.
　복직이 되고부터 생활에 안정이 오고 근무가 재미를 더하며 계획적인 생활도 가능해졌다. 그 간의 공백 기간에 대한 연금부담금도 소급해서 불입하게 되었고 방송통신대학에도 등록을 하여 대학교재를 읽는 재미가 삶에 대한 활력소가 되었다. 아이들에게는 늘 공부하는 따뜻한 아버지로, 아내에게도 든든한 남편이요 동료들에게도 학부모들에게도 기죽지 않는 당당한 선생님으로 자리를 굳히게 되었다.
　소문이 어떻게 나갔는지 나와 처지가 비슷했던 200여명의 재임용 희망자들에게는 선망의 대상이 되어 재임용 방법에 대하여 물어오거나 특수교사 자격취득에도 많은 관심이 생기게 되었다.

　중앙여고를 졸업하고 총무처 공채에 합격하여 밀양군 단장면사무소에 근무하고 있는 여동생 숙희를 산골짝에 던져놓고 한 둘도 아닌 오라비들은 목구멍에 밥이 제대로 넘어가느냐며 닦달하시는 부모님 등살에 못이겨 정보를 수집하던 중에 부산교육청이 일반직 공무원을 충원할 때 다른 관공서에서 근무중인 공무원도 전입을 할 기회가 있다는 정보를 그 당시 시 교육청 감사실에 근무하고 있던 고향의 국민학교 후배에게서 입수하고 기회가 되면 실기失機하지 않도록 당부를 해서 요행히 쉽게 전입이 되었고 여고에 재학 중인 막내 덕희까지 7명이 13평 연립주택에서 같이 살게 되었는데 중학생 남자 조카와 같은 방을 쓰는 고모들의 고충도 고충이지만 날이 밝으면 화장실 쟁탈전이 더 난처하여 나는 거의 건물 밖에 있는 공동화장실을 사용하곤 했었다. 1년도 너머 겪은 고충을 잘 참아 준 동생들과 아이들에게 고맙고 미안한 생각에 가끔 멋쩍은 웃음을 흘리지만 그래도 그때가 참 행복했었다 싶다.

복직이 되어 생활에 안정을 찾게 되자 출산휴가에 들어간 여선생님의 땜빵인 임시교사 시절에 그토록 예뻐 보이던 배불뚝이 여자선생님보다 신변처리가 안되고 의사소통이 안 되어도, 비릿한 침 냄새도, 지릿한 소변 냄새도, 쿵큼텁텁한 악취의 대명사인 대변 냄새도 모두 익숙해지더니 일그러지고 비틀어진 내 반 아이들이 더 예뻐지면서 임시교사시절의 절실했던 마음이 개구리가 올챙이시절을 모르듯 사람 마음 참 변덕스러워 지더이다.

85년 1월 1일자로(대통령령 제11608호) 군복무를 전후한 누락경력을 합산하는 호봉재획정의 기회가 있었는데 군복무를 마치고 복직할 때까지 1개월의 경력을 합산하지 않아서 담당 장학사를 찾아가서 합산요구를 하였더니 실제로 근무하지 않은 경력이므로 합산이 불가하다고 일언지하에 거절하므로 "나는 국가의 부름을 받고 국방의무를 다했으며 전역과 동시에 복직신청을 했는데 교육청의 형편이 여의치 못해 즉시 복직을 시켜주지 못한 책임은 국가에 있으며 가능하면 그 공백 기간에 대한 임금도 받기를 원한다."고 항변을 하니 "바보학교에 근무하는 선생님은 내 말의 뜻도 이해하지 못한다."며 학교를 싸잡아 비하卑下하니 속이 뒤집어져서 문교부에 직접 알아봐도 되겠느냐고 뱉었더니 마음대로 하라며 "저렇게 통통 막힌 사람이 어떻게 선생이 되었는지 모르겠다."며 혼잣말처럼 약을 올리는데 더 이상 참을 수가 없었다. 문교부 장관 앞으로 나의 의견을 민원으로 제기했더니 며칠 후 부산교육청으로 회신

하였다고 연락이 오고 그 며칠 뒤 당시 호봉을 재획정한 발령장을 모두 회수하고 내 의견대로 국가의 책임을 인정하고 재획정한 발령장을 다시 받았는데 사실은 문교부에서는 군복무관련 전후로 생긴 공백 기간은 합산하도록 지시하였으나 부산시 교육청 담당자가 오판한 사건이었으며 내가 바보가 된 대가로 많은 사람들이 부당하게 누락된 경력을 바로잡는 일이 있었는데 그때 덕을 본 사람들이 이런 우여곡절을 알기나 하는지 모르겠다.

천태만상으로 다른 특성을 가능한 많이 담을 수 있는 정신지체학교 1종 도서를 집필하는 일에도 참여하여 나름대로 체계를 세우고 열심히 했는데 1종도서 집필노력을 교원 연구실적으로 인정하게 되면서 다음해에는 이유도 통보도 없이 이 일에서 배제되자 심혈을 기울여 하던 일을 갑자기 그만두게 되니 공황상태에 빠지면서 무언가 허전하고 빠뜨린 것 같고 정신이 멍멍해지면서 사람이 좀 이상해지는데 하루 빨리 무엇인가에 집착해서 돌파구를 찾으려고 고민하다가 동료교사 박대서 선생님과 공동으로 과학전시회 출품작품을 만들기 시작했다.

도자기에 색을 내는 천년유약을 찾는 일인데 추측하건데 옛날의 우리 도자기에 색을 입힌 재료는 식물이 아닐까 하여 우리주변에 산재한 토종식물 중에 도자기 유약이 되는 것을 찾기 위해 여름방학 내내 식물들을 태워서 그 재를 도자기표본에 발라 고온에 구워보는 작업이다.

방학 내내 학교에서 먹고 자면서 무더위에 사타구니가 헐어서 파란색 잉크 같은 물약을 발라가면서 작품을 만들어 출품을 했는데 83년 9월 30일 제29회 전국과학전람회에서 특상을 수상하게 되자 공황장애도 없어지고 매사에 더욱 자신감이 생겼다.

이듬해인 85년에도 모두들 승진에 필요한 연구실적 점수를 보태려고 탁상논문에 매달리고 있을 때 영원히 승진을 할 기회도 없는 나는 동료들이 참 바보 같다고 비아냥거리기도 하였으나 땀 흘리고 돈 들여가며 다시 교육자료를 개발하는데 전력투구한 결과 85년 12월 9일 제16회 전국교육자료전시회에서 거뜬히 2등급을 수상하였다. 매년 교육부장관의 표창 기회가 왔을 때나 심지어 해외연수기회가 와도 천창우는 승진을 하지 않기 때문에 장관 표창이나 연수가 필요 없다는 자기들만의 자의적 판단으로 대상에서 제외되곤 했지만 원래 그런가보다 하고 예사롭게 받아들이곤 했다.

85년 7월 19일 부산지하철 1호선이 개통되면서 퇴근이 수월해지자 가끔씩 방앗간(?)에서 길어진 시국토론(?)때문에 막차로 귀가하다가 노포동 종점까지 가 버리고는 기관사가 졸렸는지 내가 내릴 구서동에는 정차도 하지 않고 그냥 지나쳤다고 푸념을 하면서 네 정거장을 걸어서 되돌아오기도 하는 등 학교가 더욱 즐겁고 승진에 연연하지 않으니 세상에 부러울 게 없었다.

86년도에는 연구실적점수가 탐이 나는 동료 하나가 경비經費는 자기가 부담하겠다며 과학전람회 작품이나 교육자료전시회 작품을 같이 하자는 제의에 씁쓸한 마음이 들어 이제 지쳐서 못하겠다고 정중히 사양하고 여름방학동안에 대구대학에서 열리는 하계연수회에 참가하여 열심히 했더니 연수점수도 우수한데다가 마칠 때 대구대학총장의 표창장이 덤으로 주어지니 복이 저절로 굴러온 격이다.

86년 12월 연말에 교원들의 근무성적을 책정하고 승진후보자를 선정하는 자료를 위임받아 작업하던 친구 고 김조부선생이 교실로 찾아와서

"야! 네 점수가 제일 높다"며 흥분을 하기에 "무슨 뚱딴지같은 소리를 하느냐?"며 농담 그만하고 일이나 제대로 하라며 무관심으로 돌려보냈는데 퇴근 무렵 다시 찾아와서 차근차근 설명을 하는데 지금까지 임시교사 경력은 교사경력에서 제외되어 왔는데 올해부터 임시교사경력이 "을"경력으로 합산되면서 꿈에도 예상하지 못한 이변이 생긴 것이다. 동료들의 업신여김을 받으면서 과학전과 자료전으로, 또 1종도서 집필 1년, 경남에서의 도교육청 새마을 교육실천 우수사례 공모에서 받은 최우수등급을 더하여 연구실적 점수가 만점이 되고 대구대학 총장 표창이 교육부장관 표창과 동급同級으로 인정되면서 표창점수와 주임점수, 특수교육 점수 등 벽지점수와 미감아교육 점수를 제외하고는 받을 수 있는 부가점수는 가득 채웠으니 유력 승진대상자 중에서 근무성적을 제외한 자기점수가 1위로 부상하게 된 것이다.

당시 교감선생님은 누구라도 자기점수가 높은 사람에게 근무점수를 부여하여 승진의 기회를 제공하겠다고 입버릇처럼 공언하곤 하여 자기점수가 높다고 판단한 모 동료가 퇴근길에 늘 탁주 값을 흔쾌히 기탁하곤 하여 그가 승진후보자 순위 1번인 것은 기정사실이 되어 있었는데 난데없이 엉뚱한 곳에서 복병이 나타나니 혼란이 생기고 말았다.

내가 내 점수를 알게 되었고 마침 2~3개월 후면 일반학교로 전직을 해야 하는 막다른 골목이라 이번 기회를 놓치면 영원히 나에게는 기회가 오지 않을 것 같은 욕심(?)이 생겨서 다음 날 출근하자마자 교감선생님께 "그 간에 교감선생님이 하신 공언은 유효하시지요?"하고 확인(?)하였더니 바로 쳐다보지도 못하시며 돌아온 대답은 "당신은 처음부터 승진할 생각이 없었지 않느냐?"며 더듬더듬한다.

참 어처구니가 없고 교감선생님의 입장은 이해가 되지만 아침부터 이러지도 저러지도 못하고 통학버스 도우미 대기실인 옆방으로 들어가 스스로 감정을 추스르지 못하고 기절을 한 모양이다. 등교를 마친 도우미들이 대기실로 들어와서 늘어져 정신을 잃고 있는 나를 발견하고 교감선생님께 보고하여 급히 인근병원의 응급실로 실려 가게 되었다는데 다행히 깨어났으나 며칠 입원하여 쉬는 게 좋겠다는 진단이 났다.

  오후에 친구 고 김조부가 방문하여 내게 이런 일이 생긴 것은 교감선생님 자기 탓이라며 후회하고 있으니 잘 풀릴 거라며 위로를 하고 갔다.
  당시에 승진후보자가 되겠다는 동료는 3명이 더 있었는데 그들은 승진후보자 경쟁시험을 대비하여 방학 때가 되면 서울과 광주등지에서 열리는 교감승진후보자 경쟁시험 대비강좌에 참여하는 등 나름대로 만반의 준비를 갖추고 있었는데 나보다 연세가 5~6세나 많은 선배와 한해 선배 여선생님, 그리고 술값 담당 훨씬 후배사이에 내가 합세한 모양새다.
  이 사건으로 교감선생님은 많은 연구와 정보를 종합하여 한참 젊은 술값담당 상무를 제외한 3명의 근무성적으로 아주 근소한 등위점수를 만들어 최 연장자가 1번, 한해 선배가 2번이고 나는 3번의 순위로 보고하게 되었고 1월초 43(?)명이 최종 승진대상후보자로 선정되었는데 우리학교에서 추천한 3명이 모두 선정명단에 들었고 나도 요행으로 43번째로 턱걸이를 하였으니 내 일로 고심한 고 윤상길 교감선생님의 노고가 고맙고 미안하였지만 막상 손톱만큼도 준비가 없었던 나에게는 기쁨도 잠시 1개월 정도를 앞둔 교육평가원의 경쟁시험을 어떻게 대처해야 할지? 병원까지 실려 가는 소란을 어떻게 잠재워야 할지 앞이 캄캄하더이다.

  후보자 명단에 끼이지도 못하면 어쩌나? 하던 걱정이 3명중에 본선에서 떨어질 사람은 당연히 무방비상태였던 내가 아닐까로 바뀌었지만 마침 집 가까이의 새로 지은 건물에 독서실이 생겨서 홍보차원이라며 이용요금까지 반값으로 한다기에 살아온 지금까지처럼 엎질러진 물도 주워 담을 기세로 그 독서실에서 통신대학 교재를 중심으로 사범학교 재입학시험을 준비할 때처럼 밥 먹고 용변 보는 시간도 아끼며 전력투구를 하였다.

 전보발령이 나기 2~3일 전에 교육청에서 개별적으로 합격증을 받으러 오라는 연락이 왔다. 범일동에 위치한 시 교육청으로 달려가 이름을 밝히며 연락을 받고 왔다고 하니 어떤 장학사님(양형석 장학사?)이 과장님께 "이번 교감승진후보자경쟁시험에서 객관식 문제에 만점을 받고 전체 1등으로 합격한 천창우 교사입니다"하고 소개를 하시는 게 아닌가! 돋보기너머로 찬찬히 쳐다보시더니 씨익 웃고 계셨는데 다리가 후들거려서 그 뒤로는 어떻게 했는지 기억에 없다.
 세상만사 새옹지마라는 말이 생각난다. 늘 신문을 읽고 그 많은 통신대학 교재를 미련스럽게 읽었으며 시간을 아끼며 이해득실을 계산하지 않고 쌓아온 이력이 절호의 기회를 만나 위력을 발휘하게 되었으니 이를 두고 사필귀정이라 하면 비유가 적절한지 모르겠다.

 지난 3년 동안 부산대학교 사범대학 부속고등학교에 다니던 큰 아이가 대학교내에서 하루가 멀다 하고 벌어지는 데모 진압으로 최루탄이 난무하면 학교가 수업을 할 수 없어 조기에 하교조치가 이루어지는 일이 다반사라 아이는 귀가하여 집에서 공부를 하는 둥 마는 둥 해도 참 무력했던 아비였는데 그래도 대학 지원서를 낼 때 담임이 한사코 서울로 보내야 한다고 고집해서서 "내 아이를 좋게 봐주셔서 정말 감사합니다. 하지만 서울대학에 합격한다는 보장도 믿기지 않고 아직은 나의 경제사정이 서울로 유학을 시킬 형편이 못된다."고 정중하게 사양했지만 원서

접수 마감일까지 실랑이를 벌리다가 결국 87년 3월에 개교하는 부산의 동의대학교 한의과대학에 원서를 접수시킬 수 있었다.

　재수는 필수요 삼수는 선택이라고들 할 때 학원의 문전에도 못 가보고 재수는 고사하고 정규수업도 제대로 받지 못했는데도 전체 차석으로 합격하여 입학금과 1년간 등록금 면제의 영광을 안겨주었으니 올해는 겹경사를 안겨준 행운의 해가 아니었던가 싶다.

　저승의 문전에서 만난 신리국민학교는 생명의 젖줄이었고 그 곳에서 취득한 특수교사 자격은 여명餘命의 태동이었으며 부산혜성학교는 나의 성지다. 교감자격 연수대상자선정시험에도 재수는 필수요 삼수가 선택인 시기에 꿈도 꾸지 않고 있다가 번갯불에 콩 구워 먹듯이 단숨에 수석으로 합격하였으며 통신대학 5년을 무사히 이수하고 학위를 받아 아내에게 소원인 대학 졸업생 남편이 되었으니 이만큼 보살핌을 받았으면 부산혜성학교는 성지聖地라 할 만하지 아니한가?!

제 2 부

세상은 내 편

　1987년 3월 1일자로 당시 남부교육청관내의 여고국민학교로 전직 발령이 났다. 동래구 사직3동의 주거단지 내에 개교한지 3년 된 35학급규모로 주임 중에는 선배인 연구주임 한사람만 전출이 정해진 상태라며 학교규모가 작아 가족 같은 분위기에다가 승진 때문에 신경 쓸 일이 없어 그 학교로 오면 자기가 맡았던 연구주임의 보직을 받을 수 있으니 전직희망을 하라는 권유를 받았다.
　전보점수가 월등하게 높은 내가 희망하면 당연히 낙점된다는 회유懷柔에 솔깃하여 희망을 하게 되었는데 그 해 갑자기 학급이 불어나 학년주임 여섯 자리가 늘어나면서 주임 안배와 나의 계획이 혼란에 빠지게 되었다.
　어떤 과정을 그쳤는지는 기억에 없지만 연구주임과 4학년을 맡게 되었는데 급하게 교육계획을 입안하여 인쇄에 붙이고 나니 정신지체 학생들과 6년의 세월을 동고동락해온 나에게 여고의 4학년아이들은 신神이고 천사였다.
　시킬 것도 없고 도와 줄 일도 없으며 모르는 것도 없고 활발하고 분명한 의사표현과 쉬는 시간이면 여자 아이들이 와글와글 달라붙어서 서로 흰 머리카락을 찾겠다고 산발散髮하며 "담배냄새만 없으면 멋쟁이 선생님!" 등 착착 달라붙는 애교에 여기가 무릉도원인가 싶은 착각에 빠질 만한데 복도를 순회하시던 교장선생님이 이런 와자지껄한 모습을 보시고는 직원종회시간에 "연구주임은 바보아이들만 가르치다가 와서 4학년 아이들도 감당을 못해서 난장판"이라며 핀잔을 주며 못 마땅히 여기기도 하였지만 나는 아이들이 너무너무 신기하고 천사 같다는 마음에 변화가 없었다. 이렇게 아이들과 정이 들어가는데 그해 처음으로 설립된 부산교원연수원의 첫 업무로 교감자격연수가 5월 25일부터 6월 25일까지 시행되면서 학교를 비우게 되니 더욱 밉상이 될 수밖에 없었다.

황 교장선생님은 시 교육청 체육담당 장학사 출신이어서인지는 몰라도 수요일 오후에는 직원체육일로 정하고 유치원 마당만한 운동장에서 전 직원이 두 편으로 나뉘어 내기배구를 하는데 당신 팀이 지는 날은 이길 때까지 해야 하므로 배구를 잘 못하고 다른 바쁜 업무가 있는 사람은 고역이다.

뿐만 아니라 체조를 교기로 정하고 하루도 빠짐없이 아침부터 오후 늦은 시각까지 사직운동장에서 10명도 안 되는 아이들이 체조연습을 하는데 교장선생님과 체조담당 선생님은 아예 훈련장으로 바로 출근하며 퇴근도 마찬가지다. 학교의 모든 역량을 10명도 안 되는 아이들에게 집중하면서 나머지 1,800여명의 아이들은 들러리로 선수육성을 위한 경비조달을 위해 두 달도 멀다하고 "쌀 한줌 모으기 운동"을 선수 돕기라는 이름으로 추진하는데 말이 한 줌이지 경쟁을 붙이니 많은 경우는 한 되박(2L)도 더 가져오게 된다.

따라서 학교와 학생들은 오로지 체조선수 10명을 위한 도구에 불과하다는 생각을 하곤 했다.

당시에는 주식투자의 광풍이 불어서 남자교사들의 뒷주머니에 경제신문 한 장 꽂고 다니지 않으면 팔불출에 해당할 지경으로 출근하면 첫 대화가 어제 얼마를 벌었다는 이야기로 시작할 만큼 공직사회도 주식퇴폐가 만연했는데 여윳돈이 없는 사람들은 은행이나 보험회사에서 재직증명서 하나로 몇 백 몇 천 만원까지 대출을 받아서 증권에 투자를 하고 정작 몰두해야 할 업무는 부업으로 여기던 망국병이 불길한 훗날을 예고하였지만 여윳돈은 고사하고 생활비도 빠듯했던 내가 증권을 몰라서 대화에도 끼이지 못했던 과거가 쓴웃음을 짓게 한다.

　88서울올림픽의 흥분도 가라앉은 12월, 예년과 다름없이 연말이 되자 선생님들의 근무성적을 평정하여 교육청에 제출해야 하는데 당시는 근무성적으로 서열을 정하는 산출방식이 까다로워서 많은 학교의 교감선생님들이 곤욕을 치르곤 했었다.
　우리학교의 교감선생님도 아마 그일 때문에 오후가 되면 서류봉투를 들고 교육청으로 여러 번 출장을 다닌 적이 있었는데 2월 어느 날 업무가 있어 교육청에 출장을 갔더니 사무실로 들어서자 말자 "천창우 너 일마 처신 똑바로 해. 학교에서 처신을 어떻게 하기에 그 따위야?" 하는 게 아닌가! 이 무슨 날벼락인가?
　멍청하니 쳐다보고만 있다가 아무 말도 못하고 어떻게 돌아왔는지 기억에 없는데 밤새 무슨 뜻인가 곰곰이 생각하니 오호라 근무성적 때문이구나, 교장선생님이 배구도 잘 못하고 업무처리가 신중한 태도를 못마땅해 했으니까 그럴 수 있겠다고 스스로 결론을 내리고 다음 날 결재 때문에 교장실로 들어가서 "근무성적을 과분하게 잘 주셔서 감사합니다." 하고 정곡正鵠을 찔렀더니 빤히 쳐다보시더니 머뭇머뭇 하면서 "뭐! 뭐! 개교공신들 보다는 수고한 것이 없지 않느냐?" 하기에 근무성적을 매년 산정하는 이유도 모르는 사람하고 더 이야기 해봐야 무슨 소용이 있겠나 싶어 "네 그래서 고맙습니다."하고 그냥 나왔다.
　승진 후보자도 없고 장관이나 총리의 표창대상자도 없으며 단지 교감 자격증을 취득하고 근무성적만 제대로 받으면 승진의 기회가 올 수도 있는 부하직원의 앞길을 막아 놓고도 잘 못인 줄을 감지하지 못하는 교장을 모시는 한 발전할 가능성은 찾기가 어렵겠다고 단념하니 내 반 아이들에게 더 집착하게 되더이다.

　큰아이가 대학생이요 둘째가 고등학생, 막내가 중학생으로 방이 고작 두 개인 13평 구서동 연립주택이 좀 협소하고 불편해서인지 당시 어수선 하던 시국으로 이틀이 멀다하고 학생들의 데모가 벌어지는데 큰 아이가 데모에 가담하면서 집에 들어오지 않는 날이 많아지자 좀 더 넓은 집으로 옮겨 아이들의 생활공간을 넓혀줄 생각으로 전셋집을 구하러 다녔다.
　어쩌다 마음에 드는 집을 만나면 주인은 먼저 아이들이 몇이냐고 묻고 내가 남자아이 셋이라고 하면 다시 생각해보자며 퇴짜를 놓기가 일쑤였는데 우여곡절 끝에 다행스럽게도 후덕한(?) 다세대 주택의 주인을 만났다.
　정들었던 1,000만 원짜리 13평 연립주택인 최초의 내 집에서 10년을 살다가 1,450만원에 매각하고 용인고등학교에 다니는 한 놈이라도 도보로 등하교 할 수 있도록 400만원인가를 들여 온천입구의 속칭 시싯골의 교동국민학교 옹벽 아래로 89년 4월 15일에 이사를 했는데 이사한 지 한 달도 되지 않아 5월 3일 학생들의 방화로 경찰관 7명이 사망하고 10명이 부상을 당하는 소위 「동의대 사건」이 터졌다.

　요행(?)인지는 모르지만 그해 초 동의대학교 한의과대학은 양정으로 이사를 한 뒤여서 한의대학의 학생회장이었던 큰아이는 동의대사건 당시 양정캠프스에 있어서 화를 면하기는 했지만 학생회 간부들이 모두 사건에 연루되어 감금되는 바람에 혼자 남은 내 아이가 공부는 팽개치고 사태수습에 매달리니 "이러다 아이 하나 망치겠다." 싶어서 군복무를 시키기로 작정하고 친구인 곽 명희 보안대장과 의논하여 가능한 빠른 시간 안에 입대를 할 수 있도록 부탁을 했는데 그해 12월 의예과를 마치자 말자 방위병으로 입영하여 해운대에서 훈련을 마치고 등 너머 명장동의 군부대에서 근무하게 되니 집에서 도보로 출퇴근을 하므로 이곳으로 이사를 한 효력이 배가倍加되는 효과가 있었다.

89년 봄부터 미남 교차로 부근에 견본주택을 지어놓고 만덕동에 대단지 럭키아파트를 분양한다고 대대적으로 홍보를 하고 있었는데 혹시나 하고 신청을 하고 추첨일에 아내가 은행알 추첨에 참여하여 후보로 당첨이 되기는 하였지만 분양기회를 기대하지는 않았다.
며칠 후 해운대 마린시티의 대우마리나 아파트 분양추첨이 있어서 만덕동 럭키아파트에 당첨되었던 사람들 일부가 계약을 이행하지 않아서 생긴 여유분을 놓고 후보로 당첨되었던 사람들로 재 추첨을 하는 기회가 생겼는데 이때 운이 좋았는지 당첨이 되어 아내가 뒷감당은 생각도 않고 얼마나 좋았던지 학교에까지 찾아와서 소식을 알려주었다.

구서동 집을 팔고 전세로 가면서 남은 돈으로 9월 30일에 790만원인가로 계약을 하고 다음 중도금을 어떻게 마련할까를 고민하고 있었는데 부산지방검찰청으로부터 출두하라는 등기우편물이 도착하여 겁이 덜컥 났다.
아무리 생각해도 저지른 잘못이 생각나지 않아 며칠을 두려움으로 일이 손에 잡히지 않고 잠도 제대로 자지 못하다가 오라는 날 당시 부민동(?)에 있던 검찰청 특수부로 찾아갔는데 나이가 내정도로 보이는 사람이 "영감님 한사람 왔습니다."하는데 보니까 내 큰아이 같은 젊은이라 의아해 하고 있으니 다짜고짜로 "당신 럭키아파트에 아는 사람 이름이 무어냐"고 다그치는데 할 말을 잃고 멀뚱멀뚱 쳐다보고 있으니 바른대로 말하면 쉽게 끝날 수 있으니 이실직고하란다.

정신을 가다듬고 "무슨 일로 그러시는지는 모르지만 그쪽에는 아는 사람은 고사하고 회사가 어디에 있는지도 모르는데 이곳에 왜 불려왔는지 모르겠다."고 했더니 어떻게 누가 새치기로 아파트를 계약하게 해줬느냐고 다시 다그치기에 그 간의 상황을 설명했더니 알았다면서 그냥 가라고 한다.

해운대로 갔던 사람들이 그 곳에서 떨어지고 다시 돌아와 계약을 하려고 하니 이미 계약기간이 지났고 회사는 재 추첨을 통해 펑크가 난 아파트를 분양했는데 억울하다며 특혜로 분양을 한 것처럼 허위로 검찰에 고발을 한 해프닝으로 검찰이란 말만으로도 소름이 돋는 소시민인 내가 검찰청 특수부까지 왕림하는 경험을 하였으니 대단한 세상살이 공부를 한 셈이다.

여고국민학교로 오면서부터 방학 숙제를 일률적으로 내어주지 않고 학생 들 한 사람 한 사람의 특성을 고려하여 방학기간에 장기계획으로 연마하고 달성할 수 있는 과제를 학급의 친구들 모두가 알 수 있도록 한 장의 인쇄물로 제시하곤 했는데 89년 여름방학 과제로 나는 "자동차 운전면허증 따기"로 학생들 과제물 맨 끝에 명시하였다.

마침 집 주변인 용인고등학교 입구에 새로 생긴 자동차운전학원에 홍보차원에서 시행하는 약간의 수련비를 지불하고 교육을 받았는데 방학이 끝날 무렵 사상구 덕포동의 시험장에서 실기시험을 봤지만 낙방하고 말았다. 개학하고 아이들과 과제물을 놓고 합동평가를 하는데 마지막에 내 차례가 되어 과제를 완수하지 못한 과정을 사실대로 이야기 했더니

'에이~' 하면서 모두가 아쉬워하며 무언의 격려를 해 주었는데 그 다음 주에 두 번째로 응시하여 합격하고 며칠 후 면허증을 보여 주었더니 모두가 제 것 인양 '와아~' 하는 함성으로 축하해주었다.

올해도 연말이 되자 정년을 앞둔 교감선생님이 교원들의 근무성적 때문에 교육청을 여러 번 내왕했었는데 우여곡절 끝에 근무평정서류가 통과되어 정식으로 접수가 되었는지 묻지도 않았는데 "올해는 좀 잘 매겨졌다"면서 그 간의 잘 못에 대한 미안함을 넌지시 나타내었지만 사실 교감선생님은 자기소임을 제대로 행사하지 못한다는 것을 나는 잘 알고 있었다.

근무성적을 제외하고 본인이 갖출 수 있는 요건은 모두 갖추었는데 2월이 다 가도록 승진소식이 없는 걸 보니 교감자격연수 대상 후보자 선정 때와 똑 같은 현상이 벌어진 형국이다. "역사는 되풀이 된다"고 했던가! 아놀드 토인비의 '역사의 연구'에서 기술한 민족 세 유형 (1.재난을 당하고도 대비하지 않는 민족, 2.재난을 당해야만 준비하는 민족, 3.재난을 당하지 않고도 미리 대비하는 민족)중에서 나는 재난을 당하고도 대비하지 않는 우리민족의 범주를 벗어나지 못하고 반복해서 또 팽 당한 것이 아닌가 싶기도 했다.

인사업무가 끝나자 마음을 가다듬고 교육계획 수립 등 내 업무에 집중하고 있었는데 정부에서 1990년 4월 1일자로 부산시교육청에 특수교육 경력 5년 이상이면서 교감자격증을 가진 사람으로 특수교육담당 전문직을 임용하도록 초등2명 중등 1명의 정원이 배정된 모양인데 초등에는 자격요건을 갖춘 사람은 나뿐이고 사립에 한 사람이 더 있었으니 나는 자동 당첨이고 부족한 1명은 사립학교에서 특채를 하게 되었다.

이런 횡재가 나에게 저절로 찾아오다니! 이렇게 세상사는 모두가 내편이니 조상님의 음덕이련가…!

많은 교원들이 선망하는 꿈에도 상상해보지 않았던 전문직으로 전직되어 양정동의 시 교육청에서 더부살이를 하고 있던 동래교육청 초등교육과 특수교육담당 장학사로 발령을 받으니 아마도 황영규 교장선생님은 배가 좀 아팠으리라 싶다. 동기들도 내가 경남과 경북을 거쳐서 부산으로 돌아와 임시교사로 전전하다가 은사님의 배려와 동기들의 도움으로 특수학교에 겨우 복직하여 부산교육전선에 상부상조하거나 돌봐줄 인맥이라고는 전무하여 존재자체마저 희미하였는데 여자동기 선두주자 추분자와 같이 제일 먼저 교감자격을 받았고 더더구나 동기 중 최초로 전문직으로 발탁되었으니 내 오뚝이 인생에 대해 배후를 의심하는 이도 더러 있었다.

특수교육 업무뿐만 아니라 부산교육의 내밀한 부분까지 하루빨리 답습하고자 일반장학, 장학지구 담당학교와 일선학교 장학협의, 교원들의 일반연수 관련업무, 학사관련 감사업무, 조기진급 조기졸업업무 등 시키는 일은 업무의 과중이나 난이를 따지지 아니하고 덤벼들었더니 동래교육청 관내 학교의 관리직, 학교의 위치와 특성, 특수학급 실태와 담당교사들의 현황 등 학교를 방문하면서 배우고 익혀서 조언하는 일이 내 적성에 맞는 느낌이었다.

91년 3월에는 국민학교 4학년 때 앓았던 폐렴으로 고막을 잃고 고생하면서 학업에 어려움이 많았던 둘째가 "우리 집에는 재수는 없다. 또한 의대를 제외하고는 사립대학은 안 간다."라는 나의 지론에 따라 수산대학(부경대학)교 수산양식학과에 입학하였는데 요행이 학교기숙사에 입사하는 혜택까지 받게 되니 이 또한 나에게는 크나큰 도움이 아닐 수 없었다.

　더군다나 3월 24일 우여곡절 끝에 아파트 중도금을 포함하여 4,100만 원의 거금과 매월 98,420원씩의 융자금을 30개월 동안 납부하는 부대附帶조건으로 만덕동의 31평 대궐(?)같은 럭키아파트로 입주를 하게 되니 또 한고비를 넘기고 안락의 시대를 맞이하게 되었다.

　이사를 하고 퇴근하여 백양산 자락을 쳐다보며 더 넓은 거실에서 기분 좋게 담배에 불을 붙였는데 둘째가 "아빠! 새집에서 담배를 피우면 벽이랑 집안에 담배냄새가 배어 지울 수가 없는데요" 하며 은근히 걱정을 하는데 우리 집에 대한 애착에 감동하여 베란다로 나가서 피우다가 문득 "아이들이 이토록 우리 집이라고 좋아하는데 혼자서 담배를 즐기는 것은 못난 아비의 만용이다" 싶어 수십 년 즐기던 담배를 끊기로 작정했다. "그래 내 지금부터 담배를 끊으마."하고 쟁반에 담긴 담배와 재떨이, 라이터까지 모두 치우라고 했는데 설마 우리 아버지가 그렇게 어렵다는 담배를 끊을 수 있겠나 싶었는지 며칠을 그대로 두었지만 그 후로 지금까지 한 번도 담배를 가까이 하지 않았으며 술은 끊을 수 있어도 담배는 못 끊겠다는 지인들의 다양한 변명을 이해하지 못한다. 오히려 나는 그들의 생각과는 반대인 셈이다.

　생각하면 절로 웃음이 나오는 헤프닝 하나, 비좁은 주택에서만 살다가 대단지 아파트로 이사를 하고 얼마 지나지 않아 업무를 마치고 동료들과 가볍게 소주를 몇 잔 나누고 귀가를 하면서 우리 집은 2동 401호인데 1,2,3동이 나란히 있었고 가운데인 2동의 첫입구로 들어가서 엘리베이터를 이용하거나 계단으로 4층까지 오르면 내 집인데 그 날은 약간의 취기 때문인지 평소와 같이 올라가서 초인종을 눌렀더니 문이 열리는데 한 번도 본적이 없는 여인이 "누구세요?" 하는 게 아닌가! 현관문을 들어서다 말고 소스라치게 놀라서 아무 말도 못하고 도망쳐서 내려와 다시 살펴보니 첫 라인이 아니라 둘째 라인으로 올라가서 403호의 초인종을 눌렀던 모양이다. 그 집에서도 놀랐겠지만 나도 간이 철렁하였고 그로부터 입구를 두 번 세 번 확인하는 버릇이 생겼다. 좁은 주택에서 살아야 할 팔자인데 분에 넘치는 큰 아파트 단지에 살게 되어 이웃까지 놀라도록 폐를 끼쳐 놓고도 사과조차 못한 것이 지금도 후회가 된다.

92년 2월에는 막내가 사직동의 동인고등학교로 배정받아 통학하기에 최고로 편리한 학교이니 좋은 곳에다 집을 참 잘 장만했구나 싶었다.

그해 추석날 당직에 당첨(?)되어 일반직직원 한사람과 숙직을 하면서 저녁을 시켜먹을 곳이 마땅하지 않아 여러 곳을 탐문한 결과 동래시장 인근의 중국집에서 영업을 한다기에 저녁을 겸해서 푸짐하게 요리와 술을 시켜 세상사는 이야기를 나누며 주거니 받거니 하다 보니 시간도 늦어졌고 취기도 올라 있었는데 현관문 두들기는 소리가 요란하게 들렸다.

일반직 그 친구가 재빠르게 술판을 걷어서 숙직실 뒷문 밖으로 순식간에 치우고 문을 열어주었더니 들어오자 말자 숙직실 주변을 두리번거리며 교육부에서 복무감사를 나온 감사원이라며 신분증을 보이듯 말 듯 하고는 음주의 흔적을 찾으려고 안간힘을 다했지만 증거를 찾지 못하자 혈색이 화려하고 닫힌 실내의 특유한 중국요리냄새를 빌미로 음주 사실을 인정하라며 사실 확인서에 사인을 하라고 끈질기게 종용하였으나 단지 저녁을 먹으면서 반주로 소주 두어 잔 한 것뿐이라고 우겼지만 부인하는데도 한계가 있겠다 싶어 내가 사인을 하고 보냈는데 불똥은 다음 날 출근이후에 떨어졌다.

감사관이 동래교육청 당직자가 근무 중에 음주를 했다는 사실을 확인했다며 교육감님께 통보를 하고 돌아가면서부터 간부들이 사태 수습에 나섰는데 일부는 부산역으로 감사관을 납치(?)하러 떠나고 일부는 나에 대한 처벌을 놓고 논공행상을 따지는데 우리 청에서는 초등과장님과 교육장님께서 천창우 장학사는 평소에도 늘 얼굴색이 붉어서 음주의 오해를 받는 사람으로 직분에 책임감이 남다르고 소임을 충실히 이행하는 모범 공무원인데 명절에 당직을 하면서 울적한 마음에 반주를 한 것이라며 옹호해 주는 호의가 있었고 자기승용차로 함께 출근을 하던 고 피승대 관리과장이 부산역에서 감사관을 납치하여 음주사실 확인서를 탈취(?)해 오는 바람에 추석날 당직 근무 중 음주 사건은 한바탕 소란을 피운 해프닝으로 마무리 되었으니 이 또한 세상사 내편이 아닌가 한다.

연말이 되자 일선학교의 교감을 거치지 않고 전문직으로 임용된 내가 지난 추석 때처럼 사고를 만나 처벌을 받으면 원직原職인 교사로 환원될 수 있으므로 교감으로 나갔다가 오는 것이 안전하다는 윗분들의 염려를 받아들여 새해에는 일선 학교 교감으로 나가면 시간적인 여유가 있겠다 싶어 재충전再充電의 기회를 얻고자 부산대학교 교육대학원에 지원하여 입학을 허락 받으니 또 다른 세계가 전개될 전망이었다.

93년 1월 방학 중에 둘째의 고막 재건 수술을 했다. 둘째가 국민학교 4학년 2학기 개학을 하고 며칠이 지나자 몸이 불덩이처럼 열이 펄펄 나고 아이가 너무 힘들어해서 이웃에 있는 한독의원을 방문했더니 폐렴인 것 같으니 다른 병원에 가서 X-ray사진을 찍어오라는 말에 놀라서 초량에 있는 침례병원으로 갔더니 의사는 입원을 하라고 하고 원무과에서는 병실이 없단다.

하는 수 없이 당시 내가 근무하는 혜성학교의 박○희 양호교사(보건교사)에게 사정을 이야기 했더니 개금에 있는 백병원으로 가자고 해서 백병원에서 가까스로 입원을 하여 치료를 받을 수 있었다.

아내가 남은 두 아이의 등교준비를 서둘러주고 병원으로 오면 나는 대연동의 학교로 출근하였다가 퇴근과 동시에 병원으로 가면 아내는 다시 구서동 집으로 돌아가곤 하기를 기약 없이 되풀이 하던 어느 날 아이의 귀에서 물이 나오는 것을 발견하고 담당의사에게 알렸더니 이비인후과로 보내주는데 그 쪽에서는 폐렴으로 고열이 계속되어 고막이 녹았다고 하고 소아과에서는 귀 때문에 폐렴의 치료가 안 되었다면서 서로 책임을 미루는 상황이 벌어져서 아이에게는 주사를 맞을 팔과 다리에는 핏줄이 굳어서 이마까지 올라가며 핏줄을 찾아 헤매는 상황에 이르러서야 여기서는 아이가 살아서 돌아가기가 어렵겠다는 생각이 들기 시작했다.

처음 아이가 폐렴인 것 같다고 진단해주신 한독의원의 의사에게 현재의 상황을 이야기하였더니 귀만 치료할 곳이 있으면 폐렴은 자기가 하면 된다고 당장 데리고 오라고 하신다. 귀는 당시 범내골 교차로 부근에 있는 고 박경식 이비인후과 원장에게 상황을 말씀드렸더니 자기가 치료하면 된다고 장담을 하시기에 병원으로 돌아가서 담당 의사를 만나 그 동안 의사에게 가장 협조적이고 병실청소도 마다하지 않던 보호자가 돌변하여 "의학은 과학인데 병원균을 찾아서 어느 약이 효과가 있는지 확인하고 투약을 해야 할 것 아니냐? 명색이 대학병원이라는 이 곳에서 어린아이를 상대로 생사와 무관하게 이약 저약 마구잡이로 투약하면서 약효를 시험하고 있으니 당신들은 중벌을 받아 마땅하다. 사람 잡는 백정白丁같은 의사에게 더 이상 아이를 맡길 수 없으니 당장 퇴원시켜 달라."며 한바탕 소동騷動을 치르고 40여일 만에 퇴원하여 먼저 이비인후과로 갔더니 "아이를 어떻게 이렇게까지 고생을 시킬 수가 있느냐"면서 처방만 주시면서 내과에 가면 또 투약을 할 테니 이약도 함께 투약해 달라고 하라 하시니 세상에 이런 의사도 있나 싶어 눈물이 앞을 가려서 제대로 인사도 못하고 내과로 달려갔다.

이렇게 내과와 이비인후과를 이틀에 한번씩 3번을 다니니 치료가 끝나는 것을 의사를 잘 못 만나 환자와 가족이 당한 수난은 말 할 것도 없고 환자는 그 후유증이 10년도 더 아니 영원히 갈 수도 있게 되었다.

  치료가 끝나고 고막을 재생하는 수술을 희망했으나 아이가 너무 어리니 중학교를 졸업할 만큼 커서 하는 것이 좋겠다고 해서 의사의 판단을 따르기로 했는데 몸이 피로하거나 가벼운 감기만 와도 중이염이 수반되니 그 때마다 중이염 치료도 함께해야하는 고충도 문제지만 청력이 떨어져 학교에서 수업을 받는데도 어려움이 따르고 아이는 늘 또 아플까봐 조심하며 선생님의 질문을 피하는 등 자신감이 떨어지니 병원을 잘못 선택한 부모의 죄책감을 씻을 수가 없었다.

  중학교를 졸업할 무렵 이비인후과 박경식 선생님께 고막재생수술을 의논하니 수술을 하는 동안에 기다려야하는 다른 환자들 때문에 수술을 할 수가 없으니(당시 박경식 이비인후과는 방학이 되면 귓병환자가 넘쳐났다.) 자기의 은사님에게 가서 하라며 소개를 해 주시는데 너무 멀어서 포기하고 동래와 연산동 쪽의 이비인후과 의사를 찾아다니며 진료를 받다가 병무청 신체검사에서 귀 때문에 병역면제 판정을 받고 93년 1월 4일 미남교차로 부근의 광혜병원 건너편에서 진료중인 '동명이비인후과' 이동명 선생님에게서 고막재생수술을 받고 정상적인 사회생활을 하게 되었다. 고비마다 좋은 분들을 만났으니 이 또한 축복이며 세상은 내 편이 아닌가 한다.

하수구를 복개하다

　93년 3월 1일자로 이름도 생소한 구남龜南국민학교로 발령이 났다. 나는 부산대학교 대학원을 다니기가 편리하도록 양정 현대아파트 옆에 위치한 조그만 양성국민학교로 가고싶어 했는데 시 교육청에서 전문직으로 밤낮없이 고생한 장학사를 아무도 선호하지 않는 소위 C급 학교로 보내면 다른 전문직들의 사기에 문제가 생길 수도 있다는 판단으로 선호도가 다소 높은 학교(A급)로 보내야 한다면서 당시 구남국민학교의 송수복교감선생님이 북구에서 가장 선호하는 아파트 단지안의 모덕국민학교로 전출이 내정되자 후임으로 거주지가 북구이면서 '과학교육시범학교'를 제대로 운전할 적격자로 내가 당첨(?)되었던 모양이다.

　개학하기 전에 전화로 학교의 위치와 가는 길을 물었는데 생소한 지역이라 감感이 잡히지 않는다. 동료들에게 물어도 구포역 부근 어디쯤으로만 어렴풋이 알고 있을 뿐 찾아가는 길을 아는 분이 없어서 무작정 찾아 나섰다.
　학교가 가르쳐준 길을 따라 구포역 건너편에서 내려 기차역 쪽으로 건너서 사잇길로 들어섰는데 어쩌다가 지하도까지 지났는데도 미로만 계속되고 건물은 보이지 않는다.

다시 오던 길을 어렵게 찾아 나가 구포역 건너편에서 버스를 타고 차창 너머로 살피니 동산 위에 학교 같은 건물이 보여서 구포 삼거리라는 정류소에서 하차하여 건물만 보고 육교를 건넜는데 산 쪽으로 가는 길을 찾을 수가 없어 물어물어 남의 집 안마당을 지나 가까스로 기찻길 육교를 건너서 언덕길을 겨우 기어올랐는데 교문도 없고 문패도 없는 쪽문이 하나 열려있어서 비집고 들어갔다.

담장을 끼고 건물을 돌아 앞으로 나가니 저쪽에 교문이 따로 있어서 가까이 가서 보니 '구남국민학교'의 문패가 걸려있었다.

제대로 찾아왔구나 하는 안도감으로 주위를 둘러보니 건물 뒤로는 '대성 아파트'요 교문 앞으로는 다세대주택들이 무질서하게 들어차 있어서 큰길에서 교문으로 들어오려면 미로를 잘 찾아야 할 형편이고 학교가 동산위에 자리를 잡고 있어서 동네를 앞뒤로 갈라놓아 사람들이 학교의 뒷문과 정문을 통해 오가는 1자형 단독 건물로 특이한 구조지만 사방이 탁 트인 남향의 전망이 참 좋은 위치에 자리하고 있어서 미로를 헤맨 수고로움도 허사가 아닌 듯 했다.

반갑고 고마운 인연으로 경남의 1번지 진해에서 이름을 떨쳤던 동기 안동영 친구가 승진의 기회를 느긋하게 기다리고 있었으며, 군 복무 중에는 월남전까지 참전하였으며 초등학교교장으로 정년하고 전국에서 유일하게 지방자치단체인 부산의 북구 구청장을 연임까지 지낸 속칭 덕천동 범털(?) 황재관 선생이 특수학급을 맡고 있으면서 지역사회나 교사들의 인화 단결에 탁월한 수완을 보이며 듬직한 우군이 되어주어서 그 당시의 고마움을 두고두고 잊을 수가 없다.

어떤 연유로 '컴퓨터를 활용한 과학교육시범학교'가 되었는지 교직원 60여 명 중에 컴퓨터로 문서를 작성할 줄 아는 교사는 임진택 연구주임 한 사람 뿐이며 학급수가 갑자기 늘어나는 바람에 복수교감으로 정원이 늘었는데 생활담당 교감으로 같이 부임한 선배교감선생님은 오랫동안 소위 감포교감監拋校監으로 행정업무에 관심을 두지 않았던 분이셔서 시범과제를 추진하는 업무를 감당하기가 쉽지 않았다.

더군다나 당시는 컴퓨터가 일반화되지 않았으며 한국통신에서 기증한 286컴퓨터로 컴퓨터 학원에서 한글 워드를 배우기 시작하던 초창기로 교육청에서도 장학사가 작성한 기안문을 타자수가 한글 타자기로 문서를 작성하던 때인데 컴퓨터를 활용한 과학수업을 해야 하는 최첨단 교수법을 시범 공개하려면 무엇부터 어떻게 준비해야 할지 몰라 혼자 고민하면서 방과 후에 연구주임에게 컴퓨터워드 활용에 대한 개인교습을 받아보니 컴퓨터에 대한 두려움만 없으면 문서작성 정도는 어렵지 않을 것 같았다.

교장선생님의 허락을 받고 연세 높은 손 도수 교감선생님께 양해를 구한 다음 어느 날 직원종회 때 "올해가 가기 전에 시범발표를 해야 하는 등 우리에게 주어진 막중한 과제는 피할 수 없으니 그 첫 단계로 5월 1일부터는 컴퓨터워드로 작성되지 않는 문서는 결재를 하지 않겠으니 틈나는 대로 익혀서 첨단기기의 혜택을 누리시기 바랍니다." 하고 폭탄선언을 하니 선생님들은 하늘이 무너지는 듯한 한숨과 함께 "설마!" 하는 표정으로 굳어졌지만 양보할 수 없는 선택이었다.

교실을 재배치하는 안을 승낙 받아 고학년이 주로 사용하는 과학실과 컴퓨터실을 1층에서 4층으로 옮겼다. 2층에 있던 교무실도 없애고 계단 옆 자투리 자료실에 교감 2, 교무, 교무보조 책상과 전화, 행정업무용 컴퓨터와 방송시설, 음용수飮用水시설까지 구비하여 교무실로 사용하고 직원회의는 가급적 줄이고 교실을 순회하며 회의를 하도록 하니 언제 자기 교실이 회의실로 당첨이 될지 몰라 교실 관리가 한결 깨끗해 지고 다른 선생님들의 교실관리 노하우도 공유하게 되며 특별교실을 이용하기 위해 이동하는 거리가 짧아지니 교내가 한결 조용해 졌다.

학년주임의 협조를 얻어 학년별 교과서에 나오는 교재식물을 추출하고 식물이 자라면서 이웃과 섞이지 않게 할 원형의 시멘트 구조물을 증축중인 교실의 여벌옥상에서 행정실장과 함께 직접 만들어서 화단에 오륜기처럼 펼쳐 묻었다.

화단을 정비하여 가급적 외모와 성장시기가 비슷한 식물들끼리 가까이 심고 학생들에게 한 가지씩 선택하여 관찰 일기를 쓰도록 권장하며 연말에 우수한 관찰일기를 선발하여 상을 주기로 했는데 학생들은 물론이고 선생님들도 보리와 밀, 콩과 팥 녹두 땅콩, 마늘과 양파, 수수와 조, 옥수수와 율무, 등을 구별하지 못하는 일이 다반사였다.

선배교감선생님께 교무행정 등 문서관리를 맡기는 것은 예의가 아닌 것 같아 혼자서 모든 업무를 처리하곤 했는데 외부 모임 때나 가끔씩 들려오는 소문에 내가 선배를 따돌리고 모든 행정을 혼자서 처리한다며 내 의도와는 다른 불평이 들려왔다.

선배동기들에게 "사실은 선배님께 일을 맡기는 것이 예의가 아닌 것 같아서 한 처사"라고 해명을 하니 그 선배교감도 어차피 다른 학교에 가거나 승진의 기회가 왔을 때 관련 문서처리나 업무를 잘 모른다면 더 큰 어려움이 될 수도 있으므로 잘 가르쳐드리는 것이 선배를 도와드리는 일이라는 꾸중을 듣고는 아예 문서관리 일체를 일임하고 시범발표를 대비한 환경조성과 학사업무에 전념할 수 있었다.

여름 방학이 되자 행정실의 직원들도 할 일이 없으니 지루하고 교장 선생님과 교감 두 명, 당직 교사와 교무보조가 매일 출근하여 간단한 기본 업무를 마치고나면 시간이 남는다.

별다른 일이 없는 총무처 7급 공채로 임용된 남식현 행정실장을 유인誘引해서 "실장! 우리 이번 방학 동안에 체력단련을 좀 하면 어떨까?"하고 농담(?)을 걸었더니 어디서 어떻게 하느냐고 묻기에 학교에서 그냥 나하고 같이 운동을 하면 된다고 하였더니 좋다고 해서 버리기 직전의 운동복을 한 벌 가지고 오면 내일부터 당장 시작하자며 다짐을 받았다.

다음날부터 운동장 주변의 길이가 200m가량 되는 하수구의 뚜껑을 지렛대로 들어 올리고 내가 먼저 들어가서 삽으로 흙을 파 올리기 시작했다. 어리둥절한 표정으로 지켜보던 실장도 그제야 사건(?)의 윤곽을 알아차리고 기가 찬 표정으로 하수구에 들어섰다. 운동장 높이로 차 있던 흙을 파 올리니 하수구의 깊이는 1m정도로 허리까지 빠졌으며 퍼 올린 흙의 양도 상상을 초월한다.

개교 이래 비가 올 때마다 흘러온 운동장의 흙으로 하수구가 막혀 이제는 비가와도 하수구 구실을 못했던 것 같다. 윗부분은 물기가 없어 파 내기도 쉽고 땀에 젖은 옷을 바람에 말리면 또 입을 만 했는데 아래쪽으로 깊이 파내려갈수록 흙이 썩어서 악취도 심하고 물기가 많아 철벙거리며 퍼 올리니 온 몸이 땀과 오물로 범벅이 된 모습은 탄광의 갱부坑夫 모습을 방불케 하였다.

누가 시켜서 한 일도 아니며 다른 직원들이 그만 두라고 말렸지만 스스로 시작한 일이라 자신과의 약속을 저버릴 수가 없어 개미가 집을 짓기 위해 흙을 물어내듯 시간이 흐를수록 흙더미는 트럭이 쏟아놓은 것처럼 부피를 더하며 파 들어간 하수구도 점점 길어지게 되었다.

어느 날 실장이 물귀신 얼굴을 하고서 하는 말 "교감선생님! 우리 아버지가 대학 공부시켜서 공무원 한다고 좋아하셨는데 이런 꼴 보셨다면 통곡하실 것 같다"는 자조 섞인 푸념이 오히려 자부심으로 들렸으니 내가 좀 잔인했던 건 아닌가 싶다.

자기들 부서장이 막장(?)에서 일을 하는데 선풍기 틀어놓고 희희낙락 하는 운전직 직원에게서는 기대를 걸지 않기로 하고 가끔씩 여직원이 가져다주는 냉수에 힘을 얻곤 하는데 어느 날 부터인가 흙더미에 동네 꼬마들이 개미처럼 모여들어서 흙을 파헤치고 있었다. 흙 놀이를 이상하게 여기며 가까이 가보았더니 손바닥에는 녹슨 동전이 몇 개씩 쥐어져 있는 게 아닌가! 오랜 세월동안 하수구의 좁은 구멍으로 빠트린 동전들이 빛을 보는 순간이니 이거야 말로 '도랑 치고 가재 잡고'가 아닌가 싶었다.

여름방학이 끝나고 2학기가 시작되자 3월에 컴퓨터로 문서작성을 해달라고 폭탄선언을 할 때 시기상조라며 항의에 앞장섰던 젊은 강토근 선생님이 조심스럽게 머뭇거리더니 "교감 선생님, 저도 이번 시범학교 운영에 참여하고 싶습니다. 컴퓨터로 교감선생님을 도와드리고 싶습니다." 하는 게 아닌가! 처음 싫다고 한 후로는 내가 사람을 잘 못 본 것 같아 아예 포기를 해 버리고 관심을 두지 않았는데 스스로 자기의 가능성을 보았던 모양이라 여간 반가운 일이 아니었다. 뿐만 아니라 정년을 앞둔 연세 높은 임종석(?)선생님도 "컴퓨터를 구입해서 집에서 혼자 연습을 했는데 재미가 있고 생활에 많은 도움이 될 것 같다. 시범학교 운영에 필요하다면 힘이 되어드리겠다"며 솔선하여 도움이 되어주셨으며 늦게나마 컴퓨터에 눈뜨도록 자극을 준 내게 참 고맙다고 했다. 처음부터 냉소하던 강토근 선생님은 이때의 시범학교 운영을 계기로 교육청에서 주관하는 교사 컴퓨터활용 연수회의 고정강사로 활동하는 엘리트가 되었다.

그해 여름방학은 60여명 선생님 모두가 일단 컴퓨터와 친하게 되었으며 여러 선생님들의 자기개발로 뜻 깊은 방학이 되었던 것 같았다. 이렇게 선생님들의 분위기가 확연히 바뀌니 시범운영의 결과를 발표할 구체적인 업무추진이 순조롭게 돌아가고 시범발표를 할 때도 보고서를 인쇄물로 만들지 않고 디스켓에 담아 배포하겠다고 하자 교장선생님이 지금까지 선례가 없다는 이유로 반대를 했지만 내가 만용蠻勇을 부려서 공문서 작성 프로그램과 시범보고서를 디스켓으로 배포하고 보고내용도 요약하여 자막으로 브리핑을 하였더니 획기적이고 신선한 착상이라며 칭찬 일색이었는데 사실은 연구주임의 끈질긴 인내력과 함께했던 모든 선생님들의 적극적인 참여와 호응이 없었다면 이런 찬사는 어림도 없었을 모두가 만들어낸 합주가 아니었나 싶다.

다사다난했던 93학년도를 무사히 보내고 차분하고 여유롭게 94학년도를 맞이하였으나 구포3동에 신축 중이던 현대아파트 16개동 1,741세대에 입주가 시작되면서 오랜 빈촌의 때를 벗고 학교를 끼고 있는 대성아파트 주민들이 주도하던 생활양식이나 경제활동이 99년에 개통될 부산지하철 2호선 구남역을 중심으로 재편되기 시작하였으며 4월부터 밀어닥치는 전입생을 받아 학반을 배치하느라 학교는 시장터를 방불케 하였다.

전교생의 1/2 가량을 차지하는 현대아파트 거주 학생들의 안전 통학 문제와 기존 학생들과의 원만한 교우관계를 위한 배려로 선생님들의 긴장도 늦출 수가 없었는데 교장선생님과 교감은 아이들 못지않게 벌어지는 낯선 학부모들의 자기과시를 위한 기 싸움에 휘말리지 않기 위해 늘 신경을 곤두세워야 했다.

교실에서도 학생들의 서열이 어느 정도 정해지자 안정을 찾아가고 학부모들도 학교운영위원회와 어머니회가 구성되면서 서서히 질서가 잡혀지니 학교와 지역사회가 빠르게 평온을 찾아가고 있었는데 어느 쪽으로도 흔들리지 않은 박현숙 운영위원장의 리더십이 일조를 한다고 생각하고 사소한 일도 의논을 하니 자기를 학교에서 인정하고 신뢰를 한다고 믿고 더욱 적극적으로 관심을 가지고 협조를 아끼지 않았으니 나는 지금도 그 분의 넉넉한 체구만큼 듬직한 마음 씀씀이를 고맙게 생각한다.

다시 전문직으로

　일 더미에서 겨우 벗어나 선생님들과 인연을 두텁게 다지고 학부모들과도 소통이 이루어져서 하는 일마다 재미로 가득하니 하루해가 모자랄 지경이고 대학원 학위논문도 준비해야 하는 등 나를 위해 투자할 시간도 가지고 싶었는데 해방된 기쁨을 제대로 맛을 보지도 못하고 부임한 지 겨우 1년 6개월만인 94년 9월1일 동부교육청(부암 1동 지금의 특수교육지원센터)으로 덜컹 발령이 났다.
　추호도 예상하지 못했던 일인데 직원들과 학부형들은 남의 속도 모르고 의리라고는 손톱만큼도 없는 기회주의자라고 매도하기도 했으나 그도 잠시 내가 필요한 곳이 또 있다고 생각하니 책임감과 긍지가 더욱 공고鞏固해졌다.

　당시 동부교육청 관할구역은 부산진구, 사상구, 북구, 강서구 등 4개 구로 지역이 광범위하고 학교 수도 가장 많았으며 신흥 화명지구 신도시가 개발되면서 짧은 기간에 유입인구도 감당하기가 쉽지 않아서 교육청 전체가 늘 비상상태라고해도 과언이 아니었다. 따라서 일과시간에는 문제예상지역 현장에서 근무하고 야간에 사무실로 돌아와 통상적인 행정업무를 보는 경우가 일상사였다.

　나는 내 전문분야인 특수교육관련 행정뿐만 아니라 업무분야가 어정쩡한 일반장학 업무도 주로 내게 맡겨졌으며 이해당사자에게는 민감하고 예민한 상벌관계 업무와 학사관련 감사업무를 맡았는데 학부모의 교육열이 대단하여 학원이 학교교육을 대신할 기세여서 학교교육의 주축인 선생님들 중에는 오히려 교육자의 고유권한과 책임을 학부모와 학원에 떠넘길 정도였다.

　장학협의를 한답시고 일선학교로 나가면 가끔 선생님들의 학습지도가 소홀하다 싶은 경우가 있어서 좀 더 분발해주기를 부탁하면 일부의 선생님들은 오히려 태연하게 "부모들이 알아서 학원을 통해 다 가르치므로 학교에서는 학생들의 학력문제에 크게 신경 쓰지 않아도 된다."는 안일하고 큰일 날 발언을 예사로 들을 수 있었으니 훗날 이해찬 교육부장관의 교육공무원 정년단축의 빌미를 제공한 자업자득의 결과를 낳았다.

　어느 날 염려하던 사고가 터졌다. 주례동 모 학교에서 시험지 유출사건이 발생했다는 학부모의 제보가 들어와 이 사건의 전말顚末을 조사하라는 지시가 나에게 떨어졌다. 어디서부터 어떻게 그물을 쳐야할지를 하루 종일 생각해 봤으나 수사전문가도 아닐 뿐만 아니라 죄를 지어본 적이 없는 나로서는 마땅한 대안을 찾을 수가 없어 고민하고 있었지만 그렇다고 무작정 미룰 수도 없는 현안이라 "단서는 현장에 있다"는 방송극 "수사반장"을 통해 들은 기억을 되살려 단서가 소멸되기 전에 해결하려고 무작정 현장으로 나갔다. 교장선생님께 사건 경위에 대하여 경청을 한 후 교감선생님과도 별도로 시험지관리상태에 대하여 구체적인 이야기를 듣고 다음으로 교무주임과 연구주임 그리고 평가 담당선생님을 통해 평가지 출제과정과 인쇄과정, 보관관리상황을 점검하고 당직자와 사건 발생학반 담임 순으로 각각 따로 시험 업무수행 과정을 자세히 살펴보았으며 사건발생 학반 담임과 학원 강사간의 인과관계因果關係와 사건 유발학원에 수강하는 해당학년 반별 수강생 수 등을 종합하여 의심이 가는 선생님을 대상으로 2~3차 더 '자세히, 좀 더 자세히'를 요청하였더니 한 선생님이 눈물을 보이며 사실은 자기반 아이들의 성적과 이종동생인 학원 강사의 실력을 인정받게 하려고 늦은 퇴근시간에 인쇄실에 들려 파지破紙를 입수하고 판독할 수 있는 문제 몇 개를 암기하여 학원에 힌트를 준 사실을 인정하는 게 아닌가!

과장님께 사실을 보고하였더니 학교장의 평가관리 책임소홀로 견책처분을 내리고 종결했는데 결국 다친 교장선생님만 억울하게 되었으며 교직원 모두에게는 사소하게 생각될 수 있는 일이라도 소홀히 해서는 안 된다는 경각심警覺心을 심어준 잊지 못할 사건으로 그 선생님과의 내밀한 조사사실은 그와 나만의 비밀로 하고 미궁으로 남겼다.

광범위한 지역으로 출장을 다니는 일이 많아 외근 때마다 동료들의 차에 동승할 형편도 아니고 대중교통수단을 이용하자니 차편을 기다려야 하고 환승하면서 낭비되는 시간과 하차하여 목적지까지는 걸어야 하는 시간낭비 등으로 업무수행에 애로가 많아서 전문직중 유일한 승용차 무소유자의 타이틀title을 벗기로 하고 택시 운전을 하는 4촌 동생에게 적당한 중고승용차를 알아보게 하여 94년 12월 11일 기아자동차제품인 '프라이드베타'라는 차를 구입하여 동생이 아파트 주차장까지 이동해주었다.

89년 9월에 받은 장롱운전면허증이 5년 3개월의 긴 잠에서 깨어날 때가 된 것이다. 하지만 당장 운전석에 앉아보니 가슴이 뛰고 팔이 떨려 시동을 걸다가 잘 못해서 사고라도 날까봐 겁부터 나니 오래된 면허증은 무용지물이나 마찬가지다.

고민하던 중에 아파트내 급수장 벽에 붙은 '자동차 운전 도로연수'라는 선전벽보를 보고 연락하여 다음 토요일과 일요일에 만나기로하고 동료들에게 그간의 상황을 예기 하였더니 한 두 시간만 타면 된다며 자신감을 키워줬지만 잠자리가 편하지 않았다.

약속한 토요일에 서둘러 퇴근하여 강사를 기다리는데 젊고 예쁜 아줌마(?)가 나타나 운전교육보다 아줌마 강사 때문에 가슴이 더 뛰는 것 같았다.

강사가 능숙한 손놀림으로 운전하여 사직운동장까지 가서는 나보고 운전대를 맡기며 옆자리에 앉아서 운동장을 돌자고 한다.

두어 바퀴 돌리더니 바로 범어사로 가자고하면서 이렇게 저렇게 시키는데 아줌마의 미색美色 때문인지 운전이 겁이 나서인지 내내 심장이 멎는 기분으로 아파트까지 돌아왔는데 어디로 어떻게 돌아왔는지 기억이 가물가물하다.

다음날 약속한 시간에 다시 교육이 시작되었는데 오늘은 내가 운전대를 잡고 밍크코트를 입은 예쁜 강사는 조수석에 앉아서 출퇴근 코스를 따라 만덕터널을 지나고 사직운동장을 지나고, 시 교육청 앞을 지나서 부암 사거리를 지나 동부교육청에 도착했다.

다시 교육청에서 출발하여 진양사거리에서 유턴하여 부암사거리를 지나고 어린이 공원을 스쳐서 고개를 넘어 사직동 운동장을 지나고 미남 교차로를 돌아 집으로 왔다가 다시 이제는 구포역을 지나고 북구청을 지나고 사상역을 비껴서 주례교차로로 진입하여 가야로를 따라가다가 부암사거리에서 진양 사거리방향으로 좌회전을 받아 진행하다가 부암 사거리에서 유턴하여 사무실로 갔다. 다시 진양사거리에서 우회전하여 동서고가로를 따라가다가 보훈병원을 지나고 신모라 구남로를 따라 구포국민학교를 지나고 양천국민학교 앞을 지나서 우리 집으로 돌아와서는 연수가 끝난 모양이다.

　이제 혼자서도 잘할 수 있으니 천천히 신호를 지키면서 아는 길에 익숙하다보면 자연스럽게 운전이 쉬워진다며 연수는 끝났다고 하는데 강사와의 헤어짐도 섭섭하고 내일부터 직접 내차로 출근을 해야 한다고 생각하니 두렵기도 했지만 그렇게 시련을 거쳐 나도 마이카시대에 동참하게 되었다.

　한산했던 촌락이 천지개벽을 하듯 북구 금곡동의 대단위 신도시에 입주가 시작되면서 학교의 건물은 완공되지 못한 상태인데 하루에도 수백명씩 전입생이 밀려오니 수용할 곳이 없어 가칭假稱 금곡국민학교와 금창국민학교에 수용예정인 학생들을 화명동의 오랜 화명국민학교에 임시로 수용을 했다. 간선도로에서 학교로 들어가는 지선도로에는 전입생을 싣고 온 승용차로 아비규환이고 학교는 전입수속을 받느라고 관리직은 물론이고 전 직원이 수업을 포기하고 전입업무에 매달리며 전입생으로 넘치는 교실에는 책걸상이 모자라 다른 학교에서 남는 책걸상을 싣고 운동장에 하역을 하면 선생님들이 쓸 만한 책걸상을 골라 교실로 가져가지만 금세 또 모자라게 되며 설사 쓸 만한 책걸상이 있어도 종내終乃는 교실에 넣을 공간이 없는 그야말로 아비규환인데 어느 날 아침 이 광경을 목도하고 돌아오신 양형석 교육장님이 초등교육과에 들려서 다짜고짜로 "학교는 불똥이 떨어져 죽은 몸인지 산몸인지도 분간하지 못하는 판인데 장학사들은 사무실에서 전화통만 잡고 있으면 불이 꺼지느냐?"며 불호령이 떨어졌다.

　전화 받을 당번 여직원 한사람을 남겨놓고 현장으로 달려가 전입업무를 도운다고는 하지만 학교에서는 오히려 장학사들이 거추장스런 존재일 뿐이니 장학사들의 입지가 참 난처하기도 했다. 금곡·금창국민학교 건물도 야간작업을 하면서 하루빨리 완공하여 아수라장인 화명국민학교를 정상화 시켜야 하므로 교육장님의 불호령이 두려워서(?) 당번을 정해서 일부는 공사현장으로 나가서 청소를 돕기도 하는 등 이런 저런 모두의 노력으로 두 학교는 94년 11월 11일에 개교를 하게 되고 전통시장의 장날을 방불케 하던 화명국민학교도 점차 정상을 되찾아 갔다.

새 주거지역으로 선정되어 건축공사가 시작되면 아울러 수용할 학교도 같이 건축에 들어가서 이런 혼란을 없앨 수는 없는 것일까? 지자체의 잘 못인가? 교육청의 잘 못인가? 이런 일은 그 당시 다반사로 벌어졌는데 책임지는 사람은 아무도 없고 애꿎은 입주민 아이들과 장학사들만 골탕을 먹어야 한다는 게 너무 억울하다.

94년도 마무리를 할 12월 어느 날 15년 전 몇 개월간 사제師弟의 연緣이 있었던 영덕의 신리국민학교 출신인 남중휘 군과 오명숙 양이 느닷없이 불쑥 집으로 찾아와서 잠시 수인사를 나누고는 머뭇머뭇하더니 "선생님 우리 결혼하려고 합니다. 그런데 선생님이 주례를 서 주셔야 결혼이 됩니다."하는 게 아닌가! "그래? 축하한다. 너희 국민학교 동기들끼리 생활해온 과정이 너무 다른 줄 아는데 어떻게 오랫동안 잘 사귀어 왔구나! 참 잘 했다. 그런데 그 동안 살아오면서 많은 선생님도 만났을 테고 직장생활을 하면서 만난 멘토도 여러분이 계실 터인데 하필 나에게 그런 중요한 역할을 부탁하려고 하느냐?"하고 넌지시 사양의 뜻을 내비쳤더니 "결혼을 하려고 결심하면서 서로 모시고 싶은 주례를 이야기 하는데 망설임 없이 우리 둘이 똑같이 선생님을 떠올렸습니다."한다. 쉽게 포기할 상황이 아닌 것 같아 승낙을 하고 말았는데 영해에서 두 제자의 결혼식 주례를 할 때까지 겨우 두 번째로 맡은 주례이기에 마음 편할 날이 없었다.

95년 2월 19일 영해예식장에서 저승길에서 만난 제자의 주례를 마치자 하객들이 모두 나와서 "먼 걸음 하셔서 지금까지 들어보지 못한 귀한 말씀으로 감명 깊었다."면서 고마워하니 그냥 하는 헛 인사lip servicer 인줄을 알면서도 안도安堵가 되었으며 주례사는 신혼부부에게 건네서 그럴 일은 없겠지만 살아가면서 혹시라도 어려울 때가 오면 다시 읽어보도록 당부하였다.

1987년 3월 동의대학교 한의대 의예과 1기생으로 입학한 큰아이 영호가 항상 학과의 궂은일이나 힘든 일을 도맡아 하면서 소위 "동의대사건" 때는 학생회 간부들이 모두 구속이 되고 양정캠퍼스로 이전한 한의대의 학생회장인 영호는 요행이 사건현장에서 벗어나 있어서 직접적인 화는 면했지만 사태수습과 마무리를 한다며 데모에 앞장서곤 하느라늘 걱정했는데 하느님이 보우하사 95년 2월 우여곡절을 겪으며 학교생활을 마치고 졸업을 하였다.

향후 교수의 꿈을 안고 모교의 부속한방병원에 수련의로 진학(?)하여 관계인들의 호의와 배려로 매일이 즐거웠는데 4개월쯤 지났을 무렵 선임자들의 폭행을 동반한 군기잡기에 항의하여 동료 인턴들이 집단 퇴교를 하였고 교수님들의 설득이 있었으나 이런 상태로 얼굴을 마주하며 함께하기란 어렵다고 판단하고 인턴을 그만두고 몇 개월을 무위도식하는데 아비가 할 수 있는 일이라곤 아무 것도 없었다.

어느 날부터 남산동의 대도한의원인가에 병의원 개업을 위한 현장실습을 한다며 몇 개월을 다니더니 저축해둔 돈도 한 푼 없이 개원을 하겠다고 고집을 피우니 말릴 재간이 없었는데 덜컹 수안동의 동래경찰서 맞은편에 장소를 봐두었다며 계약금을 빌려달라고 하니 이를 어쩌나?

지금까지 살아오면서 단돈 10만원도 빌려본 적이 없는 팔푼이가 돈 빌리는 방법을 몰라 고심하다가 국민학교 동기인 고 김해동 부곡동 농협지점장과 상의하여 급히 집을 담보로 은행에서 융자를 받아 그 해 12

월에 가까스로 '수안한의원'을 개원하게 되었는데 친구 고종렬 교장을 비롯한 많은 친구들과 지인들이 격려차 내원하여 진료를 받는 등 지원과 응원으로 힘을 실어주어서 단기간에 빌린 돈을 갚을 수 있어서 한걱정 놓을 수 있었다.

얼마 후에는 지하철 미남역 앞의 옛 고속터미널 자리에 새로 조성된 아파트단지 상가의 한 점포를 구입하여 이전하면서 그 동안 대학원에서 공부한 틱장애tic障碍와 ADHD(acondition characterized by behavioral and learning disorders)(주의력 결핍 과잉행동 장애)를 한방韓方으로 치료하는 한의원으로 특화하여 영호남지역에서 유일한 한의원으로 자리매김 하였으며 모교의 대학원 과정에도 객원교수로 활약을 하더니 지금은 의료 메카인 서면에서 '프라임prime한의원'으로 성업 중이다.

부곡중학교를 다닐 때 운동부 학생들에게 폭행을 당하고 책가방까지 탈취를 당하여 상당기간 맨손으로 학교를 다니기도 하는가하면 (며칠 뒤 책가방은 온천지하철 역아래 하천에서 발견되었으나 사용할 수가 없었음)사직동의 동인고등학교를 다닐 때도 조기수업이나 야간 자율학습도 한사코 마다하고 감독선생님을 피해서 도망을 가는 등 학업에 증진增進하지 않으므로 대학진학은 아예 포기를 하다시피 하고 관심도 두지 않았는데, 삼형제의 공동작전으로 부경대학교에 지원하여 합격을 하였으니 대학도 운이 좋으면 턱걸이가 가능한가 싶었다. 둘째가 졸업하자 막내가 대를 이어 입학하여 졸업하였으니 우리 집에는 둘째 며느리와 함께 부경대학 동문이 셋이나 된다.

둘째가 대학 재학 중에 아르바이트를 하면서 여름 방학 때는 주로 과일이나 채소 도매시장에서 배달을 하고 겨울 방학 때는 난방유를 오토바이로 배달하는 일과 떡 공장에서 떡국 떡을 만들고 포장하여 배달하는 일을 많이 했는데 한겨울에 난방유를 배달하다가 기름을 쏟아 발등에 물집이 생겨 신발을 제대로 신지 못하고도 약속을 지켜야 한다며 쉬지 않고 일하는 모습에서 그의 앞날에 믿음이 갔었다.

막내도 아르바이트를 하면서 하수구의 불순물을 제거하는 작업으로 악취가 풍기는 작업복을 비닐로 겹겹이 묶어서 가방에 넣고 다니거나 주유소에서 급유원으로 일을 하다가 급유대금을 결재하지 않고 도망가는 차를 막아서는 위험한 일을 마다하지 않아서 땀 흘리지 않고 편하게 일해서 돈을 버는 일을 못하게 한 아비의 뜻을 따라주었으니 사회생활을 하면서 겪는 웬만한 어려움은 참고 이겨내는 힘을 키운 것 같아 지금까지는 남부럽지 않게 직장에서 소임을 다하고 있어 아비의 마음이 더없이 가볍다.

바쁜 와중에도 부산대학교 교육대학원 교육행정전공과정에서 장학금을 받기도 하면서 수료에 필요한 학점을 취득하고 학위논문을 작성하기 위해 95년 9월 5일에 실시한 국립교육평가원의 '초등학교 학업성취도 평가' 자료가 가장 공신력이 있는 도구라고 믿고 이 평가결과를 이용하여 '초등학교 수학과 학업성취에 대한 학원교육과 학교교육의 효과에 대한 비교연구'라는 주제로 교육학석사학위논문을 작성하여 96년 2월에 무난히 통과하여 학위를 받게 되었다.

강서구, 중구, 기장군을 제외한 12개 행정구청별로 상, 중, 하의 3개 급지로 나누고 급지별로 다시 학급 수에 따라 대, 중, 소의 3등급 크기로 나누어 당첨된 학교의 5학년 첫째 반 학생들의 수학 관련학원 수강생의 지능과 취득 점수를 비수강학생의 지능과 취득점수간의 상관도를 분석하여 결과를 도출한 결과 수학 관련학원교육이 초등학교 학생의 수학과 학력향상에 1.4% 정도의 미미한 수준으로 기여하고 있음을 밝힌 연구로 이 연구도 일선학교에서보다는 교육청에서 연구를 진행하기에 유리한 변인들이 많아서 성공적으로 수행할 수 있었으니 나에게는 적절한 시기에 국가가 만들어준 도구로 데이터를 효율적으로 수합收合하여 연구를 진행할 수 있는 절호의 기회였으니 이 또한 세상은 내편이 아닌가 한다. 김형석 교수님은 "공부하면서 일하고 일하면서 공부하는 것이 인생이라"하셨는데 어쩌면 나하고 잘 어울리는 말씀 같았다.

교육청에서 이루어지는 행정업무는 복잡하고 파급력이 크기 때문에 신중에 신중을 기해야 하므로 일이 잘 풀리지 않을 때는 며칠씩 머리를 싸맬 때도 있다. 삼랑진에서 고적대를 함께 지도하였던 임광기 선생은 일찍이 부산으로 전입하여 범일국민학교에 근무하면서 부산에서는 처음으로 고적대를 창설하여 크게 히트를 치더니 사립 동래국민학교로 스카우트 되어 전성기를 구가謳歌할 때 나는 사표를 내고 부산에 내려와 분만교사의 휴직기간에 근무하는 임시교사를 하면서 생활의 어려움을 겪고 있음을 알고 자기반 학생의 가정교사로 소개하여 경제적인 도움을 주었던 그와 함께 근무하였는데 일이 잘 풀리지 않으면 10분이 멀다하고 복도로 나가 담배를 피우며(흡연구역의 제한이 없었음) 마음을 다스리곤 하였다.

하루는 이금순 과장님을 향해 "과장님! 임 장학사처럼 일하는 시간보다 담배를 피우며 쉬는 시간이 더 많은 사람과 저처럼 하루 종일 앉아서 일만 하는 사람하고는 대우가 달라야 하지 않겠습니까?"하고 농담을 건네면 그는 "과장님! 천 장학사처럼 하루아침에 담배를 끊는 독한 사람의 집에 딸을 시집보내면 큰 일 납니다."하고 응수應手를 하기도 하였는데 내가 물어볼 수도 없는 셋 며느리들에게 정말로 독하고 야멸찬 시아비로 비치는지 궁금하다.

원더우먼 wonder woman 별이 되다

　내 어머니 박명추朴明秋 여사는 경상북도 청도군 이서면 수야동 166번지에서 1924년 12월 2일 밀양 박씨 경쇠慶釗씨와 고성 이씨 학이學而씨의 4남 1녀 맏이의 고명딸로 태어나서 1942년 3월 5일 18세가 되던 해에 아버지와 결혼하셔서 55년을 해로하시면서 창우, 귀우, 양우, 선우, 영우, 정우, 숙희, 명우, 그리고 1962년 4월 20일 막내딸 덕희를 출산할 때까지 20년 동안 6남 3녀 아홉 남매를 산부인과는 고사하고 병원조차 없던 그 시절에 초원의 야생마처럼 혼자서 출산하셔서 두 아들 선우와 명우를 유년시절에 먼저 보내는 아픔을 겪었으며 7남매를 성혼시키고 72년의 너무 짧은 일생을 일에 파묻혀 사시다가 1996년 9월1일 별나라로 가실 때까지 어느 누구도 흉내 낼 수 없는 초능력을 발휘하셨다.

　결혼을 하시고도 시가媤家로 바로 오시지 않고 해를 묵혀 첫아이인 나를 잉태하신 이듬해에 시집으로 오셔서 그해 7월 15일에 아들을 출산하셨으니 대를 이을 자녀를 얻지 못해 작은 집의 큰 아들을 입양하셨던 할아버님 내외분의 총애는 상상을 초월했을 법 하였지만 곧 이어 연년생으로 태어난 여동생까지 두 아기를 감당하기도 버거운 1945년 5월 26일에 의지하시던 할머니가 황망히 세상을 떠나시자 여자로는 혈혈단신이 되시면서 울 엄마는 wonder woman이 될 수밖에 없었다.

남매를 업고 또 안고 병치레 남편을 보살피며 삼년상을 치렀으며 철철이 바뀌는 할아버님의 의관으로 핫바지 저고리, 적삼과 조끼는 물론이고 두루마기와 버선까지 58세에 홀아비가 되셔서 84세로 영면하실 때까지 26여 년간의 홀시아버지 시중을 한시도 소홀할 수 없었으며 10명이 넘는 가족의 그 많은 무명옷 세답은 잿물을 내어서 삶아야하고 엄동설한에도 동네 앞 저수지의 얼음을 깨고 언 손을 호호 불어가며 방망이질을 해야 본색을 드러낸다.

그렇게 모질게 빨아서 말리고 다시 풀 먹이고 다듬이질해서 말린 뒤에 새벽이슬에 녹이거나 입으로 물을 품어서 눅눅하게 한 뒤에 숯불 담은 다리미로 다려야하고 겨울옷은 솜을 넣어 드문드문 시침으로 기운 후에 빳빳한 동정은 화롯불에 데운 인두로 다림질을 한 후에 어떻게 달았는지 조차 모를 만큼 섬세한 바느질이 필수라 아무나 쉽게 할 수 없는 그 많은 수작업을 어떻게 감당했는지 상상을 초월한다.

이런 와중에도 간간이 방문하는 생선장수 아줌마나 방물장수와 옹기장수는 물론이고 구멍이 난 무쇠 솥이나 양은그릇의 구멍을 때워주는 땜장이며 금간 장독이나 일그러진 나무통을 고쳐주는 테메우기 장인들에게도 어김없이 식은 보리밥 한 숟갈이라도 아낌없이 나누어서 허기를 면하게 하셨으니 이름 모를 식객들을 위해 항상 밥을 여유롭게 지으셨다.

내 집 행사만으로도 4대 조상님의 일곱 번 기제사와 두 번의 명절, 시아버님과 남편의 생일까지 챙겨야 하고 아홉 자식들의 생일에도 미역국은 끓였으니 이 일만으로도 무겁거늘 봄누에 가을누에 자식보다 알뜰히도 보살피고 여름에는 온 몸이 땀띠로 헐면서도 무릎이 닳도록 삼으로 실을 비벼 짠 삼베로 식구들의 여름옷을 마련하고 가을이면 목화 따다가 씨아로 씨를 빼고 물레로 실을 뽑아 긴긴밤 베틀에서 젖 달라고 우는 아이 달래가며 베를 짜고, 두툼한 솜이불로 부챗살처럼 누운 자식 발이라도 따습게 정성을 다하셨다.

  메주 쑤어 장 담그고 겨울이 오기 전에 겨울반찬 김장하니 한해가 쏜살 같다. 그 시절의 명절은 어쩌자고 그토록 번거로웠는지 식구들의 설빔은 물론이고 떡국이랑 송편이랑 떡집이 따로 없어 디딜방아로 쌀을 빻아 아궁이에 불을 지펴 무쇠 솥에 쪄내고는 떡돌위에 올려놓고 메로 쳐서 빚는 떡도 보통 일이 아니거늘 갖가지 나물이며 전煎을 붙이는 일 등 셀 수도 없이 많은 차례준비를 젖 달라고 보채는 아이까지 달래가며 어떻게 혼자서 다 하셨을까!? 게다가 여동생은 설을 사흘 앞두고 태어났으며 수석首席 동생은 설날 아침에 태어났으니 출산 때문에 명절을 그냥 넘기지도 않았으니 그 때의 정황은 상상이 불가不可다.

  울 엄마는 그 시절 우리 동네에서 글을 알고 쓸 줄 아는(한글, 한문, 일본어까지) 유일한 여성으로 월간지를 구독하시기도 하였지만 동네에서 생기는 길흉사에 필요한 예복과 수의壽衣와 상복喪服을 짓는 일은 물론이고 혼사 때 오가는 서간문書簡文도 써 주셨으며 내가 여동생과 함께 중학교를 가면서부터는 동네 아이들의 교복도 울 엄마가 다 만들어 주셨다.
  그 무렵에는 우리 동네에 과년瓜年한 처녀들이 더러 있었는데 학교를 다니지 못해 글을 모르거나 알아도 많이 부족한 형편이라 이를 안타까워 하시면서 바쁜 와중에도 하루 일을 마친 저녁이면 우리 집으로 오게 하여 한글과 한문, 바느질과 일가친척간의 호칭이며 예절에 대한 가르침도 소홀하지 않으셨으니 아버지 못지않은 계몽활동가로 쉴 틈이 없으셨다.

겨울이면 우리 사랑방에는 늘 네댓 분의 동네 노인들이 하루 종일 소일하고 계셨는데 점심때가 되면 김치밥국에 막걸리 한주전자를 곁들여서 한분 한상씩으로 차렸으니 이 또한 아무나 할 수 있는 일이 아닌데도 귀찮게 여기시는 모습을 본적이 없다.

　아홉 남매에게 차례로 꿀과 행복을 아낌없이 나눠주신 울 엄마의 애기도시락(?)은 바람 빠진 풍선처럼 가죽만 남아서 배꼽까지 늘어졌지만 우리가 원하면 언제나 어디서나 가슴 활짝 열고 마음껏 탐닉하도록 자랑스럽게 내 주셨다.
　전깃불도 없던 시절 기저귀도 따로 없고 아이에게 먹일 이유식도 없던 시절 울 엄마는 일만 하시면서 젖먹이가 배가 고파서 칭얼대면 잠시 팔 베게로 모로 누워 젖을 물리고는 쪽잠을 자던 모습만 눈에 삼삼하다.

　우리 일곱 남매는 중학교만 졸업하면 엄마 곁을 떠났는데 둘째인 여동생만 중학교를 졸업하고 그나마 엄마의 가사家事를 도왔으나 늘 진학을 못시킨 부모님의 마음에 아쉬움의 짐만 지워 드리고 1965년 10월 30일 20세가 되던 해에 출가하고, 막내가 초등학교를 졸업하고 부모 곁을 마지막으로 떠나면서 부터는 내외분만 서로 보살피며 여생을 즐기시기만 하면 되었지만 몸도 마음도 지치셨는지 활동량이 줄어들고 당뇨병도 나타나고 천식도 생기면서 독서와 불경필사에 심취하셔서 '대심행'이라는 불명佛名을 얻기도 하셨다.
　당뇨가 급격히 심해지고 손수 인슈린 주사로 버티면서도 1991년 3월 생애 처음으로 마련한 만덕동의 내 집에 잠시라도 오셔서 좀 쉬어가시라고 권유를 드리면 동네 친구들이 우리 집이 아닌 다른 곳에는 모여서 놀 장소도 없고 아버지 혼자 지내시게 할 수도 없으며 그렇다고 시골에도 일이 있는데 둘이 같이 내려가면 너희들은 어떻게 되느냐며 한사코 사양하시곤 하셨다.

　1996년 8월 29일과 30일 이틀간 겹쳐 모실 선조의 제사가 있었으나 남매들이 제사 때부터 벌초까지 여러 날 휴가를 낼 수가 없어 8월 31일 벌초 때 모이려고 서울과 부산에 흩어져 있던 7남매가 고향으로 집결도중에 어머님이 밀양시내의 한 병원에 입원하셨다는 연락을 받고 모두 병원으로 모이게 되는 불상사가 생겨서 어머님의 병세를 확인하고 문병을 하는 형국이 되어버렸다.
　내외분이 연이틀에 걸쳐서 지낸 조상님의 제사로 피로가 누적되어 지병인 천식과 당뇨가 심해져서 생긴 사달이다. 다행하게도 병세가 심각하지 않아서 8월 31일 일요일은 벌초를 해야 하니 어머니는 병원에서 아버님이 며칠 더 간호하기로 하고 우리형제들만 고향으로 돌아와서 예정대로 일찍 벌초를 마치고 다른 가족들은 편한 마음으로 먼저 귀가를 한 후 우리 내외는 뒷정리를 하고 좀 늦게 출발하려는데 아버님으로부터 다급한 전화가 왔다. "네 엄마가 이상하다. 의사선생님이 창원의 삼성병원으로 보내려고 준비 중이다." 하시는 게 아닌가! 별 문제가 없어 잠시 휴식만 더 취하겠다고 했는데 이 무슨 날벼락인가! 당장 구급차로 가시면 저는 뒤따라가겠다고 말씀 드리고 가족들은 집으로 가서 만약을 대비하라고 일러놓고는 창원의 삼성병원을 찾아갔다.

　이미 호흡이 곤란하여 목에 구멍을 뚫고 기도氣道를 따로 확보했으나 바쁘게 움직이는 의사들의 수상한 행동들이 직감적으로 불길하게 느껴져서 아버님께 조심스럽게 말씀드렸다.
　그 때만 해도 병원에서 치료를 하다가도 임종이 다가오면 오히려 집으로 모셔서 객사客死가 되지 않게 하는 것이 망자에 대한 도리로 생각하던 때였기에 더 늦기 전에 부산의 내 집으로 모시자고 말씀을 드려서 승낙을 받고 의사 1명이 동승하여 만덕동의 아들집으로 모셨는데 이때가 1996년 9월 1일 새벽으로 도착하자말자 의사는 "운명하셨습니다."한다. 이렇게 wonder woman이셨던 우리엄마는 장남인 내 집에서 하룻밤도 못 주무시고 허망하게 별나라로 가셨으니 날벼락을 맞은 듯 홀로 남은 우리 아버지는 어떡하라고?

어머니가 그리워지면 가수 나훈아의 40주년 기념 앨범에 수록된 '홍시가 열리면' 이 가슴을 후빈다.

*생각이 난다 홍시가 열리면 울 엄마가 생각이 난다
자장가 대신에 젖가슴을 내주던 울 엄마가 생각난다
눈이 오면 눈 맞을세라 비 오면 비 젖을세라
힘한 세상 넘어질세라 사랑땜에 울먹일세라
그리워진다 홍시가 열리면 울 엄마가 그리워진다
눈에 넣어도 아프지 않겠다던 울 엄마가 그리워진다
생각이 난다 홍시가 열리면 울 엄마가 생각이 난다
회초리치고 돌아앉아 우시던 울 엄마가 생각이 난다
바람 불면 감기 들세라 안 먹어서 약해질세라
힘든 세상 뒤처질세라 사랑땜에 아파할세라
그리워진다 홍시가 열리면 울 엄마가 그리워진다
생각만 해도 눈물이 핑 도는 울 엄마가 생각이 난다
생각만 해도 가슴이 찡하는 울 엄마가 생각이 난다
울 엄마가 생각이 난다 울 엄마가 생각이 난다.*

부산 특수교육의 사령탑이 되다

　구남국민학교에서 1년 6개월 만에 동부교육청으로, 동부교육청에서 다시 1년 6개월 만인 96년 3월 1일자로 부산교육의 본산이라고 할 수 있는 부산직할시 교육위원회로 발령이 났다. 이 날짜로 국민학교의 이름도 초등학교로, 산수교과목도 수학으로 이름이 바뀌는 변화의 시기에 시 교육청 초등장학과 특수교육 담당 장학사로 보임補任받아 부산 특수교육의 정책을 입안하고 특수학교와 특수학급의 발전 전략을 수립하여 실행을 돕는 전략적 임무를 부여받은 특수교육의 사령탑이 된 것이다.
　87년 10월 17일 개청하여 지금의 동래구 복천동 내성초등학교 뒤쪽에 청사를 신축하여 이사를 하기까지 시 교육청 본청의 2층 몇 개 사무실에 더부살이를 하고 있을 때인 90년 4월1일 동래교육청 장학사가 되어 출퇴근 하던 그곳으로 다시 이름만 바꾸어 돌아온 셈이라 감개가 무량(?)하였다.
　당시까지도 특수학교는 남구에 지적장애영역의 부산혜성학교, 지체장애영역의 혜남학교, 청각장애영역의 사립구화학교, 연제구에 지적장애영역의 사립 동암학교, 수영구에 청각장애학교인 배화학교, 동래구에 시각장애학교인 맹학교, 강서구에 청각장애영역의 사립혜성구화학교가 있었으나 장애아중 대다수를 차지하는 지적장애영역의 학교가 남구와 연제구에 치우쳐 있었다.

명지, 사하, 사상, 영도, 금정, 북구, 기장군 쪽의 학생들은 통학시간이 왕복 3시간 이상이며 통학차량의 수송능력도 한계를 훨씬 넘치고 있어 학생들의 고통은 상상을 초월하는 지경이라 원거리에 특수학교를 신설하여 통학거리와 시간을 단축시키는 것과 사립학교 장기근무자의 퇴로를 열어 사기를 진작시키고 젊은 피를 수혈하여 사립학교에 활기를 불어넣는 방법을 찾는데 최우선 과제로 정하는 한편 특수학급담임이 승진의 수단으로 오용誤用되지 않고 내실을 다지기위해 담당교사를 체계적으로 관리하려고 애썼다.

우선 통학거리를 단축시키고 일부지역에 편중된 특수학교를 분산시키기 위해서 특수학교 신설 부지를 탐색하는 한편 공립특수학교에 치중된 취학선호도와 동일지역을 중복하여 통학차가 운행되는 낭비를 줄이기 위해 통학구역을 나누어 학생들을 분산시킴으로써 사립학교의 잉여시설을 효율적으로 활용함은 물론 통학난을 완화하는 안을 만들고 관련학교의 의견을 취합하여 신입생과 전출입생부터 시행하는 최종안을 작성하여 교육감의 승인을 받아 시행하니 그 효과가 당장은 미미하였으나 시간이 지나면서 가속도가 붙게 되었다.

사립학교에 존재하는 유령幽靈학생을 찾아내어 정리하고 학급 수를 조정하여 동암학교에서 3명, 부산구화학교에서 2명의 정원이 초과된 유능한 선생님들을 공립학교로 전환 배치함으로써 사립학교 장기근속 교사의 퇴로를 열어주고 학교에서는 열심히 실력을 쌓으면 공립학교로 신분을 바꿀 수 있는 기회가 온다는 희망을 주고 유능한 신규교사를 채용할 수 있어 분위기를 일신하는 계기를 만들었다.

　북구와 사상구 지역의 지적 장애아들을 구포대교 건너편 대저동 소재 혜원학교로 배정하기위해 학급 수를 늘리고 필요한 시설을 보강해주면 장거리 통학에 따르는 학생들의 고통과 시간낭비를 줄일 수 있고 당분간은 예산의 절감은 물론 이 지역에 특수학교를 하나 신설하는 효과를 거둘 수 있다고 요구를 하고 설득을 해도 담당부서에서는 사립학교에 엄청난 시혜施惠를 베푸는 일을 조건(?)없이는 허가할 수 없다는 고집 때문에 난관에 봉착하고 있었는데 어느 날 이 지역의 심한 정서장애학생의 조모님과 학생이 함께 내방來訪하여 동반등하교의 고통을 호소하기에 학생을 데리고 담당부서로 가서 일부러(?) 학생의 손목을 놓아버리고 담당자와 혜원학교 학급증설의 필요성을 설득하는 사이에 학생이 사무실을 종횡무진으로 뛰어다니며 컴퓨터와 전화기를 마구 두들기고 집어던지며 휘젓고 다니도록 잠시 방치하였더니 사무실 전체가 혼비백산이 되고 나서야 비로소 저런 아이들이 몇이나 되느냐고 묻기에 저런 경우도 더러 있지만 세상에서 쉽게 만날 수 없는 별의별 상태를 감당하는 부모와 특수학교의 고충을 우리 스스로 찾아서 해결하는 일이 교육청이 해야 할 일이라며 실황實況을 통해 벌린 설득으로 겨우 다음해에 학급을 재편하기로 약속을 받아내기도 했다.

　시 교육청에 근무할 당시에는 일과시간이 끝난 후 밤이 늦도록 사무실에서 밀린 업무를 처리하는 일이 다반사였는데 일과가 끝난 뒤의 일처리 시간을 '초과근무'라는 이름으로 한 달에 몇 시간까지는 초과근무수당을 지급하고 있어서 낙하산을 타고 온 직원들은 스스로 일을 감당하지 못하고 일과를 마친 유능한(?) 교감이나 부장교사들의 도움으로 일을 처리하는 장학사가 있는가하면 퇴근하고도 별 할 일이 없는 직원들까지 저녁식사를 마치고 사무실로 들어와서 빈둥빈둥 시간을 보내면서 정해진 초과근무수당을 챙겨가는 얌체도 있었는데 특수교육담당부서도 빠트리지 말고 초과근무일지에 기록하라고 권하지만 우리부서는 특수교육에 대한 전문가집단이므로 그렇게 늘 밤이 늦도록 일을 해야 하는 것 자체가 자존심의 문제인 것 같아 초과근무수당에 현혹되고 싶지 않았다.

시 교육청에서 근무를 하면 여러 가지 힘들고 어려움을 당할 때가 많지만 그 중에서도 매년 반복되는 국회 문공분과위원들의 국정감사와 시의회 교육사회분과위원들의 시 교육청감사가 있는데 감사 그 자체보다 준비과정이 엄청 힘들다.

감사일정이 잡히면 그때부터 일상적인 업무는 뒤로하고 각자의 업무 중에서 어떤 자료를 요구할는지? 또 어떤 질문을 할지에 대한 "예상질의답변서"라는 답안지를 만드는데 업무 담당자가 만든 답안지를 검토하는 과장이 능력이 있다면 전체적인 맥락에 대하여 의견을 교환하고 타당성이나 법률적인 문제점과 신빙성 등을 검토하는데 업무처리 능력도 없으면서 관직에만 눈이 어두워 낙하산을 타고 온 장학관이나 과장을 만나면 예상답변서의 적중가능성이나 타당성보다 문맥에 쓰인 토씨의 적절성을 따지며 재 작성을 요구하는 바람에 받는 스트레스는 이루 말로 표현하기가 쉽지 않다.

우여곡절을 겪으며 맞이하는 감사당일에는 감사관들의 저급하고 터무니없는 질문에 또 한 번 실망하면서 우리나라 선출직 의원들의 지적수준과 갑질의 횡포가 개선되지 않는 한 우리 교육의 미래는 요원遙遠할 수밖에 없다는 착잡한 심경을 감출수가 없었다.

1994년도에 전국에서 처음으로 정순택 교육감의 의지로 '교육행정 조직진단'을 실시했는데 각과에서 고도의 전문성과 책임감 그리고 인내가 수반되며 보안성이 남다른 직원을 추천받아 간부회의에서 최종 심사를 거쳐 선택된 직원들로 구성하여 청내廳內 각 부서 직원들의 업무량과 업무난이도를 측정하고 분석하는 업무로 당시로서는 획기적 발상이었다.

모든 직원들과 부서들의 확대와 축소로 이어질 막중한 기획업무였는데 이 업무에 참여하게 된 것만으로도 개인의 영광이며 청 내 각 개인의 업무내용과 업무량을 세밀하게 들여다보며 없어지거나 축소해야할 부서와 인원 보강이나 축소가 필요한 부서를 가려내었는데 축소나 폐지, 통합 대상 부서의 부단한 저항으로 실행에까지는 옮기지 못하였으나 교육청이라는 요지경瑤池鏡의 정체를 속속들이 파악하였고 정순택 교육감의 발상은 참신하다고 믿었기에 이 일에 사명감을 가지고 심혈을 기울여 소임을 다한 보람된 시간이었다. 만약 그때 그 조직진단결과로 교육청조직을 개편했다면 타의 추종을 허락하지 않을 모범교육청으로 발전하였을 것으로 믿어 의심하지 않았다.

96년 3월 1일 시 교육청 장학사로 부임한지 1년 6개월 만에 다시 장학관으로 승진하였다.

첫 과제로 특수학교가 없는 부산의 중서부 쪽에 특수학교 신설을 목표로 부지를 물색하려 했지만 적절한 위치에 장소를 찾으면 주민들의 반대로 번번이 퇴짜를 맞게 되므로 명장동으로 이전한 송도의 옛 부산맹학교 부지가 방치되고 있어 이곳을 활용하면 부지 확보를 위한 예산도 필요하지 않고 이미 존재하던 특수학교의 자리라서 주민들의 반대도 없을 것으로 판단하고 신설을 건의하자 담당부서에서는 부지가 협소하여 곤란하다는 의견인데 그렇다고 새로운 부지를 찾아 나서기는커녕 아예 관심을 보이지도 않았다.

통념을 바꾸어 관리실과 특별실을 5층으로 배치하고 층간 이동방법은 엘리베이터와 경사로를 이용하도록 하는 교실 배치계획을 만들어 다시 협의에 나서는 한편 중구 서구 영도구 사하구 강서구 지역의 교육위원에게 서부지역 특수학교 설립의 필요성을 강조하며 도와달라고 매달리기도 했다. 당시 교육부의 시·도 교육청 평가항목에 "특수교육 저변확대"라는 항목을 부각시키면서 비교적 특수교육에도 관심이 남다른 정순택 교육감님께도 현재로서는 맹학교 자리에 다시 특수학교를 신설하는 것이 차선의 방법이라고 말씀을 드려서 승낙을 얻는데 성공하여 세부추진계획을 진행하고 있었다.

어느 날 부속실에서 신설 예정지역 주민들이 관광버스를 타고 시 교육청에 난입하여 식당을 점거하고는 특수학교 설립을 반대한다며 교육감을 면담하겠다고 버티고 있으니 장학관이 직접 만나보라는 연락이 왔다.
사무실에 있던 음료수 몇 박스를 들고 식당으로 내려가서 상황을 일별(一瞥)하니 대부분 연세가 높은 할머니들이라 무리 중에서 눈에 먼저 들어오는 비교적 단정한 차림의 할머니 앞으로 가서 "멀리서 바쁜 시간에 이렇게 교육청까지 오시게 해서 미안합니다. 교육감님께서는 출장 중이라 오늘은 돌아오시지 않고요. 저는 특수학교를 담당하는 장학관입니다. 우선 제가 가지고 온 음료수라도 나누어 드시면서 여기까지 오시게 된 사연이라도 좀 들어봅시다."하고 말을 붙였는데 처음에는 시큰둥하더니 옆에 있던 남자 한분이 "도대체 우리가 수십 년 동안 맹아학교 때문에 얼마나 많은 피해를 참고 살았는데 왜 또 장애인들과 이웃하고 살아야 되느냐? 산 좋고 물 좋은 명당이 얼마든지 있을 텐데 우리만 또 피해를 보면서 살아야 되느냐?"라며 항의(?)를 하기에 아이쿠 잘 되었다 싶어서 "고맙습니다. 우리한테 넘겨줄 산 좋고 물 좋은 명당이 어디입니까? 당장 같이 한번 가봅시다." 했더니 찾아보면 있다면서 꼬리를 내리더군요.

할머니 한분에게 다가가서 살며시 "할머니는 어느 절에 다니십니까? 참 점잖으시네요."하고 말을 걸었더니 집 부근에 있는 절에 다닌다고 하셔서 "절에 가서 부처님께 뭐라고 빕니까?"하고 물었더니 자식들 잘되고 손주들 공부도 잘하고 나도 건강하게 잘 살게 해달라고 빈다고 하기에 "할머니 장애자를 마음속으로라도 불쌍히 여기고 도와주고 싶은 마음이 생기면 부처님께 불공을 드리는 것보다도 더 효험이 있습니다. 부처님은 불자佛子들의 착한 마음을 다 알고 계시니까요"했더니 슬그머니 자리를 옮겨가신다.

겨우 달래어 보내고 항의를 하러 오게 된 연유를 자세히 알아보니 신설예정지 학교입구에서 중국집 식당을 하는 주인이 학교터에 호텔이 들어오면(당시 전망이 좋은 옛 맹학교 부지에 호텔이 들어선다는 소문이 있었음) 호텔부지로는 협소하여 주변의 집들을 높은 가격으로 사들이게 되므로 우리도 부자가 될 수 있다며 주민들을 선동煽動하여 할 일이 없는 할머니들을 모아서 교육청으로 몰려 왔단다. 중화요리 식당주인의 상상은 망상으로 끝났지만 왠지 뒷맛이 쓰다.

매 학기가 시작되기 전과 학기 중간에 한두 번 '특수교육대상자 판별위원회'가 열려서 특수학교에 입학을 희망하는 장애자를 대상으로 장애상태에 따라 어느 영역의 어느 학교에 그리고 몇 학년에 배정할 것인지를 전문가들(정신과의사, 이비인후과교수, 안과교수, 특수교육담당 장학관, 특수학교교장)이 모여서 심사를 하는데 언제인가 부산대학교의 생물학과를 졸업한 사람 두 명이 맹학교 고등부에 입학하겠다고 지원을 한 사건이다.

맹학교는 고등부까지만 개설되어있고 기숙사도 있으며 지원자보다 나이가 적은 올해 졸업하고 발령을 받아온 선생님도 있으며 그 보다 특수교육은 무상교육인데 이미 대학까지 졸업한 지원자의 배정을 어떻게 할 것인가를 두고 벌린 열띤 토론의 결과는 장애자 본인의 의견을 존중하는 것이 장애자를 배려하는 측면도 있어 기숙사 생활 중 여학생들의 성폭력이나 추행의 가능성을 염두에 두어야 한다는 단서를 붙여서 맹학교에 배정하기로 하면서 어딘가 개운치 않은 여운餘韻을 남기기도 했다.

뿐만 아니라 맹학교 학생 중에는 제주도민이 3명인가가 기숙사에서 생활하며 재학하고 있었는데 부산교육청에서 모든 학비를 부담하는 것이 불합리한 생각이 들어서 법전을 뒤지고 교육부의 문건도 찾아보고 다른 시·도에도 문의를 하며 알아낸 사실은 특수교육대상자가 주거지에서 취학할 수 없는 부득이한 사정이 있어 타 시·도의 특수학교에 다닐 수밖에 없는 경우는 학생을 수용할 시·도의 교육청에 취학을 의뢰할 수 있으며 이 경우 일체의 소요경비는 주거지를 관할하는 시·도 교육청에서 부담하며 학생을 수용하는 시·도의 교육청에서 소요경비를 청구하도록 되어있는 규정을 찾아 제주도 교육청에 교육비를 청구하여 불필요한 예산을 줄이고 전례를 남기게도 하였는데 예산부서에서 자기들도 모르고 있었던 규정을 찾아낸 우리 부서의 역할에 경의를 표한다고 했다.

교육의 소외지역이었던 장애자 수용시설(신애원, 성우원, 평화의 집, 아이들의 집 등)에는 특수학급을 설치하여 장애영역별로 가까운 특수학교에서 선생님들을 파견하여 교육하고 있었지만 어린이환자가 많은 종합병원에도 장기입원중인 학생들이 학습의 기회를 놓치는 경우가 생기는 것을 예방하기 위해서 특수학급을 설치하기로 계획하고 대학병원을 방문하여 타진한 결과 부산대학교병원이 취지에 공감하면서 제일먼저 공간을 마련하고 설치를 허락하였으며 주례동 백병원은 병원자체가 협소하기로 유명할 정도지만 흔쾌히 시설을 마련해주면서 적극적으로 협조를 해주어서 파견나가신 선생님들도 신명이 났으니 전국에서 처음으로 시도한 병원학급은 빠르게 자리를 잡아갔다.

  특수학교에는 특수학교 교사, 의료(침술, 안마)교사, 보건교사, 언어치료사, 물리치료사 등이 근무하고 있는데 초등교사는 초등교육과에서, 중등교사와 치료사는 중등교육과에서, 보건교사는 체육보건과에서 각각 정원관리와 인사행정을 맡아하는데 특히 치료사들은 만년 치료사로 승진이 없다.
  따라서 한 곳에서 장기간 근무를 하게 되므로 사기에도 문제가 있고 근무의욕도 떨어지므로 이런 실정을 자세하게 알 수 있는 초등교육과의 특수교육담당부서에서 정원을 관리하면서 적절한 인사행정을 할 수 있도록 정원관리규정을 개정하여 치료사들에게 치료과목 준교사자격을 부여하고 2급정교사, 1급정교사로 자격변동을 하면 호봉상의 혜택으로 급료의 상승도 기하기 위한 연수여비까지 예산을 확보하고는 일선학교로 나오게 되었다.

  수혜受惠대상인 모 치료사가 초등교육과로 정원관리규정을 개정한데 대한 불만을 드러내며 아무 권한도 없는 권숙렬 장학사를 괴롭히며 소란을 피웠다는 후문을 듣고 특수학교에는 아직도 초등부서보다 중등부서를 우월하게 생각하는 참 못난 직원도 있었구나 하는 섭섭한 마음이 쉽게 잊혀 지지 않았다. 매사에 한결같은 연구자세로 업무를 처리하며 성냄도 서두름도 아니하며 그렇다고 느러터지지도 않으면서 일을 효율적으로 처리하여 누구에게나 믿음이 가는 안동양반安東兩班 권숙렬 장학사님의 도움이 없었다면 성실하고 참신한 특수교육의 사령탑으로 역할을 다하기란 쉽지 않았으리라.
  늘 일은 내가 저지르고 원망은 당신이 다 듣게 했으니 정말 미안하네요.

거제초등학교 교장으로

1999년 1월 4일 직원들이 시무식을 하기위해 강당으로 몰려가고 있었는데 중등교직과의 어느 장학사님이 느닷없이 "축하합니다." 하기에 "무슨 이야깁니까?" 하고 물으니 "교육부로 출장 간 장학사에게서 전화가 왔는데 장학관님이 거제초등학교 교장으로 발령이 났다"고 하던데요 한다. 어처구니가 없었지만 "아! 예 그 말입니까?" 하고 시치미를 떼었지만 입맛이 쓰다.

바로 옆자리가 교직담당 장학관 자리이고 기껏 어깨높이의 칸막이가 있을 뿐인데 아무리 교직과의 보안이 크렘린보다 더하다고 하고 또 인사는 발표가 나기 전에는 비밀이 원칙일 런지는 모르지만 지척咫尺에서 선후배가 얼굴 맞대고 근무하면서 언질言質이라도 줄 수는 없었을까 싶어 많이 서운했다. 이해찬 교육부장관의 무모한 교육공무원 정년단축이 빚은 교육계의 혼란과 그 파장은 셈으로 계산할 수 없는 졸속정책으로 1999년 1월 29일 교육공무원의 정년을 65세에서 62세로 한꺼번에 3년을 단축하는 바람에 평년의 3배가 넘는 교장의 자리가 한꺼번에 생기므로 새로이 교장으로 임용할 자원이 오히려 부족할 형편이었다.

3월 1일자 정기 인사이동 때라면 집에서 출퇴근하기에 편리하고 마음에 속 드는 학교를 골라서 갈 수도 있었는데 지난 연말에 전임교장이 급서急逝를 하는 바람에 졸업생들에게 학교장의 이름도 없는 졸업장을 줄 수도 없고 그렇다고 다른 학교의 교장을 연쇄적으로 옮길 수도 없으며 또 새 학년도 교육정책 수립과 3월 정기 인사이동으로 눈코 뜰 새도 없는 다른 전문직을 비울 수도 없는 상황이라 가장 만만한 내가 자동으로 낙점이 된 모양인데 인사 담당자로서는 묘안이었을 것 같아 고맙게 받아들여야 했다.
　뿐만 아니라 일이 많거나 어려움을 가리지 않고 능숙하고 헌신적이며 합리적이고 당연히 받아들이는 믿음직한 일당백의 권숙렬 장학사와 참 선생님 출신의 똑 소리 나는 권태복 장학사가 있으니 신학기가 되어 다른 장학관이 보직을 받을 때 까지는 비워두어도 부서에는 지장이 없을 것이고 다른 장학부서에서 여러 해 고생했으나 승진의 기회가 열리지 않던 장학사의 승진기회도 제공할 수 있었으니 일거양득이 될 수 있는 최선의 방안이었다고 생각되었다.

　거제초등학교는 역사가 오래되어 건물이 낡고 여러 동棟으로 나뉘어 있어 방범문제와 생활지도에 취약하며 동해남부선 철로를 건너는 아이들과 주변이 재개발 사업으로 소음과 분진이 난무하며 현대아파트에서 통학하는 학생들이 양정대로를 건너야 하는 등 안전사각지대에 놓여 있었으며 조리실이 없는 양성초등학교에 운반급식을 하는 어려움도 가볍다 할 수 없으며 전문직 출신으로 모범적인 학교경영을 해야 한다는 강박관념도 없지 않았다.
　부임하는 첫날 운영위원장님의 학교운영위원회의 회의시간을 좀 단축했으면 좋겠다는 첫 부탁이 황당하여 이게 무슨 말인지 잘 몰랐는데 차츰 알아보니 교원위원들끼리 의견이 충돌하여 추태를 보이니 늘 학부모위원들의 불만을 키우고 있었다고 한다.

　원인을 알고 난 뒤에는 운영위원회를 열기 전에 이번 운영위원회에 이런 저런 안건으로 회의를 할 계획이며 학교는 이런 안건은 이렇게 결정이 되었으면 좋을 것 같고 저런 안건은 저렇게 결론이 나면 좋을 것 같은데 선생님들의 생각은 어떠한지 좋은 의견을 제시해 달라며 학교가 통일된 의견으로 사전조율을 한 다음에 전체회의를 개최하니 일사천리로 회의가 진행되고 빨리 끝나니 선생님들의 위상이 높아지고 학부모위원들도 회의가 즐거워지니 운영위원장의 첫 부탁은 쉽게 해결이 되었다.

　이 무렵 이해찬 장관이 정년단축을 위해 교사들을 무능한 집단으로 매도하는 바람에 전교조교사들의 무책임과 어울려 학교교육이 신뢰를 잃자 자녀교육을 전적으로 학원에 의지하게 되는 웃지못할 풍조가 생겼는데 학부모들의 경제적 부담을 들어주고 학교의 기능을 되살리기 위한 조치라며 학교에서 다양한 "방과 후 교실"을 운영하도록 압박(?)했다.

　상급관청의 눈치를 잘 살피는 해바라기들은 스스로 교원의 자부심을 팽개치고 앞 다투어 학생과 학부모를 괴롭혔는데 학생들은 결국 학원과 학교의 '방과 후 교실'로 옮겨 다니며 이중으로 시달리고 부모는 과외비만 늘어나는 실정인데도 학교에서 과외프로그램을 운영하지 않을 수 없는 고민이 많았다. 거제초등학교도 대세를 거스를 수 없는 일이라서 돌아가는 상황을 지켜보며 몇 개의 '방과 후 교실'을 개설하고 있었는데 어느 날 여자 한 분이 이력서와 자격증을 들고 찾아와서 '독서지도' 반을 운영하고 싶다고 하여 학생들의 희망을 받았는데 네 명인가 다섯 명인가 뿐이라 개설이 어렵다고 했더니 그래도 해보겠다고 물러서지 않아서 망설이다가 단호한 의지를 기대하며 허락을 했었는데 다달이 수강생이 늘어나더니 2학기에는 2개 반을 편성해도 지원자를 다 받을 수 없을 정도로 수강생과 학부모들의 인기가 대단하였다.
　아이들과 부모들의 의중을 살펴서 정성을 다해 가르치던 그 김인순 독서지도 선생님은 학급을 맡은 정규선생님들이 본받아야할 선생님 중의 선생님으로 지금도 기억에 남아있다.

　어디서인지 학교에 '단군 상'을 무료로 설치해 주겠다며 설치장소를 선정해달라는 주문이 들어왔다. 그렇지 않아도 본관교사의 전면이 허전하고 공짜로 설치를 해준다니 웬 떡인가 하고 선생님들과 의논하였더니 마침 현관 한쪽에 세종대왕상이 홀로 앉아있어서 늘 한쪽으로 기우는 느낌이었는데 크기도 비슷하고 상징성도 충분하니 현관의 빈자리에 설치하면 좋겠다는 의견의 일치를 보았다.
　운영위원장에게도 경위를 설명하니 좋은 생각이라며 흔쾌히 동조를 해주어서 업자에게 통보하고 설치를 했는데 모두가 참 잘 어울린다며 칭찬 일색이었다. 그런데 며칠이 지나자 무슨 교회의 목사라는 사람이 단군 상을 학교에 설치한 목적이 무엇이며 교장이 특정 종교를 신봉하는 신자인지를 묻는 전화가 오고 또 며칠 후에는 느닷없이 철거를 하라며 압박을 하더니 겨울방학 중 어느 날 봉고차로 여러 명의 자칭 교회의 목사와 집사들이라면서 교장실로 찾아왔다.

　단군은 신화 일뿐 숭배의 대상이 되지 못하니 철거를 해야 한다고 궤변을 늘어놓기에 "오신 분 중에 김씨가 있느냐? 김씨의 시조는 알에서 나왔다고 하던데… 또 박씨의 시조는 박에서 나왔다고 하던데… 당신들의 성부터 바꾸시오. 당신들은 우리나라 사람이 아니오? 교회가 그렇게 할 일이 없어 한가하게 신화타령이나 하고 다니오? 이런 일로 다시는 학교에 와서 시간낭비 하지 마세요. Shame on you! "하고 단호하게 내 의사를 밝혔더니 아무 말도 못하고 돌아갔는데 뒤에 알고 보니 단군상이 사이비 개신교도들에 의해 수난을 당하는 일이 다반사로 벌어졌다고 하는데 거제초등으로 몰려왔던 그 사람들은 그래도 양반들이었다 싶다.

학교가 말이 많고 학구의 생활수준이 좀 열약한 지역이고 건물들이 노후하여 선생님들이나 학교장에게 선호할 학교로는 부족함이 많아서일 수는 있지만 선생님들의 근무의욕이나 근무자세가 내 마음에 흡족하지 않는데 학급 경영록을 들여다보다가 내용도 난삽難澁하고 맞춤법에도 맞지 않은 무성의한 선생님을 발견하고는 교감선생님께 알아보니 전교조 활동을 하는데 자기가 하는 일이 최선이며 개선을 요구하면 이유가 장황하고 받아들여지지 않는단다.

직접 만나보기로 하고 기회를 엿보고 있던 중에 신분을 밝히지 않은 학부형으로부터 정황증거가 자세한 문제교사의 촌지수수 정보가 들어왔다. 이 기회를 놓치지 않고 이 사건에 대한 경위를 밝혀달라고 했더니 이런저런 이유로 돌려주지는 못했지만 요구를 한 사실이 없으므로 억울하다고 항변하기에 이런 문제들에 대하여는 항상 우리 공무원이 약자이므로 감정을 자제하여 너그럽고 자연스럽게 "좋은 관계를 계속 유지하기 위해서 돌려드리고 싶다고 하거나 상대가 불쾌하게 느끼지 않도록 설득을 해서 정중하게 해결했으면 좋겠다. 아이들을 쌀쌀맞게 대하거나 사랑하는 마음이 묻어나지 않아서 선생님에 대한 불만이 있을 수도 있다."고 내 의견을 전달하고 "집에서 기르는 개도 식구들 중에서 자기를 좋아하고 싫어하는 사람을 압니다.

하물며 학생들은 어리다고 해도 사람인데 그런 오고가는 감정을 느끼지 못하겠느냐? 아이들 한 사람 한사람마다 차별을 느끼지 않도록 진정으로 정을 나누면 원만하게 해결 될 것이다. 보통 이런 종류의 문제는 특정학생을 편애함으로써 상대적으로 자기는 소외당한다고 느끼는 학생이 부모님에게 선생님을 나쁘게 전달하여 내용을 정확하게 알지 못하는 부모들의 오해에서 나오는 보복심리가 발동하여 일어나는 경우도 있다.
 그러므로 선생님의 잘못이라고만 단정할 수는 없으니 일이 더 커지지 않도록 가능한 빠른 시간 안에 오해가 해소되기를 바랍니다. 그리고 이번 일은 선생님과 나만이 아는 일로 무덤까지 가져갑시다."했더니 눈물을 뚝뚝 흘리며 "감사합니다. 정말 좋은 선생님, 훌륭한 선생님이 되어 교장선생님의 기대에 보답하겠습니다."하고 약속을 한 후 생활 태도도 밝아지고 선생님들과의 교류도 표가 나게 활발해져서 쌓인 불만을 해소하지 못하여 스스로 마음을 닫고 불행한 시간을 보냈던 그 선생님의 그간의 외로움이 해결된 것 같아 이런 경우를 사람들은 전화위복이라 하는 것 같다.
 하지만 초보 교장으로서 후회스럽고 만족스럽지 못한 사건 처리로 35년 동안을 한결같은 자부심으로 봉직해 오셨던 모범적인 선생님께서 분별없는 학부모들이 저지른 과오를 매끄럽게 처리하지 못하고 "경위서"라는 것을 요구함으로서 수치심을 건드려 사표를 쓰신 오0희 선생님께 대한 죄책감은 두고두고 지울 수가 없다. "선생님 미안합니다. 정말정말 미안합니다. 지금쯤 그때 그 상처는 말끔히 아물었기를 소원합니다."

 매달 '일제고사'라 해서 전교생의 학력 평가를 하는데 일부의 제대로 가르치지도 못하는 선생님들이 자기가 가르친 것을 어느 정도 소화하고 흡수가 되었는지를 알아보는 것이 교육평가라며 평가문항을 다른 사람이 제시하여 평가하는 것은 타당하지 않다고 주장하는 교사들(전교조 교사들이 내세우는 억지이기도 함)이 있기도 하고 내가 판단하기에 평가문항이 단원의 목표와는 거리가 멀고 너무 쉬워서 모두에게 점수를 많이 주어서 아이들과 학부모를 기만欺瞞하는 이율배반이라고 생각되어 양심이 허락을 하지 않았다.
 직원연수 시간에 '교육과정의 평가'에 관한 유인물을 만들어 배포하고 강의를 시작했다. 교육과정敎育課程이란 해당학년의 당해교과에서 반드시 가르치고 배워야 할 목표를 체계적으로 제시하고 그 목표를 달성하기 위한 최소한의 자료를 제공하는 것이 교과서입니다. 교육과정 평가는 반드시 달성해야할 각 교과의 단계적 목표를 빠트리지 않고 제대로 가르쳤는지? 학생들은 배워야 할 내용을 얼마나 잘 익히고 배웠는지를 파악하여 가르치는 선생님과 배우는 학생들에게 반성하고 격려하며 피드 백feed-back하려는 것이라고 강조했다.

연수를 마치고 며칠 뒤 "이번 달의 일제고사는 각 학년의 수학교과에 대한 교육과정 이수 달성도를 알아보겠다. 학반별로 우열을 가리려고 하는 뜻은 추호도 없다. 따라서 통계도 낼 필요가 없다. 평가문항은 내가 직접 출제한다. 학반 +1의 담임이 감독하고 채점하여 획득 고득점 순으로 묶어서 교장실로 보내면 된다."고 고시告示하고 교장실에서 학년별 수학교과서만으로 핵심내용을 출제하여 시행한 결과를 보고 나는 너무 놀라서 까무러칠 번했다.

한마디로 악평을 하면 교사들이 월급만 받아 챙기고 시간만 때우며 아이들과 부모들에게 사기詐欺를 치고 있었다고 해도 과언이 아닐 지경이었다. 하지만 한편으로 생각해보면 당연한 결과가 아닌가 싶기도 하다. 예비교사를 양성하는 교육대학에서 제대로 된 교수들이 학생들에게 학점을 나누어주지 않고 사명감 넘치는 교육을 했다면 교육과정이나 교육과정 평가의 의의도 가르치지 않고 졸업을 시키지는 않았을 것이며 아이들을 제대로 가르칠 줄도 모르는 떼쟁이 교사들의 단체교섭권이니 뭐니 하면서 교원 노조원들의 편에 서서 정권연장에만 목을 맨 위정자와 교육의 교敎자도 모르는 정치야바위꾼들이 교육부 장관이랍시고 휘두른 횡포가 학교의 혼을 앗아간 당연한 결과였는지도 모른다는 착잡한 심경을 달래느라 여러 날을 방황해야 했다.

　학교의 식수食水가 음용하기에 늘 꺼림칙했는데 2000년 4월 어느 날 행정과장이 "정수기를 몇 대 설치하라며 예산이 왔습니다." 하기에 이런 특별예산은 반드시 뒷말이 따르는 법, 속전속결로 처리를 해야 학교장의 뜻이 반영될 수 있을 것 같은 예감이 들어서 행정과장에게 특별히 부탁받은 주문처가 있느냐고 물었더니 없다고 해서 "내가 빚진 곳이 있어서 그러는데 업체를 선정해도 되겠느냐"고 물었더니 그렇게 하시라고 한다.

　바로 업체에 연락해서 들어오라고 하고 아침 참모 회의에 부장들도 참석케 하여 정수기 설치장소를 본관 각층의 중간지점 복도에 설치하기로 결정을 했다. 곧바로 찾아온 업자와 설치계약을 하고 업자는 발주를 시작했는데 점심때가 될 무렵 동부교육청 관리과장으로부터 정수기 설치업체를 보낼 터이니 계약을 체결하시면 좋겠다는 전화가 왔다. 올 것이 왔구나! "아하! 이를 어쩌나! 너무 고마워서 한시바삐 설치하여 교육청의 배려에 보답코자 이미 계약을 마치고 설치 작업에 들어갔는데 이를 어쩌면 좋겠습니까?" 했더니 몇몇 관계되는 분들끼리 의논이 있었는지 다음날에 "이미 계약이 이루어졌으니 그대로 진행하라"는 연락이 왔다. 그렇게 아마도 당시 이금순 교육장님의 배려로 학교에 처음으로 학생용 정수기를 복도마다 설치한 최초의 학교가 되었으니 학부형은 물론 구성원 모두가 교장의 역량인양 신뢰가 굳어져 가니 학교가 너무 즐겁다. 이렇게 또 생각지도 않았던 특혜를 입었으니 교장으로서의 첫 임지에서부터 굴러온 복을 나눌 수 있는 행운아가 되었다. 이금순 교육장님 고맙습니다. 그리고 감사합니다. 복 많이 받으세요.

다시 구남龜南으로

　불시에 구멍이 난 거제초등학교에 소방관으로 와서 겨우 땜질을 하고 뒷정리를 마쳐서 제대로 일에 재미를 붙였는데 겨우 3학기를 채우자말자 2000년 9월 1일 초임 교감으로 '컴퓨터를 활용한 과학교육'이라는 생소生疎한 시범학교를 운영하느라 운동장의 배수구까지 퍼 올리며 선생님들을 몰아쳤던 60학급이 넘는 거구巨軀의 구남초등학교로 덜컥 발령이 났다.
　만약에 교감으로 근무할 당시 구성원들로부터 원망을 쌓은 일이라도 있어서 학부형으로부터 배척운동이라도 벌어지면 이런 망신을 어떻게 감당할 수 있으랴 싶어 가슴이 덜컹하였다. 그 간에 벌려놓은 일들을 정리하고 마무리를 하면서 쉽지 않았던 첫 교장의 흔적을 떠올리며 밤잠을 설쳤다.
　어떻게 알았는지 교감으로 근무할 당시에 운영위원장을 하셨던 박현숙(?)씨로부터 다시 만날 수 있게 되어 영광이고 너무너무 반갑다며 전화가 왔다. 나도 반가웠지만 우선 학부형들의 근황을 물었더니 "다시 만나게 되어 대환영(?)입니다." 당장 만나고 싶다며 저녁시간을 약속하잔다. 열 일 제쳐놓고 옛날에 가끔씩 갔었던 식당으로 달려가니 이제는 아이들의 졸업으로 학부형도 아닌데도 낯익은 그때 그분들이 거의 다 모였다.

한분 한분씩 차례로 덥석 포옹을 하며 반가움을 전하자 그 간에 있었던 이야기로 식사는 하는 둥 마는 둥, 그렇게 반갑게 맞아줄 거라고는 짐작은커녕 오히려 걱정이 많았는데 이러고 보니 앞으로는 더욱 잘해야 되겠구나 싶었다.

부임하기 며칠 전에 퇴임하시는 전임교장선생님을 뵙고 학교의 상황에 대한 대략적인 정보를 얻고 경영에 도움이 될 의견들도 듣는 자리를 가졌는데 학부형들이 떠나는 교장의 아쉬움보다 새로 부임할 천 교장의 이야기로 꽃을 피우니 든든한 후배가 자랑스럽기도 하지만 전교조 교사들이 많아서 업무처리에 신중을 기하라는 충고도 주셨다.

9월 1일 거제초등학교에서 이임인사를 하고 마중오신 구남 식구들과 함께 의기양양하게 부임하였는데 첫날을 어떻게 보냈는지 기억이 가물가물하다. 아이들과의 인사는 다음 운동장조회가 있을 때 하기로 하고 우선 직원들과의 인사만 나누고 교내외를 순회하면서 내가 해야 할 일이 무엇인지를 찾는 중에 복도바닥에 수없이 붙어있는 껌 딱지가 먼저 눈에 들어왔다.

시간이 날 때마다 교실의 분위기도 느낄 겸 체육복으로 갈아입고 깡통과 페인트공이 사용하는 칼을 준비하여 교장실 앞 복도부터 쭈그리고 앉아서 껌 딱지를 떼기 시작하였는데 쉬는 시간이 되자 아이들이 복도를 오가면서 관심을 보이더니 어떤 꼬마가 실내화의 발끝으로 바닥을 쿡쿡 찍으며 "아저씨 여기도 있어요." 한다. 아뿔싸! 교장이 체통도 없이(?) 복도를 기어 다니다가 하루아침에 '아저씨'로 바뀌고 말았다.

도서실이라고 팻말이 붙어있었는데 교실 하나에 가득 채워진 서가에는 오래된 고서古書들과 교사용 도서랑 각종 시청각 자료까지 범벅이 되어 먼지를 뒤집어쓰고 있을 뿐만 아니라 너무 협소하고 뒤죽박죽이라 여기서 책을 읽으라고 할 수는 없는 형편이었다. 주어진 여건에서 책을 읽히는 방법은 없을까? 그 방법을 찾아야 했다.

 독서 담당 선생님과 의논하여 학년별 필독도서 목록을 만들게 하고 독서공간이 없는 실정을 고려하여 각 학년 10개 반에 열권씩의 같은 책을 다섯 종류씩(10×5=50) 배부하고 모든 학생이 1주일에 한권씩의 책을 돌려가며 읽으면 한 달 후에는 다음 반으로 넘겨주되 읽은 책은 독서기록장을 쓰게 하여 학기말에 많이 읽고 잘 쓴 독후감은 표창하기로 약속하고 부장선생님들의 도움을 받아 역점사업으로 진행하니 전교생이 책읽기에 열성을 갖게 되고 가끔은 학부형들 중에서도 좋은 책을 소개하기도 했다.

 매 주 월요일에는 전교생이 운동장에 모여 아침조례를 하는데 마지막에 '교장선생님의 훈화말씀'이라는 순서가 있어서 준비한 훈화를 하면 3,000여명 학생들이 귀를 쫑긋거리며 듣고는 "우리 구남어린이 여러분들의 생각은 어떤지 궁금합니다."하고 끝내면 일제히 환호와 박수를 보내니 나도 가슴이 뛴다. 훈화를 하고 나면 학교 홈 페이지에 그대로 올려서 관심 있는 구성원들이 찬찬히 다시 들여다 볼 수 있게 했다. 내 기억에도 '교장선생님 훈화'가 재미있었거나 어떤 내용인지? 잘 들어서 기억에 남기보다 '교장선생님의 훈화 = 지루하고 다리 아픈 시간'으로 각인刻印되어 있어서 우리 아이들에게는 반드시 유익하고 기억에 남는 훈화를 하려고 주말이면 늘 다음 월요일에는 어떤 내용의 이야기로 학생들의 관심을 모을까 고민하고 걱정이 되어 스스로 많은 책을 읽지 않을 수가 없었다.

 따라서 토요일 일과로 빠트릴 수 없는 중요업무로 5분 정도의 월요일 훈화꺼리를 원고로 만들어서 출력을 하고서야 퇴근을 할 수가 있었는데 그 월요일이 너무 빨리 다가오는 것 같아 스트레스stress가 느껴지고 너무 부담스러워서 학년부장들에게 돌아가면서 한 번씩 하자고 제안했더니 감전感電이라도 된 듯 펄쩍 뛰면서 그것만은 할 수 없다고 꼬리를 내린다.

입만 열면 칭찬인 동기 고 유영조 선생은 물론이고 다른 연세가 지긋한 이종록 선생님은 지금까지 많은 교장선생님들의 훈화를 들어왔지만 선생님들이 공감하고 아이들이 경청하며 열광하는 모습을 본 적이 없었다며 립 서비스 Lip service를 하기도 했다.

※ 교장으로 근무당시의 훈화와 각종 행사시에 했던 말씀들은 퇴임 문집 "꽃이랑 나비랑"에 수록되어 있다.

부장회의를 하면서 올해의 가을운동회 때는 학교에서 급식을 제공하지 않겠다고 했더니 지금까지는 그러지 않았다면서 반대 일색이고 학부형들의 원성이 많을 것 같으니 그냥 종전대로 학교에서 급식으로 식사를 제공하자는 의견이 대부분이었다.

나는 "가을 대운동회는 학생들의 즐거움도 있어야 하겠지만 우리 학구내의 축제의 날입니다. 맞벌이 가족도 있겠지만 1년에 하루 한 끼 점심도 마련할 수 없다면 진짜 엄마가 맞는지 의심스럽고 운동회 날 할아버지 할머니도 함께하셔서 손주들과 같이 즐기고 가족들끼리 모여서 함께 식사하는 점심시간이 얼마나 낭만적이고 가족의 정을 나누는 유일한 시간이며 추억을 남길 절호의 기회입니다. 뿐만 아니라 학교에서 제공하는 식사는 영양식이긴 하지만 엄마의 정성精誠이라는 양념이 빠져서 급식 먹고 달리면 1등은 못합니다. 엄마의 정성이 듬뿍 담긴 점심으로 할아버지 할머니의 응원이 상승작용相乘作用을 일으켜야 1등을 하게 됩니다. 만약 점심을 준비하지 못한 학생이 있으면 그 학생의 점심은 내가 아이들이 좋아하는 자장면으로 사 먹이겠다."며 단호하게 의도를 밝히며 지역과 가족과 학교의 축제날을 만들어 달라고 설득하여 관철시켰는데 아이들도 선생님들도 학부형들 모두가 그렇게 좋아할 수가 없었다. 할아버지 할머니들이 더 좋아하시며 직접 찾아와서 '우리 교장선생님 최고' 라며 엄지손가락을 치켜세우며 칭찬을 하기도 하시니 나도 기분이 엄지척이다.

운동회가 끝나자 그간 교장의 간을 보아온 전교조 교사들이 화장실 청소를 아이들이 할 것이 아니라 모 학교처럼(전교조 부산지회 홍보부장이 근무하는) 용역用役으로 전환하자며 태클을 걸어오기 시작했다.
"화장실이고 교실이고 내가 사용하는 시설에 내 스스로 청소를 할 수 있도록 청소하는 방법을 교육하는 것이며 화장실 청소를 용역으로 대처하는 가정이 우리네 보통사람들에게는 지나친 사치가 아닌가 하는데 선생님 댁은 용역으로 처리하시나요?"하고 받아쳤더니 아무런 대꾸가 없어 화장실 청소 용역 문제는 없었던 일로 넘어갔다.

교육평가원에서 전국 동시 3학년 학력평가를 할 때다. 또 문제가 생겼다. "평가는 가르치는 선생님이 교육과정을 재구성하여 가르치고 가르친 선생님이 출제해서 평가를 하면 되는데 왜 정부에서 일률적으로 같은 문제로 평가를 하려는지 모르겠다. 따라서 우리는 적극 반대합니다." 하고 어설프고 설익은 궤변으로 국가적인 행사를 못하겠다고 버티며 내세우는 이유가 소가 들어도 웃을 일이다.
하도 딱해서 "혹시 교육대학에서 교육과정에 대한 교육을 받은 적이 있나요? 교육과정에는 각 학년에서 반드시 익혀야 할 교과별 도달목표를 설정해두고 있으며 이번 평가도 3학년으로 이수해야 할 교육과정상의 목표에 얼마나 잘 접근하고 있는지를 알아봄으로써 학생들에게는 자기의 수준이 어디쯤에 해당하는지를 알게 하고 가르치는 선생님에게는 가르쳐야 할 내용을 빠트리지 않고 제대로 가르쳤는지를 가늠하게 하는 기회로 삼으려는 것인데 반대하는 이유가 합당하지 않다.

 평가에 응할 수 없다면 어쩔 수가 없다. 그러면 학부모의 도움을 받아 시험을 치르고 결과처리도 학부형들이 하도록 할 테니 선생님들은 이번 평가에서 손을 떼고 부담감을 갖지 마세요." 했더니 알았다고 하면서 돌아갔는데 그날 오후에 3학년 담임들이 모두 몰려와서 "학부형의 도움 없이 처음부터 우리가 하겠습니다." 한다. 그렇게 필요 없는 또 무모한 떼를 쓰다가 결국 학부형에게 담임교사가 평가를 받을 수도 있다는 사실을 뒤늦게나마 깨닫게 되었으니 그나마 다행이다 싶었다.

 65명의 교사들 중에 전교조회비를 봉급에서 바로 공제하는 회원만 32명인데 동조자까지 합치면 50명에 가까운 현실이 점점 학교장에게 압박을 가해오므로 직원들의 성향이 파악되자 터무니없는 모함이 생길지도 모른다는 염려와 우려를 미리 차단하기위해서 "누구라도 교장실에 결재나 용무가 있을 때는 2명이상의 동료가 함께 오시기를 바랍니다. 그리고 반드시 출입문을 열어두세요." 하고 선언하고 시행했다.

 또 문제가 생겼다. 2003년부터 교육행정정보시스템NEIS을 시행해야 하는데 전교조 교사들이 죽자고 반대하면서 우리학교는 전교조의 시범학교라 그 저항이 만만치 않았다. 나이스NEIS의 도입이 국가의 중요정책이며 더욱 나처럼 글씨가 악필인 경우는 통신표를 작성하거나 학적부를 작성할 때 글씨 때문에 많이 부끄러웠는데 이 프로그램을 사용하면 편리한 점이 한 둘이 아니라고 설득을 해보았지만 개인정보가 누출될 수 있기 때문에 사용할 수 없다고 자기들 입장만 고집하는 줄다리기가 계속되던 어느 날 입술이 말라붙고 목이 말라 컵에 물을 따라 홀짝이며 겨우 말을 할 정도로 입 마름이 심하여 병원을 찾았더니 "당뇨가 심하네요. 한번 당뇨는 영원한 당뇨이므로 혈당관리를 철저히 해야 합니다" 한다.

전교조 교원들과의 신경전으로 급성 당뇨가 왔다. 내 하나가 건강을 망가뜨려가면서 그들을 깨우친다고 대세大勢가 얼마나 변할까? 하는 회의도 많았지만 양심이 허락하지 않아서 그냥 포기할 수는 없었다. 그 이후로 지금까지 운동과 식이요법으로 버티다가 최근 들어서는 당뇨약의 도움을 받고 있다.

결국 어느 날 종회 시간에 "학사운영 업무의 시스템 선택에 대하여"라는 긴 글을 나누어주고 천천히 또박또박 읽어나갔다. "대 전제는 학사 운영 업무 시스템의 선택 여부는 학교가 추구하려는 교육의 목적이 아니라 부수적인 수단에 불과합니다. 만약 우리학교가 수기手記를 선택하는 경우에는

-학생 생활기록부를 아이들보다 못한 부끄러운 글씨로 작성해야하고 전학을 보낼 때는 다시 모두 전산입력을 해서 보내야 할뿐만 아니라 오는 학생의 생활 기록부도 출력을 해서 수기로 다시 작성하여 합철하려면 그 번거로움을 어떻게 감당할 것인가?

-NEIS에 인권침해의 소지가 있어서 안 된다고 하는데
 · 차량번호 하나만으로도 생활기록부보다 더 자세하게 범칙금이나 자동차세의 납부 현황이 집적되어있고
 · 의료보험공단에는 개인별 병력, 진료병원, 치료방법, 투여한 약물의 종류와 용량, 치료비 부담내역 등 치료받은 내역이 모두 수록되어 있으며

· 부동산이 있는 사람은 등기소에 개인의 부동산에 대한 매매사실과 담보사실까지 모든 변동사항이 보존되어 있고
· 금융기관에는 개인의 은행과 보험 거래내역이 거울을 보듯이 명쾌하게 기록되어 있고
· 동사무소에는 가족사항과 본적, 결혼과 이혼경력까지, 인감의 변동과 사용처까지 기록 보존되고 있음은 주지의 사실입니다. 어찌하여 이런 것들보다 유독 NEIS만 인권침해의 요소가 있다고 할 수 있나요?

−NEIS로 운영할 경우 학부모의 동의가 필요하다고 하는데 생활기록부나 건강기록부는 법으로 정한 장부이므로 이해 당사자의 동의여부나 선택 사양의 여지가 있는 것이 아닙니다.
−정의롭지 못한 법은 지키지 않아도 된다고 하지만 정의롭지 못한 점이 무엇이며 악법이라도 법이 있기 때문에 약자의 인권도 보호될 여지가 있으며 자의적인 해석으로 유리하면 정당한 법이고 불리하고 불편하면 정의롭지 않다는 자기주장만이 정당시 한다면 이는 이미 민주주의가 아닙니다.
법을 지키지 않는 교사가 학생들에게 규칙을 지키라고 요구할 수는 없을 것이며 이미 교사로서의 역할에 한계가 있습니다.
그리고 인권은 만인에게 존중되어야 하는 덕목입니다. 귀천이 없고 강약이 없으며 서로가 존중해야하는 상호존중의 가치일지언정 일방적이어서도 안 됩니다. 그러나 전체의 이익을 위해서는 인권의 일부가 제약을 받을 수도 있습니다. 인권이라 해서 무한정 존중만 받을 수는 없는 것이 인간 사회입니다. 서로의 양보가 없는 인권은 존재할 수가 없기 때문입니다.
· 인권을 그토록 중시하는 선생님들은 학생들의 인권을 침해한 적이 진정 없었나요?

・우리나라의 중소기업을 떠받치는 외국인 근로자들의 인권침해에 대하여는 왜 말이 없나요?
・북한 동포들의 인권문제는 왜 느긋하나요?

　정보화는 망설이고 선택할 만큼 여유롭지 못합니다. 후손들이 국제경쟁에서 생존하기 위해 거스를 수 없는 가야만 하는 길입니다. 초등학교 2~3학년 수준도 안 되는 부끄러운 글씨로 50년을 보존해야하는 장부를 만들어야하는 시류에 역행하며 마음고생을 하는 동료도 있음을 유의해야 합니다.
　생활기록부에 대기업의 기업비밀이 있는 것도, 돈이 되는 노하우나 특허자료가 수록된 것도 아닙니다. 새로운 제품의 설계도 없으며, 기업비자금 조성 경위가 있는 것도 아닙니다. 얼마나 할 일 없는 누가 해킹을 해서 무엇을 훔치려 할까요? 그럴 수도 있을 가능성을 놓고 가족보다 진한 동료애로 함께 풀어도 어려울 교육은 돌아보지도 아니하고 수단에 불과한 방법을 놓고 어느 쪽이 옳고 어느 쪽이 그르다고 얼굴 붉히며 기를 써야 할 이유나 명분이 어디에 있는지 원망스럽고, 선량한 학부모들과 눈망울이 초롱초롱한 학생들 보기가 참으로 부끄럽고 민망스럽지 않나요?
　지금은 우리가 맡고 있는 아이들에게 가치로운 교육을 얼마나 효율적이고 합리적으로 잘 수행할 수 있을 것인가에 대하여 얼굴을 마주하고 고민해도 그들 수요자로부터 신뢰를 받을 수 있을지 난감한 판국인데 이 무슨 해괴한 마술에서 깨어나지 못하고 있는지 참 답답합니다.

　우리는 교육이라는 배를 타고 같이하는 여행자입니다. 배가 가라앉으면 우리 모두 함께 가라앉는다는 사실입니다. 삶의 어떤 시점에서 어떤 생각이나 인식을 절대적 진리로 받아들이면 마음의 문은 닫히고 맙니다.

그렇게 되면 진리를 찾는 여정旅程 또한 끝이 납니다. 그리되면 진리를 찾지 못할 뿐만 아니라 진리가 다가와 우리의 문을 두드려도 그 진리를 알아보지 못하게 됩니다. 하나의 생각에 머문 집착은 진리에 이르는 가장 큰 걸림돌이 되기 때문입니다.

진정한 힘은 정의라고 생각하는 다수의 아집이 아니라 아침햇살에 피어나는 한 송이 꽃을 보고도 아름답다고 느낄 수 있는 힘, 소풍을 가기로 한 날 아침에 비가 내릴 때 무척이나 실망스럽지만 그래도 누군가는 이 비의 덕을 볼 사람이 있겠지 하고 웃을 수 있는 힘, 그리고 자신을 아는 힘 그것이 아닐까 합니다."

이렇게 장황하고 숙연한 목소리로 하소연을 하고나서 "우리학교에는 전교조 간부들이 많이 계시니 전교조 지도부의 입장을 완전히 무시할 수도 없는 일이므로 공식적으로는 나이스를 시행하지 않고 내부적으로만 편리한 나이스로 업무를 처리하기로 하면 좋지 않을까 합니다." 하고 절충안을 제시했더니 여기저기서 박수가 나와 고충을 이해해줘서 고맙다고 말하고 바로 그렇게 하기로 못을 박아버렸다.

이렇게 양쪽의 입장을 살리는 결정을 했는데 어느 날 전교조부산지부라는 곳에서 나이스를 일방적으로 도입하는 구남초등학교의 나이스 적용실태를 점검하러 가겠다는 전화가 왔다며 북부교육청의 초등교육 팀장으로부터 연락이 왔다. 화를 벌컥 내며 "전교조가 점검을 하다니 오기만 해라 발목을 분질러놓겠다. 교육청에서는 기껏 그 정도 연락역할 밖에 못하느냐? 교육청에서 온다면 상부기관이라 응할 수밖에 없지만 그 놈들과는 한마디도 섞을 수가 없으니 그렇게 알라"고 일방적으로 퍼붓고 끊었는데 며칠 후 교육청에서 초등교육팀장이 사실을 알아볼 겸 사과 차 내교하였다.

여름 방학이다. 교사校舍가 1자형으로 단독 건물인데다 100m가넘는 복도의 양끝자락에 화장실이 있어서 점심시간이면 학생들이 한꺼번에 손을 씻는다며 물만 묻히고 나오는 바람에 복도가 온통 물바다요 청소시간에도 한꺼번에 몰려서 서로 먼저 걸레를 빨기 위해 경쟁을 벌리니 나무복도의 중간까지 물벼락이라 마루가 튀어 오르고 이미 썩기 시작하는 곳도 있었다.

선생님들의 생활지도만 닥달할 문제가 아니다. 방학동안에 교실마다 과학실처럼 급수시설로 싱크대를 설치하였더니 교실에서 담임교사의 지도아래 손 씻기와 청소용수가 공급되어 쉬는 시간에 복도를 뛰는 학생도 소음도 물을 흘리는 일도 다 없어지니 화장실과 복도는 물론 교실까지 평온을 찾게 되었다.

지금까지 내가 한 일 중에서 가장 획기적이고 부산의 일반학교의 전체 교실에 최초로 씽크대를 설치하는 본보기가 되었는데 교육청에서 2년마다 실시하는 감사팀이 칭찬은커녕 씽크대를 정부조달물품으로 설치하지 않았다고 지적을 하기에 예산은 부족하고 같은 물건이라도 조달청 물품보다 조달청에 납품하는 업체가 만든 제품의 가격이 더 저렴하다는 사실은 알고 있느냐고 오히려 핀잔을 주고 나니 속이 시원하더이다. 학교 건물을 관리하는 시설부문 직원들의 생각만 바뀌면 아이들과 선생님 모두가 편리한 이런 시설은 쉽게 해결할 수 있을 것이리라.

학교 급식 문제가 조마조마하다. 조리종사원의 안전사고도 늘 염려되고 안전한 식재료를 구입하는 문제도 한시도 소홀히 할 수 없는 문제이며 특히 육류의 공급은 육안으로 식별이 어려우니 더더욱 어렵다. 아이들의 편식문제와 영양식단과 식자재비용등이 겹쳐 학교 경영의 난제 중 난제다.

더더구나 식자재구입과 관련하여 업자와의 담합을 빙자하여 구매방법에 교육청의 감독이 직간접적으로 심해지니 학교의 자율성은 고려의 대상이 되지 못한다. 그 당시 식자재를 구입하면서 업자와 대면하지 말고 팩스fax로 2개 업체 이상의 견적을 받아 최저가 업체와 계약하도록 하라는 지침이 있었는데 어느 달인가 업체와의 계약관련 서류를 결재하는 과정에 자세히 살펴보니 업체의 이름만 다르고 견적서 가장자리에 찍혀있는 발신 팩스 번호가 모두 일치하는 것을 발견했다. 결재를 보류하고 과장을 불렀더니 외근 중이라더니 종일 들어오지 않았다. 낌새를 알아차렸던 모양이다.

행정실 직원들은 같은 업무만 수십 년씩 해오므로 재무행정을 모르는 초임교장들은 행정과장의 허수아비가 되는 일은 다반사다. 다음날은 결근이란다. 지금 당장 들어오지 않으면 교육청에 감사를 요청하겠다고 차석에게 일렀더니 오후에 들어와서는 아무 말 없이 무릎을 꿇으니 나도 아무 말도 하지 않았다. 며칠 후 어떻게 된 영문인지 그가 다른 조그만 학교로 이동이 되었다. 이번에도 속았다면 속으로 "바보 같은 교장"이라며 희희낙락했을 모습을 상상하니 속이 뒤집어지더이다.

학교에는 여러 종류의 스카우트 활동부서가 있어서 방학동안에 각 팀마다 유원지 등으로 캠핑을 가겠다고 계획서를 꾸며 결재를 요청하기에 대장들을 불러 모아 "올해 한번만 학교에서 운동장에다 텐트를 치고 아버지와 아들딸이 1박을 하면서 숙식을 해결하고 부 자녀父 子女 간에 그간 못한 이야기로 밤을 지새우는 프로그램을 해보면 어떨까요? 안전상의 문제와 경비문제도 있고 아버지와의 친화를 도모할 기회와 선생님들과 학부형들과의 유대도 강화할 수 있는 이점이 있을 것 같으니 한 번만 해보자"고 의견을 교환했는데 이외로 쉽게 의견이 모아졌다.

운동장 둘레로 줄을 맞춰 텐트를 치고 야영장에서 하는 프로그램을 그대로 적용하니 또 다른 취흥醉興이 발현發現된다. 준비해온 재료만으로 부자녀가 밥을 하고 된장국을 끓이고… 이런 상황이 궁금한 어머니들도 구경삼아 모여드니 스카우트 야영대회는 가족야영대회로, 구남가족 모두의 야영대회로 성황을 이루니 나도 놀라고 대장 선생님들도 놀라는 모두가 즐거운 야영대회가 되었다.

아이들이 잠든 늦은 밤에는 아버지들끼리 인사를 나누고 술판을 벌리니 이웃끼리의 정이 넘쳐 이 야영을 계기로 부모들끼리도 모임을 가지게 되어 이웃 간의 친목은 물론 아이들을 이해하고 정보를 교환하는 가교가 되었다.

교실이 부족하여 교무실은 고사하고 도서실이며 여타 특별활동을 할 공간이 부족하고 세 교실을 열어서 강당으로 대신하는 등 어려움을 겪던 중에 서쪽 언덕 끝에 강당을 지어주겠다며 건축업자와 시 교육청 시설과 직원이 강당과 통로의 위치, 화장실의 위치와 벽면의 채색까지 협의를 하곤 했었다. 막상 공사가 시행되면서 진첩상황을 보니 언덕쪽으로는 공터를 엄청 많이 남겨놓고 기존의 마지막 교실 한 칸을(5층까지 5개교실)새 건물에 막혀서 사용할 수 없도록 진행하고 있어서 공사를 중단하고 원상복구를 하라고 닦달을 했다.

건물은 한번 만들면 수십 년을 견디는데 이렇게 졸속으로 지으려면 차라리 재정이 돌아갈 때 제대로 지어야지 지은 교실의 효용성은 생각하지 않고 금쪽같은 자투리땅을 저렇게 버리고 교실난을 해결했다는 실적만 강조하려는 안일한 사고를 버리지 않으면 죄를 짓게 된다고 극구 공사중단을 강조하니 업자도 교육청에서도 난리가 났다.

결국 교육장님이 중재에 나섰지만 이 일만은 양보할 수 없다고 버티니 시 교육청의 감사관과 시설과장이 현장에 나와서 나의 주장이 타당한지를 점검한다기에 내 의견을 자세히 설명하고 타당성 여부를 그대로 교육감님께 전달해주기를 바란다고 냉정하게 잘라 말했다.

얼마 후에 내 의견대로 재시공을 하는데 본관에서 증축교실로 연결되는 통로를 둥글게 만들지 않고 건물을 따라 직각으로 만들고 있어서 다시 교육청 건축기사에게 "당신은 운전할 때 직각으로 꺾을 수 있나? 아이들이 배식차를 운반하면서 안전하게 운전이 가능하겠나? 아이들이 혹시 뛰다가 급하게 직각으로 방향을 틀지 못하고 사고라도 나면 학교에서 생활지도를 잘 못해서 난 사고라고 덮어씌울 것 아닌가?" 했더니 "교장선생님은 좀 별납니다. 이런 형태의 다른 학교 교장선생님은 아무런 불만이 없습니다." 한다.

"이미 잘 못 지어진 건물은 그대로 받아들일 수밖에 없지만 이렇게 신축이나 증축을 할 때는 제대로 해야 후환을 막을 수 있지 않겠나?" 했더니 연결 복도를 둥글게 하는 공사는 어렵다고 한다. 내가 다시 "공사는 건축업자가 하니까 당신들은 그런 70년대 사고방식부터 바꿔서 설계만 그렇게 하시오." 우여곡절 끝에 내 의견대로 건축이 진행되더니 철길에서부터 축대를 쌓아올려야 건물을 지탱할 수가 있는데 그럴 수가 없어서 강당은 안 되고 교실로 지어야 한다니 황당하기 짝이 없었지만 건물의 안전도가 염려된다니 할 수가 없구나 생각했는데 또 교실이 남게 된다며 3층까지만 올리려고 한다. "교실이 남을 리가 없다 이 지역에는 유치원이 모자라니 교실이 생기면 병설유치원을 하면 금상첨화다. 그리고 본관하고 2층만큼 어긋나면 늙은이 치아가 망가진 모습이라 외관상 그림의 완성도도 낮고 어느 세월에 5층까지 완성할지도 모르는 일이니 당초 계획대로 5층까지 완성하고 교실마다 씽크대도 설치하고 남쪽 끝에도 계단을 완성하는 등 내 집을 짓는다는 마음으로 끝내주기 바란다." 참 별난 교장 노릇을 했지만 그때 그 고집(?)은 지금도 자랑하고 싶다.

졸업을 앞둔 2월의 어느 날 할머니 한분이 교장실로 조심스럽게 찾아 오셨다. 하던 일을 멈추고 얼른 일어나 자리를 안내하며 차를 권하니 몹시 수줍어하는 표정으로 "교장선생님 우리 집 손녀가 학교만 다녀오면 교장선생님 자랑에 입이 마릅니다. 한 두 번이 아니고 늘상 그러니 우리가족 모두가 교장선생님이 좋아져서 어떻게 제 마음을 전해야 좋을까 생각하다가 좋아하실런지는 모르겠지만 우리 손주의 마음을 담아 또박또박 코바늘로 조끼를 짰습니다. 마음에 드셨으면 합니다." 하시면서 조심스럽게 펼쳐 보이신 그 조끼를 입어보고 조끼보다 그 한 올 한 올에 묻은 할머니의 마음이 더 따뜻하여 나도 모르게 할머니의 두 손을 덥석 잡고 고맙습니다. 감사합니다. 몇 번이나 고개를 숙여 흐뭇해 하니 할머니도 만족해하시고 돌아가셨는데 구남에 근무할 동안은 물론 지금까지도 겨울이면 그때 그 조끼를 입고 있는데 그 할머니의 손주 이름이 생각나지 않으니 입으면서도 늘 고맙고 미안하다.

96년 9월에 어머님이 돌아가시고 홀로계신 아버님이 늘 걱정인데다 적지 않은 농사일도 당장 그만두기가 쉽지 않고 외로울 시간이 생기지 않도록 일을 해야 한다며 무리를 하시니 주말은 물론이고 틈만 나면 반찬 몇 가지 준비해서 시골행을 당연시하였는데 교육청에 근무할 때는 일에 파묻혀서 전화만 드리고 올라가지 못하다가 학교로 나오고부터는 주말마다 올라갈 수가 있어서 토요일 퇴근시간에 학교에서 간단하게 점심을 해결하고 시골로 직행을 하니 어느 날 아내가 "한 달에 한 번만 우리가족에게 주말을 달라"고 하소연을 하는데 홀로계신 아버님과 가족 사이에 낀 가장이요 남편이며 아버지의 처신이 이토록 어려운줄 미처 몰랐다.
　시골로 올라갈 때는 가족이 마음에 걸려 울고 내려올 때는 홀로계실 아버님이 마음아파 울다가 아차 순간에 교통사고로 저승 문턱까지 몇 번이나 다녀왔는지 모른다. 이런 내 처지에는 아버님도 소중하고 아내도 소중하며 아이들도 금쪽같으니 정답이 없더이다. 그냥 모두에게 서운함만 안겨준 못난 가장일 뿐…

모천母川으로 돌아온 행복한 연어

2003년 8월 19일 입주한지 12년 6개월 만에 내 생애의 황금기라 할 만큼 다사다난했던 만덕 럭키아파트를 8,350만원에 팔고 1억 2천8백6십5만원을 들여서 신축한 같은 넓이의 유림아파트로 이사를 했다. 정이 들었고 이웃 간에도 잘 지내던 곳이긴 하지만 주차공간이 협소하여 좀 늦게 귀가하거나 집안 행사가 있어 아이들이나 손님이 오시면 주차 때문에 늘 신경 쓰이고 더러는 주차할 곳이 없어 난감할 때도 생겨서 이러다 두 번 올 아이들이 한 번도 오기 어렵겠다는 생각에 이사를 단행했다.

구남에서 정년을 맞으리라 각오하고 있었는데 물건들이 제자리를 찾아 정리가 끝날 즈음에 느닷없이 혜남학교로 발령이 났다. 다사다난했지만 학부모님들의 전폭적인 지지와 오랜 시간 교육전문직으로 근무하면서 많은 성공적인 학교경영을 목격하였으며 거제초등학교에서의 경영경험 덕분으로 어려움을 견딜 수 있었고 내가 보듬기에는 너무 많은 수數의 학생들이었지만 모두 착하고 잘 따라주었다.

돌이켜보면 구남에서의 3년은 전교조와의 전투에서 끝까지 소신을 지켰어도 아군我軍은 피해없이 무사고로 승리한 시간이었다. 나의 끈질긴 주장에 일진일퇴를 거듭하며 종내는 설득을 당한 척 어쩔 수 없어서 양보한(?) 선생님들의 협조가 나의 교직생활을 한층 더 빛나게 해주었던 것 같다.

2003년 9월 1일 늦은 더위가 기승을 부릴 때 내 삶의 모천母川이라 할 만한 혜남학교로 부임했다. 경남과 경북을 거쳐서 비바람 몰아치고 북풍한설 고난이 기다리는 부산으로 무작정 가출(?)하여 우여곡절을 겪으며 새 삶을 시작했던 부산혜성학교(부산혜남학교는 부산혜성학교에서 분가하였으나 변함없이 같은 교정에서 통학버스를 같이 운행하고 있음)로 새끼연어가 망망대해에서 온갖 고난을 이겨내고 살아남아서 모천(?)으로 돌아와 산란을 끝내고 일생을 마감할 순간이 온 것 같아 쫓기는 하루가 너무 아쉽다.

우선 가장 축복받은 일은 부산혜성학교에서 처음으로 초등부 교사와 중등부 교사로 같이 근무하였으며 시 교육청 특수교육담당부서에서 장학사로, 또 장학사와 장학관으로 뜻을 같이하며 튼튼한 버팀목으로 내 부족한 부분을 아낌없이 채워주었던 권숙렬 동지가 교감으로 근무하고 있었으니 천군만마를 얻은 든든함과 안도감을 갖게 하였으며 장교출신의 물러섬이 없는 송광현 교무주임, 부산혜성학교에서 나보다 부임 1개월 선배이던 조순임 연구주임과 여럿 베테랑 동료들이 좋은 감정으로 맞아주니 매일이 즐겁고 행복하였다.

조순임 연구부장은 내가 시 교육청에 근무할 때 특수학교의 치료사들을 중등교육과로부터 전문부서인 초등교육과로 정원관리를 이관하여 막

대한 예산을 확보하고 보수교육을 통해 치료담당 준교사로 신분을 변경시켜 점차 2급정교사와 1급정교사로 승진할 수 있는 길을 열어서 사기士氣를 진작시키려고 했을 때 중등교육과에서 관리하던 정원관리를 초등교육과로 이관되어서 신분이 하향조정(?)되었다고 다른 치료사들까지 선동하여 장학관이었던 나와 실무담당자인 권숙렬 장학사를 괴롭힌 전력前歷이 있어서 내가 학교장으로 부임하자 승진을 준비하고 있던 입장에서 남편의 과오에 따른 불이익이 생기지나 않을까 하는 우려(?)로 마음이 편하지 못하다는 정보가 있었으나 멀지 않아 그런 기우는 자연스럽게 해소되고 업무에 열성을 다해주어서 다행이었다.

학생 수에 비해 오히려 직원이 더 많고 장애인 복지시설이나 대학병원에 부설한 특수학급이 여러 곳에 부설附設되어 있는 특수학교이니 문제가 없을 수는 없지만 어떤 일이 있어도 서두르지 않고 차분히 합리적인 대안을 가지고 협의를 해주며 의사가 결정되면 일사분란하게 실행에 옮기는 송광현 교무주임이 주축이 되어 학교가 늘 역동적으로 살아 숨쉬고 있어서 내가 하고 싶은 일들을 던져주기만 하면 순조롭게 잘 굴러갔다.

신체장애를 가진 학생들이 대부분이다보니 승용차로 등하교하는 차량들과 교직원들의 출퇴근 차량은 선착순으로 선호하는 위치에 주차하며 수시로 드나드는 차량들도 무시할 수 없을 만큼 많은데 비해 주차장이 난잡하여 일과 중에 차량을 운행해야 할 경우에는 곤욕을 치르곤 한다. 운영위원회의 승인을 받아 주차장 주변의 쓸모없는 부속가건물들을 정비하고 주차선을 다시 그어놓고 직원들의 주차는 건물 뒤쪽의 가장 구석진 안쪽에 배정하고 주차가 용이한 앞쪽은 학부모들의 주차장으로, 출장이 예견되는 학교장과 행정실장, 보건교사의 차량은 드나들기 쉬운 위치에 배정하였으며, 현관 옆 가장 좋은 자리(?) 하나는 내빈용으로 비워두고 시행하였더니 작은 생각의 차이가 모두를 편리하게 할 수 있음을 깨닫게 했다.

교사校舍와 교사 사이의 공터에 재배체험학습장을 만들어 주고 싶었다. 잡초와 수초水草가 자라고 있는 연못을 정비하고 식물이 잘 자랄 수 있는 흙으로 복토覆土하고 구획을 만들어 학급별로 팻말을 붙이고 학생과 학부모와 담임이 합동으로 농작물을 직접 재배하게 하였다.

1년 내내 다양하고 유용한 채소를 가장 잘 가꾼 학반은 표창하겠다고 선언 했더니 휴식시간이나 점심시간은 물론 오후에도 틈만 나면 농장(?)으로 나와 씨를 뿌리고 물을 주며 퇴비나 비료를 주고 경쟁적으로 잘 가꾸니 다양한 채소와 열매로 눈을 즐겁게 하고 입맛을 돋구어주니 도심 속의 복합 농장으로 손색이 없다.

행정실직원의 수가 상상이 안 된다. 일반학교의 일반직원에다 통학버스 기사와 버스마다 배치된 승하차도우미, 물리치료사, 식당의 영양사와 조리종사원 등을 합하면 학생 수에 버금간다. 각자의 책무가 막중하고 모두가 그 책무를 성실히 수행하는 것을 자랑스럽게 생각한다. 하지만 옥에도 티가 있다더니 식구가 많다보니 일을 제대로 할 줄 모르는 얼간이도 같이 묻혀 굴러가는데 그냥 있는 듯 없는 듯 묻혀 가면 좋겠지만 그도 인간이라 자기 존재감을 드러내고자 훼방을 놓는 일이 허다하니 내 괴팍한 성미가 그냥 넘어가지를 못한다.

미운 오리새끼인 그는 행정실 업무 중에서 1년에 한번뿐인 통학버스 보험계약업무가 유일한데 여기저기 다니면서 열심히 일하는 다른 동료들을 누구는 "실장한테 잘 보이려고만 한다" "안 해도 될 일을 한다" "그러면 월급 더 주나?"는 등등으로 자기 일이 없으니 이곳저곳 기웃거리며 일하는 사람 김 빼는 소리나 하면서 이간질이나 하니 조직에 백해무익하다.

　행정실장에게 내보내는 게 좋겠다고 의견을 전하고 교육청에도 전화를 해서 "데려다가 쓰세요." 하고 부탁을 하였는데 얼마 후에 느닷없이 부임한지 1년도 안된 5급 공무원 행정실장이 기능직 공무원을 감당하지 못하고 먼저 떠나고 말았다.

　공무원 사회가 아니고서는 상상도 할 수 없는 일이 선량하고 성실한 수많은 공무원들의 사기를 이렇게 갉아먹는다. 공무원이 넘쳐나는 기이한 사회에서나 생길 법한 일이 아닌가 싶어 한숨만 나온다.

　교육청에서 노후한 통학버스를 교체하고 절약한 돈으로 우리 학교에 현장학습용 버스 한대를 덤으로 보내주어서 한 학급용 휠체어를 실을 만큼 내부구조를 변경하고 이 차량을 이용하여 학급단위로 일상생활을 직접적으로 경험할 수 있는 현장학습을 시행하도록 권장하였다. 백화점에도 가보고 마트도 가고, 재래시장도 가라고 했다. 비교적 교통이 혼잡하지 않는 곳으로 이동하여 휠체어를 타고 인도를 따라가고 건널목도 건너고 공중화장실도 가보라고 했다. 필요하면 시경市警에 안전요원도 지원하도록 요청하겠다고도 했다. 전교생이 날을 받아 10대가 넘는 통학버스를 모두 동원해서 한꺼번에 하는 '현장학습'이라는 이름으로 벌리는 행사는 누구에게도 실익이 없는 형식적인 연중행사일 뿐이다.

　이것은 현장학습이 아니라 그냥 하루 소풍이고 대형버스가 한꺼번에 10여대나 움직이니 민폐가 될 수도 있다. 지양하고 실질적인 생존체험 현장학습이 되어야 한다고 하소연도 하곤 했지만 교사들은 좀처럼 따라주지 않았다.

　교장선생님의 지론持論은 이론理論일 뿐 실제로는 너무 힘들고 위험하며 경미한 사고라도 났을 때 감당해야할 책임이 너무 크다는 것이다. 아쉽지만 나도 더 이상 교사들의 안위安危를 책임질 방법이 없는 무력한 교장일 뿐이었다. 시 교육청 정기 감사에서 예산을 들여 특별히 현장학습용 버스를 보내주었는데 활용도가 너무 낮다고 지적을 받고 사유서를 제출하면서 "특수교육 너무 힘들다. 나는 역부족이다." 무력감이 자책으로 어깨가 부담스러웠다.

어느 날 학교에 전동電動휠체어가 한꺼번에 10대인가 도착했다. 이때만 해도 전동은 국산이 아니고 유럽 어느 나라 제품이었으며 시중에서는 좀처럼 구경하기 쉽지 않은 희귀종이었다. 수동으로 밀거나 자기 팔로 바퀴를 굴려서 이동하는 수동휠체어를 사용하다가 이렇게 손쉽게 이동할 수 있는 도구가 왔으니 교사들과 학부모들은 윤번제로 사용하자고 했다. 하지만 나는 반대였다.

자라는 학생들에게는 우선 순발력과 근력을 먼저 길러줘야 한다고 엘리베이터 대신에 경사로를 이용하라고 강조해온 터라 학부모와 부장들의 동의를 얻어 언제인가는 우리나라에도 전동 휠체어가 일반화될 때를 대비하여 교내에서만 안전하게 사용하는 방법을 훈련하는 교육용으로만 사용하도록 하였더니 찬반이 반반이었으나 지금 생각해도 잘 한 결정이었다 싶다.

이 무렵 유치부에서 고등부까지이던 학사제도에 전공과를 설치해서 2년을 더 학교에 다닐 기회를 제공해야 한다는 기세가 힘을 얻고 있었다. 나는 반대였으나 학부모들은 거의 소원에 가까웠다. 장애자를 둔 학부모들은 고등부를 졸업하고 집으로 가는 날은 집이 아니라 감옥으로 간다고 생각하는 것이 당연할지도 모른다. 졸업을 한 다음 집에만 갇혀있다면 자녀의 답답함은 물론이고 집안 식구 모두가 아이로 인해 감당해야할 스트레스와 24시간을 가정이라는 공간에서만 생활한다는 것은 상상만 해도 몸서리쳐지는 일이 아닐 수 없다. 하지만 전공과를 통해 2년을 더 수학한다고 해서 아이 개인에게서 긍정적인 변화를 기대한다는 것은 현실적인 전공과 학사운영시스템에서는 잔디밭에서 바늘 찾기다. 오히려 한해라도 일찍부터 여생餘生에 필요한 생존능력을 학교라는 폐쇄된 공간에서 찾기보다는 생활공간인 가정이나 사회에서 부딪치며 모서리가 닳고 날이 무디어지면서 생존기능을 익혀가는 것이 본인을 위해서나 아이보다 먼저 눈을 감아야 하는 부모입장에서도 또 교육을 빙자한 경제적 낭비를 줄이기 위해서도 나는 전공과의 설치를 단호히 반대한다.

시시각각으로 발전하고 세련되며 기발한 도구들이 개발되어 유통되고 있으며 어제가 옛날인 세상에 자기 한 몸 생존도 어려운 장애자가 2년을 더 공부하고 기능을 익혀서 만든 제품이 쓸모 있는 도구로 또는 인간의 정신을 정화시킬 예술작품을 기대한다는 것은 우물가에서 숭늉 찾는 것과 무엇이 다르랴 싶어서 장애학교의 전공과 설치는 한사코 반대한다.

나는 평소에도 특수교육대상자의 대학특례입학제도를 경멸한다. 다만 청각장애나 시각장애 또는 특수한 신체장애인에 한해서만 허용해야할 특례제도가 초등학교 고학년의 학력수준도 안 되는 지적장애자와 정서장애자들까지 대학입학특례제도라는 것을 악용해서 대학직원들 먹여 살리기 위해 등록금 8번 부담하고 책가방만 메고 다니면 학사자격을 주면서 장애자와 그 부모들을 농락하는 것 같아 한 없이 원망스럽다.

우리 학교에도 중등부에는 중등교사자격증을 가진 교사가 중등교육을 담당하고 있다. 특수학교에는 대부분 중증重症의 복합장애아들이 수학受學하고 있다. 자기 이름도 전달하지 못하는 아이들에게 영어시간이라며 'I am a boy'를 가르치고, 가정시간이라며 쇠고기 국을 끓일 때는 쇠고기 100g에 소금 몇g 과 대파 몇 뿌리, 맛 술 몇 숫갈, 물 몇cc가 필요하고 몇 분간 센 불에서 끓이다가 중불에서… 이런 허망한 교육 집어치우고 "아무도 도와줄 수 없는 절박한 지경에 이르렀을 때는 최소한 삼계탕(?)이라도 끓여먹고 연명해야 할 게 아닌가요?" 했더니 모두 어리둥절해 한다. 웃으며 "삼양라면에 계란 하나 탁 터뜨려서 끓여먹을 수 있는지부터 가르치라"고 했더니 모두가 고개를 끄덕였지만 사실 선생님 자신도 라면 제대로 끓일 줄 아는지 궁금하다. 고등부 교실에 수학시간이라며 "5-3 =?"을 가르치려고 쉽게 설명하면서 숫자를 짚어가며 "어머니가 사다준 5개의 빵이 있었다. 그 빵 중에서 오늘 아침에 3개를 빼먹었다. 몇 개가 남았느냐"고 묻는다. 학생이 3이라고 하는데 선생님은 틀렸다며 X표를 하고는 2라고 우긴다. 아이에게 3인 이유를 물어보면 "우리 엄마가 늘 '먹는 것이 남는 거'라고 했어요. 엄마가 사온 빵 5개에서 3개를 먹었으니 3개가 남는다."고 고집한다. 누가 맞나요? 실생활과 관련된 생존에 필요한 교과여야 마땅 할진데… 교과담임이 무슨 대수요?

"전공과목의 경계를 초월하여 직원 모두가 아이들이 가지고 있는 잔존기능을 손톱만큼이라도 발현發現 시켜서 타인의 도움을 줄일 수 있게 하세요.
뇌성마비로 팔다리가 제멋대로 움직이는 불수의성 마비나 뻣뻣하여 의지대로 굽히지 못해 오히려 걸리적거리기만 하는 강직형剛直形과 목적행동을 할 수 없는 진전형振顚形 등 설혹 본인의 의지와 무관하여 행동에 방해가 되는 팔다리라 하더라도 없는 것 보다는 낫지 않겠느냐"며 애원하였더니 "교장선생님, 차라리 없는 쪽이 더 나을 수도 있어요." 한다. 정말일까? 나도 헷갈린다.
이런 현상은 정부의 교육제도에도 문제투성이이고 장애아들에게 진정 무엇이 중요한지를 깨닫지 못하는 위정자와 교사자격제도는 물론이고 부모님들의 무모한 학벌욕구가 선생님들의 의도를 용납하지 않는 우리 모두의 망상이 아이들과 보호자들을 좌절시키며 10여년의 학교생활을 마치고 나면 입학당시의 그 정도로 아니 그보다 더 퇴보한 채로 한 올의 죄책감도 없이 원래의 가정으로 반납시키는 일이 어제도 오늘도 변함없이 반복되고 있다.

시간은 잠시도 쉬지 않고 저 혼자 먼저 간다. 하고 싶은 못 다한 욕심은 아직 산더미처럼 쌓여있는데 허욕이랑 무거운 짐 벗어두고 맨손으로 그냥 가라고하니 혹여 남겨둘 게 없는지 챙기는데 바삐 가는 하루해가 원망스럽다. 43여 년간 내 가솔을 보살펴준 교직의 흔적을 버리고 빈손으로 가기에는 너무 아쉽다. 주섬주섬 모아서 회고록(?)도 만들어야하고, 봄부터 기침을 하시며 시골의 병원을 다니시는 아버님도 걱정이 되어서 더 자주 뵙게 되는 등 하루 24시간이 너무 짧다.

다행하게도 내게는 권숙렬 교감선생님과 송광현 교무부장이 내 마지막을 지켜주시고 아낌없이 도와주시니 그런대로 마무리를 순탄하게 할 수 있어서 참 든든하고 행복한 인연이구나 싶다. 그 간에 학생들에게 훈화랍시고 들려줬던 이야기를 모아『꽃이랑 나비랑』이라는 훈화집을 엮어 후배 선생님들에게 5분 이야기꺼리를 남겨드리고『월운에서 혜남까지』라는 첫 발령지에서 마지막 퇴임지까지에서 있었던 일들 중에서 생각나는 사건들을 모아서 살아온 흔적을 짚어보기로 했는데 다행히도 내 졸업식(?) 20여일을 앞두고 마무리가 되었다.

2005년 내가 졸업할 당시에는 정년이 단축되면서 한꺼번에 임용된 교장들이 연거푸 퇴임을 하게 되어 일선 학교에서는 거의 해마다 학교장이 퇴임을 하게 되는 경우가 많아서 부담을 느낀 교사들과 학부형들은 물론이고 퇴임하는 본인들도 미안한 생각에 퇴임식과 송별연회를 생략하는 풍조였는데도 2005년 8월 31일 부임한지 겨우 2년을 채우자말자 여러 학부모님들과 교감선생님을 비롯한 교직원 모두가 연산동의 한 예식장에서 과분한 송별연을 베풀어 주었으니 내 43여 년의 교직생활 졸업식은 진정으로 고맙고 감사한 일이다. 다만 몸이 불편하신 아버님이 이 영광스러운 졸업식을 직접 참관하시지 못한 아쉬움은 두고두고 애석하겠지만 교직에서의 내역할은 이토록 산천을 네 번이나 바꾸면서 영욕榮辱을 다하였으니 연어가 모천으로 돌아와 마지막 소명을 다하고 생을 마감하듯 혜남이라는 모천에서 착잡하고 행복하며 편안한 마음으로 교직의 임종을 맞아 미지의 신천지를 찾아 나섰다.

혜남아 안녕!, 교직아 안녕!.

불사조不死鳥 폐암에 손들다

　내가 국민학교를 입학할 때는 해방이 되고 신교육이 시작될 초창기로 나라에서 학교를 만들어주지 못하고 주민들이 스스로 학교를 만들었는데 내가 다닌 학교도 나무로 지은 교실 네 칸이 전부였다. 그것도 지붕만 있어 비를 막을 뿐 창문도 없었으며 흙바닥에 가마니를 깔고 나무판자에 먹물로 칠을 올려가며 흑판으로 사용하였으며 운동장이 따로 없고 주변의 논밭이나 이웃의 묘지墓地가 운동장이었다.

　교실이 터를 잡은 장소도 가을에 아버지께서 감을 따곤 하셔서 우리 학교인줄 알았는데 한참 뒤에야 학교가 터를 잡기 전에는 할아버지께서 밭두렁에 감나무를 심고 가꾸던 우리 밭에다 학교를 세우도록 내놓으신 것임을 알게 되었다. 교실이 부족하고 운동장도 없었으나 나라가 학교를 만들어줄 능력이 없었으므로 아버님이 마을마다 가가호호 다니시면서 우리 아이들이 글을 배우고 공부를 해서 가난의 대를 물려받지 않기 위해서는 지금 당장에는 학생이 있고 없고를 떠나서 주민들이 힘을 합쳐서 학교를 만들어야 하는데 농촌의 어려운 살림으로 돈을 갹출醵出하기는 어렵지만 보리수확 때와 벼 수확 때마다 경작면적에 비례하여 수확이 좀 적었다고 생각하고 약간씩의 곡식을 의무적으로 추렴하도록 설득하고 수확이 끝나면 직접 집집마다 방문하여 곡식을 걷었다. 걷은 곡식을 판매한 돈으로 교실 한 칸도 증축하고 사택舍宅 한 칸도 만들며 터를 넓혀 운동장도 생기게 하는 일을 헌신적으로 하셨기에 처음에는 다소 어려움이 있었으나 점차 주민 모두가 당연한 임무로 생각하고 동참하게 되었다. 고학년 학생들도 오후가 되면 가마니로 만든 들것으로 흙을 퍼 날라 흙벽돌을 찍어서 토실土室을 만드는데 일조一助하였다.

주민들과 학생들의 부단한 노력으로 졸업할 무렵에는 학년마다 교실이 생겼으며 교장선생님과 몇 분 선생님이 숙식을 할 수 있는 사택도 생겼다. 학교도 점차 제 모습을 갖추고 취학연령이 지난 아이들까지 중간 학년에 편입을 시키는 등 학생들도 늘어나서 우리고을에는 미취학 어린이가 전무하였으니 아버님의 혜안慧眼과 물심양면으로 협조하신 어르신들의 헌신적인 노력이 헛되지 않았던 것 같다.

우리 아버지는 상동농업협동조합 창설멤버로 조합원 번호 00001번이셨다. 큰집으로 입양되셔서 병약하게 성장하셨던 아버님은 어려서부터 할아버지로부터 천자문을 비롯한 한학漢學을 수학하시면서 소화불량을 앓으셔서 늘 식후에는 흰색 가루약(식용베이킹소다?)을 드셨으며 설사를 하거나 방귀를 유난히 많이 배출하시기 때문에 힘든 농사일을 하시거나 외식을 하는 일은 거의 없을 만큼 건강이 좋지 않았는데도 농민들의 보다 나은 삶을 위해서는 농민들끼리 상부상조하지 않으면 미래가 없다고 강조하시면서 사람들을 만나서 설득하고 뜻을 같이하는 사람들을 모아 계모임처럼 협동조합을 결성하셨다.
어린 마음에 우리 아버지가 공연한 일로 건강이 나빠지지나 않을까 걱정하기도 하였지만 우리아버지는 어떤 일에 한번 빠지면 끝을 보지 않고는 물러서지 않는 무소 같은 추진력을 발휘하셨다. 같이 협동조합을 설립하셨던 선구자(?)들은 모두 운명을 달리하셨지만 주민들의 상부상조와 정부의 꾸준한 지원으로 우리지역의 유일한 금융기관으로 발전을 거듭하여 지금은 조 단위兆單位의 운용자금을 굴리는 튼실한 상동농업협동조합으로 성장하였다.

내가 중학교로 진학할 무렵인 1955~6년 즈음에는 우리 고장에는 청도읍 유호동의 경부선 철길 곁에 있던 교회에서 운영하는 고등공민학교라는 이름의 학력인정도 안되지만 나이제한도 없이 그냥 공부가 더 하고 싶은 청소년들이 지방 유지들의 가르침을 받는 중학교도 아닌 중학교가 유일하였다. 경제적 사정이 좀 여유로운 집 자녀들 몇몇은 청도나 밀양시내에 있는 중학교에 하숙을 하면서 유학을 하지만 대부분의 고정국민학교 졸업생은 부모님의 농사일을 돕거나 도회지의 상점 같은 곳에 심부름꾼으로 밥벌이를 하는 것이 유일한 진로였다. 아버지는 우리 고장에도 중학교가 생겨서 더 많은 아이들이 중등교육을 받고 더 나은 삶을 살 수 있게 하시려고 노심초사하셨는데 당신의 자녀가 국민학교의 졸업이 임박해지자 마음이 더 급하셨고 중학교 유치를 위한 노력은 더욱 박차拍車를 가하게 되셨다.

1956년 3월 내가 밀양중학교 입학시험에 합격하여 하숙집을 구하고 있는 중에 상동중학교 설립인허가가 나오자 중학교 유치誘致업무에 가장 적극적이었던 당신의 아들을 밀양으로 유학을 시킬 수는 없는 일이므로 교실도 없는 교회의 창고로 입학을 하게 되었으니 나는 행운인가 불행인가?
아마도 나는 상동중학교 3년 동안 왕복 8km의 험로險路를 도보로 통학하면서 겪어야 했던 갖가지 어려움들이 팔순을 맞을 오늘까지 무사히 잘 이겨낼 힘을 얻었다고 생각하니 행운이 아니었나 싶다.

3·15 부정선거로 4·19 학생혁명을 촉발했고 이승만 정권이 무너지고 무능한 장면정권이 들어서자 지방자치제를 실시한다면서 면단위까지 의회 제도를 도입하여 1960년 12월 19일에 있었던 면의원 선거에서 아버지도 자천타천으로 입후보하여 최고 득표로 당선하셨으니 막걸리와 고무신이 당락을 결정하던 시절에 병약하시고 자경농自耕農으로 겨우 의식주를 해결하시던 아버님의 당선은 그간의 공익을 위한 일에 노력하신 덕분이 아닌가 싶다.

민주주의 환상에 빠진 국민들이 중구난방으로 자기주장을 내세우며 데모demo를 그만하자는 데모가 생기고 국민학교 학생이 담임을 바꿔달라며 데모를 하는 지경에 이를 만큼 장면 정권의 통치능력 와해로 사회가 혼란하고 무법천지가 되면서 제2공화국 수립 1년도 지나지 않아 젊고 애국심으로 충만한 엘리트 군인들의 1961년 5·16혁명을 자초했으니 바람 앞의 등잔불 같던 국운은 천운으로 바뀌게 되었다.

1958년 내가 중학교 2학년 감꽃이 한창이던 5월 어느 날 우리 집 마당에 벌통이 가득 들어 왔다. 뒤에 안 일이지만 그 벌통은 당시 밀양농잠학교에서 생물교과를 담당하시던 독립투사 고 김영복 선생님께서 기르시던 봉군蜂群으로 우리 동네에 감이 많아 감꽃 꿀을 채밀採蜜하시려고 아버님과 가까이 교유交遊하시던 인연으로 비교적 넓은 우리 집 마당을 이용하셨던 것 같다. 어린 영우동생이 벌통 앞에서 기어 다니며 놀다가 수많은 벌들이 드나드는 모습에 호기심이 생겼던지 부지런히 일하는 벌들을 건드려서 화가 난 벌들에게 집중공격을 받아 실신의 지경에 이르렀는데 어머님은 응급처치를 한답시고 눈물과 콧물이 범벅된 동생을 검정색 홋이불로 둘둘 말아서 꿀물을 숟가락으로 떠먹이며 벌침을 뽑아주자 스르르 잠에 들었는데 한동안 자고나서부터 아무런 탈도 없었으니 동생은 그때 맞은 집중 봉침(?)의 효험으로 지금까지 건강을 잘 유지하고 있는 것이 아닌가 싶다.

　5월이 가고 감꽃에서 나는 꿀을 채밀하신 뒤에 철수하시면서 양봉養蜂에 대한 일반적인 관리법을 전해주시고 허약하신 아버님의 보신에 도움이 될 수도 있다면서 두 통을 두고 가셨는데 그 무렵에는 휴전으로 군인들의 후생복지를 구실로 산림을 마구잡이로 벌채하고 이 틈을 탄 지방 호족들도 가세하여 삽시간에 민둥산을 만들고 말았다. 해마다 여름이면 산사태와 가뭄으로 피해가 극심하자 박정희 대통령의 치산치수운동으로 4월 5일을 "식목의 날"로 정하고 부엌을 개량하여 땔감을 연탄으로 바꾸고 그나마 심거나 남아있는 솔잎을 갉아먹어 고사시키는 송충이 퇴치운동을 범국민적으로 벌리고 벌거숭이산에다 유실수를 심고 산사태를 예방할 사방사업으로 아카시나무와 오리나무 등 속성수를 많이 심어서 봄철에는 감꽃, 아카시 꽃, 밤꽃이 지천이었고 여름에는 콩과식물의 꽃이 흔하였으며 가을에는 싸리 꽃과 꿀풀 등의 밀원蜜源이 풍부하여 1년에 서너 번씩 채밀採蜜이 이루어지니 양봉재미가 솔솔하였다. 해를 거듭할수록 봉군蜂群이 늘어나고 양봉 기술도 향상되어 소비巢脾도 수요가 늘어나니 소비의 재료가 되는 소광과 소초를 구입하여 직접 소비를 만들고 인위적으로 분봉分蜂을 시켜서 왕유(로열젤리)도 채취하는 등 봉군을 늘려서 다량의 꿀을 판매하니 소득이 만만치 아니하였다. 지금도 가끔 그 때 그 시절의 우리 집 꿀을 구할 수 있는지 물어올 정도로 우수한 꿀을 다량으로 채취하였으나 1980년대 후반부터 산이 우거지면서 밀원蜜源이 부족하여 채밀량이 줄어들고, 토마토, 고추, 딸기 등의 비닐하우스 재배가 보편화되면서 하우스 내 작물의 수분受粉을 돕기 위해 하우스에 넣을 벌통의 수요가 많아지자 인공사양飼養으로 봉군을 늘려서 하우스에 대여하는 양봉으로 변모하였다.

양봉도 봄에는 일찍부터 봉세蜂勢를 늘리기 위해 사양을 해야 하고 진드기를 방제하고 소충巢蟲도 제거하며 여름 장마철에는 놀고먹는 수펄을 줄이고 먹이가 부족하면 사양은 물론 두꺼비의 침입과 자연분봉을 막아야 하며 가을에는 말벌이나 장수말벌의 피해를 막아주어야 하고 월동에 필요한 꿀을 적절히 유지시켜야 하는 등 늘 봉상蜂箱을 점검해서 예상되는 피해에 대비해야 하는데 이런 세심함을 2005년 일에서 손을 놓으실 때까지 한 번도 소홀함이 없이 우리 가족의 건강과 가계에 일조하셨다.

내가 군복무 중이던 1965년 가을 무렵 늘 소화불량과 속 쓰림으로 고생하시던 아버님이 갑자기 심해진 고통으로 부산의 대동외과(지금의 동래경찰서 뒤편)에 내원 하시어 고 박영섭 원장님의 집도로 위 절제수술을 하셨고 잘라낸 위가 1,000cc 링거병에 가득할 만큼 위의 대부분을 잘라 내었는데 그 당시에는 '암'이라는 병을 암이라고 하지 않고 못 고치는 '나쁜 병'으로 지칭하였는데 원장님께서는 나쁜 병으로 의심하시면서도 당시로서는 쉽지 않았던 조직검사를 의뢰하여 1주일 후에 결과가 나왔는데 원장님이 내 손을 꼭 잡으시며 "너희 아버지는 참 운이 좋다. 건강이 점점 더 좋아질 것이니 걱정 말라"고 하셨다. 얼떨결이고 처음 당하는 일이라 그냥 원장님이 고맙고 감사할 뿐이었다. "퇴원 후에 식사는 하루에 5끼 이상으로 나누어 한 번에 한 종지를 넘게 먹으면 돌이킬 수 없는 일이 생기게 되므로 이것만은 반드시 지켜야 한다."고 당부를 하셔서 평생 맛있는 음식을 제대로 드셔 보신 적이 없으신 아버님의 식사조절 문제로 부자가 다투기까지 하였으나 잘 회복하시어 건강한 새 삶을 살아오셨다.

20여년이 지난 어느 해 가을걷이 도중에 장폐색腸閉塞증상으로 물도 한 모금 넘기지 못하는 위기가 닥쳐서 다시 지금의 대동병원에 입원하여 첫 수술을 받은 박영섭 원장님의 아들인 박성환 원장님에게 수술을 받고 또 한 번 위기를 넘기는 기적이 있었으니 불사조라 불릴 만 하지 않은가?

1964년도에 밀양군 단장면 산동국민학교에서 그 해 11월 군 입대 때까지 근무를 하면서 그 지역에 지천至賤으로 재배되고 있던 대추가 수확도 많고 수익도 많을 뿐만 아니라 특별한 재배기술이 필요하지도 않는 것 같아 묘목을 몇 십주 구입하여 아버님께 재배를 부탁드렸다. 고향에는 없던 대추가 잘 자라서 수확을 하게 되고 번식도 쉬워 점점 재배면적을 넓히고 다른 작물에 비해 소득이 뛰어나므로 동리사람들에게도 분양하고 재배를 권장하여 우리 동네가 대추 대량생산지로 바뀌니 수확철이 되기도 전에 상인들이 입도선매立稻先賣를 하기에 이르렀다. 대추 불모지였던 동네에서 집집마다 대추건조기를 설치하고 직접 건조하여 비싼 값으로 직접 출하를 할 정도로 일반화 되었으니 우리 집이 대추재배 시배지始胚地라 할 만하였다.

1960년대 후반부터 정부에서는 가뜩이나 부족한 양곡을 1년에 쥐가 먹어치우는 식량만 240만석으로 총생산량의 8%에 이른다고 추산하고 1970년 1월 26일을 처음으로 전국 동시에 "쥐 잡는 날"로 정하고 거국적으로 쥐를 잡은 결과 41,541,149마리를 잡은 것으로 발표하였으며 우리 집만 해도 밤낮으로 천장에서 쥐들이 운동회를 벌리고 밤에는 잠자리에까지 드나들어 한밤중에 쥐와의 전쟁을 치르기도 하였으며 곡식을 담는 가마니들은 쥐가 구멍을 뚫어 성한 것이 없었다.
잡은 쥐의 꼬리를 잘라 관공서나 학교로 가지고 오면 쥐꼬리 하나에 연필 한 자루나 복권을 한 장씩 교환해주는 등 60년대 후반부터 시작된

쥐잡기 운동은 식량증산에 버금가는 거국적 운동으로 발전하였는데 일부 과열이 되면서 쥐꼬리의 목표량을 채우기 위해 오징어다리를 구워서 눈속임을 하는 등의 에피소드도 있었다.

박정희 대통령의 지시로 71년부터 농촌계몽운동으로 시작된 '새마을 운동'이 근면, 자조, 협동의 기치旗幟 아래 온 국민이 함께한 잘살기 운동으로 승화되면서 농촌에는 초가지붕을 슬레이트로 바꾸고 돌담을 헐어서 골목길을 넓히며 수확을 늘리기 위해 토양을 개량하려고 거국적으로 퇴비 만들기를 권장하여 국민학교 학생들까지 퇴비용 풀베기에 동참하였다. 볍씨를 개량하여 통일벼라는 다수확 품종을 보급하면서 획기적으로 수확을 많이 올린 농민에게 다수확왕으로 선정하여 후한 상을 내리기도 하였는데 아버님은 새마을 지도자로 나서서 "통일 쌀은 밥맛이 없다"는 낭설浪說에도 불구하고 앞장서서 통일벼를 재배하여 다수확왕에 2년이나 연거푸 선정되기도 하셨다.

동네에서 제일 처음으로 4개동 초가지붕을 3개동 슬레이트와 1개동 함석지붕으로 개량하였으며 20여년이 지난 1995년 8월에는 최초로 개량했던 그 슬레이트집을 헐고 다시 지금까지 아무 불편 없이 내가 살고 있는 우리 마을 최초의 현대식 슬래브 양옥집을 짓고 난방도 기름보일러로 교체하였으니 아버님의 혜안慧眼이 놀랍지 아니한가?
두툼한 돌담을 헐고 우리 집 안쪽으로 들여서 블록으로 담을 쌓아 소가 질메(길마)로 짐을 싣고 다니기가 어려웠던 좁은 골목길을 트럭이 다닐 수 있을 만큼 넓히고 이 길을 이용하는 이웃이 몇 집 있었으나 수수방관으로 협조의 도움을 받지 못하고 단독으로 50여m에 콘크리트로 포장을 하셨으니 비가 오는 날은 포장길의 효용가치가 더욱 빛이 났다.

우리 고장에는 마늘 재배가 쉽지 않았는데 내가 우여곡절 끝에 1978년 3월1일자로 경상북도 영덕군 영해면의 화전민촌인 신리국민학교로 임지를 옮겨 2년을 근무하면서 이곳의 주산물이 겨울농사는 마늘이요 여름농사는 잎담배와 고랭지 채소인데 특히 마늘농사에 마음이 꽂혀 마늘 재배에 각별히 관심을 가지고 관찰하고 농민들에게 들은 경험담으로 비춰봤을 때 마늘이 잘 자랄 수 있는 토양과 기후가 적절할지는 몰라도 5월중에 침범하는 고자리병만 방제하면 별반 어려움이 없었다. 이듬해에 마늘 종자를 한 마대 구입하여 고향의 논에다 심기 시작했는데 5월중에 유심히 관찰하면서 고자리병이 발생하면 마늘 밭에 물을 흠뻑 가두어 주면 파리의 유충인 고자리가 물속에서는 살지 못하고 죽게 되므로 마늘 재배가 쉽게 성공을 했다. 한때는 보유한 논 전체에 마늘을 심을 정도로 소득이 벼 수확 보다 훨씬 좋아서 이웃에도 권장하여 온 동네를 마늘 농가로 변화시킨 아버님의 개척정신(?)이 농민들의 소득증대에 기여하셨지만 마늘의 수확기가 6월 초 장마철과 겹치기 때문에 노지 露地에서 말리기는 위험부담이 따르므로 비를 맞히지 않을 공간이 필요한 단점이 있었다.

　1982년에 회갑을 맞으시는데 7남매가 아버님의 회갑연을 준비하면서 기본계획을 만들어서 의논을 드렸더니 "내 회갑연 문제는 걱정하지 말거라. 내가 너희들 뒷바라지도 제대로 못해 늘 미안하게 생각하고 있는데 너희들에게 또 걱정시키고 싶지 않다. 내가 알아서 할 터이니 남부럽지 않게 회갑 날에 시간나면 같이 참석이나 하면 좋겠다. 생각만으로도 고맙다"하시며 별도의 행사는 없애기로 했다.
　아버님은 당시 나라에서 권장하는 '가정의례준칙 간소화시책'에 솔선하시기 위해 면내面內에서 그해에 회갑을 맞는 친구 분들을 만나서 합동으로 회갑연을 하자고 설득하셔서 당시 면장이셨던 고 김진선 어르신을 비롯한 7명이 5월 석가탄신일에 고정국민학교 교정에서 합동으로 회갑연을 베푸니 면민의 축제일이 되었을 뿐만 아니라 일곱 분 자녀들에게도 화합의 회갑연이 되었으니 당시로서는 보통의 사람들이 감히 상상도 할 수 없는 기발한 착상으로 정부의 시책에 솔선수범하셔서 사회에 귀감이 되시기도 하셨다.

지금부터 40년 전 아버님이 63세 되시던 1983년 8월 2일부터 28일까지 약 한 달에 걸쳐서 외국어라고는 6·25 전쟁 통에 만났던 미군들에게서 들었던 헬로hello, 기브 미give me, 댕큐thank you밖에는 모르시던 부모님이 함께 유럽의 프랑스, 스위스, 오스트리아, 독일, 영국 등 5개국의 구석구석 여행을 하셨는데 귀국하셔서 100쪽에 이르는 "내가 본 구라파"라는 견문록을 남기셨으니 내가 생각해도 대단하신 아버님이셨다.

지금이야 해외여행이 일반화 되어 너나없이 이웃집 드나들 듯 일상화가 되었지만 이 무렵에는 일반 국민의 해외여행은 어림도 없는 시기였는데도 부산대학교 개교 이래 처음으로 외무고시에 합격하여 첫 임지로 프랑스 대사관에 외교관으로 근무하던 영우 동생이 휴가를 이용하여 유럽 일대를 승용차로 이동하며 먹을 것 입을 것은 물론이고 전문 가이드guide에 손색없는 훌륭한 관광가이드로 효도다운 효도를 한 덕분에 불편이나 부족함이라고는 없었던 행복한 여행을 하신 것도 건강이 감당해 준 아버님만의 강인함과 동생 내외의 치밀한 계획과 각별한 효성덕분이 아닌가싶어 세상에 자랑하고 싶다.

1980년대 말부터 그간 이용하시던 이동수단을 자전거에서 오토바이로 바꾸셨는데 비가 오거나 날씨가 춥거나 야간에는 많이 불편하셨던 모양이다. 어느 날 두발로 다니는 오토바이보다 네발로 다니는 자동차가 비나 추위도 막아주고 야간에도 편리하며 더 안전하겠다고 하시더니 "자동차 운전면허부터 따야겠다."고 하시면서 '운전면허 예상문제집'으로 공부를 하시며 궁금한 문제를 물어보시곤 하셨는데 이미 마음속으로 다 결정하시고는 밀양의 자동차운전학원에 등록하시고 운전교습도 받고 계시는 중이셨다.

연세가 내일 모레면 팔순이신데 지금 속도가 빠른 자동차를 운전하시려면 순발력의 문제로 사고가 생길까봐 걱정이 이만저만이 아니었으며 운전교습을 하신다 해도 합격하기는 쉽지 않으리라 생각하고 극구極口 만류하지도 못했는데 1990년 3월 78세의 고령으로 밀양의 자동차운전학원이 생긴 이래 최고령 합격자로 운전면허증을 받게 되었다며 학원에서도 조촐한 축하파티를 열어 주더라며 자랑을 하시며 차량구입을 의논하시는데 선뜻 내키지 않았다.

며칠을 두고 고민하다가 못난 자식이 만류만 할 수가 없어 혹시나 하는 기우심에 크기가 작은 프라이드 중고품을 사서 운행을 하시다가 능숙해지시면 아버님이 타시고 싶은 차로 바꾸기로 하고 승낙을 받아 중고품을 구입하였는데 두어 차례 차를 바꾸어가며 병원에 입원하실 무렵까지 길이 익숙하지 않은 장거리는 가능한 피하고 청도 밀양 등 근거리에는 다행이도 잘 운행하셨는데 우리 동네는 물론이고 면내에서는 자랑거리였지만 몇 년 동안 고령의 운전사가 미덥지 않아서인지 아무도 동승을 하지 않으므로 늘 나 홀로 운행하셨다.

소싯적부터 서예까지는 아니라도 붓글씨는 남 못지않아서 동네방네 혼사 때는 청혼편지와 허혼, 사주단자와 납채문納采文 택일擇日, 봉채함에 넣는 물목物目, 초례 때 주례자가 진행하는 홀기笏記 등의 서간문과 상례에 쓰이는 각종 제문과 명정銘旌, 만장輓章, 挽章 등을 도맡아 쓰셨다.

제대로의 필법을 배우시려고 승용차를 운전하시기 전부터 부산의 양정교차로 부근에 위치한 월송越松서예학원에 수강하시면서 서화공부까지

하셨는데 운전을 하시면서는 귀가할 수 있는 마지막기차를 탈 수 있을 때까지 부지런히 수련을 하시고 집에도 별도의 서실을 꾸며놓고 학원이 쉬는 날에는 복습을 하시며 몇 년을 연마하시자 학원의 선생님과 동료들의 권유로 영재嶺齋라는 호號를 얻고 1992년 5월에 상동면 농협강당을 빌어 서화개인전을 열었는데 향리鄕里에서는 처음 있는 행사였으며 몇 점의 작품이 팔리기도 하여 경비를 충당하고도 남는 서예가로 당당히 인정을 받게 되니 향리의 대형신축건물 낙성식에도 초청받아 대들보에 상량문을 써주기도 하셨다.

1990년대 후반에 들면서 불교에 심취하셔서 시간만 나시면 동네 건너편 청도군 청도읍 유호동 뒷산의 대구 동화사의 말사인 대운암이라는 절을 찾으시곤 하시더니 언제인가는 그 대운암의 신도회장을 맡으셔서 기도도량의 신도 확충에 심혈을 기울이기도 하셨는데 98년 봄에는 동화사 불교대학에 입학하셔서 2000년 2월에 졸업하시면서 도림道琳이라는 불명佛名을 갖게도 되셨다.

당뇨로 손수 인슈린을 주사하시며 천식으로 고생하시던 어머님께서 1996년 9월 1일 겹친 피로를 견디지 못하고 갑자기 별나라로 긴 여행을 떠나신 후에도 2005년 11월 30일 당신이 운명하실 때까지 그토록 무서운 고독을 9년도 더 견뎌내시며 독거노인으로 대추농사를 비롯한 양봉과 떫은 감 농사와 기타 논 밭 농사 하나도 중단하지 않고 계속하셨다.

우리 7남매가 서로 모시겠다고 우겨도 저녁 늦게 집으로 돌아오면 반기는 이 하나 없는 캄캄한 적막함과 냉장고에 든 반찬도 꺼내기가 싫어서 맹물에 밥 한 술 말아서 허기를 때우고 자리에 들면 몸은 천근만근이고 허허로이 긴 밤이 너무 싫지만 또 같이 살다보면 서로 불편해질 수도 있으니 지금처럼 변함없는 관심으로 서로 위하며 살자는 고집을 한 번도 꺾지 않으셨다.

　농사일과 서예활동, 불교에 심취하시며 내키기만 하면 1주일 정도의 외국여행은 망설임 없이 배낭 하나 달랑 둘러메고 훌쩍 떠나시면서도 자식들에게 폐가 될까봐 연락 한번 않으시고 다녀오셔서야 소감을 전해 주시며 어느 누구보다 바쁘게 또 건강하게 생활하셔서 백수를 누리실 줄 알았는데 2005년 늦은 봄부터 마른기침을 하시면서 내과와 이비인후과를 다니신다는데 달포가 지나도 차도가 없어 보이기에 의사선생님께 솔직하게 정확한 소견을 들어보시라고 말씀 드렸더니 "큰 병원으로 가서 자세한 진단을 받아보시는 것이 좋겠다."고 한다기에 불쑥 문제가 생긴 것 같은 예감이 들어 어렵사리 부산대학교 병원에 입원하고 정밀 검사를 받았는데 이미 폐암 말기가 되어 수술도 할 수가 없고 약물치료도 의미가 없으며 잔여 생존기간도 3~4개월 정도가 될 것 같다는 청천벽력 같은 진단을 받았다.

　그렇다고 아무 조치도 해보지 않고 그냥 보내드리기는 너무 억울하여 항암치료라도 해보자고 작정하고 그렇게 하기로 했는데 처음 주사를 맞는 날 검정 비닐에 가려진 항암 주사를 꽂자 저렇게 건강한 노인이 왜 입원을 했는지 궁금해 하던 같은 병실의 어느 보호자가 나를 잡아끌고 복도로 나오더니 "저 주사 너무 힘들다. 왜 연세도 높은 어른에게 사서 고생을 시키려고 하느냐?"며 만류를 하는 게 아닌가! 입원을 주선해주신 사무국장과 의논을 해도 항암치료보다 편안하게 지내실 수 있는 집 가까운 병원에서 보살펴 드리는 것이 좋겠다는 의견이었다.
　첫 항암주사 후에도 한사코 혼자서 시골로 가시겠다고 우겨서 당분간 시골에서 지내셨는데 이런 상황을 모르고 계신 아버님이 머리카락이 자꾸 빠지고 음식의 맛도 모르겠다고 하셔서 내가 퇴직을 앞둔 8월 중순에 아버님의 생사를 두 번이나 결정지어주신 대동병원에 다시 입원을 하고는 동래 경찰서 바로 옆에서 한의원을 운영하던 손주 영호가 틈이 나는 데로 드나들며 상태를 점검하며 병원생활을 도와드리고 밤이면 내가 간호를 하였는데 퇴직을 하고부터는 병세도 빠르게 진행되고 집으로 가자고 조르는 일도 점차 줄어들면서 24시간을 아버님 곁에서 수발을 들기는 하였지만 가끔씩 찾아오는 통증을 어려워하시니 너무 늦은 또 소용없는 효도가 후회스럽기만 하다.

일제 강점기에는 일본 경찰의 요주의 대상으로 죄도 없이 끌려가서 온갖 고문에 시달렸고 해방이 되면서는 빨치산들의 악행을 피해 밤마다 피신을 해야 했고, 6·25 전쟁 중에는 고등공민학교에서 후학들을 가르친다는 명분으로 나라의 운명이 촌각에 달렸음에도 교사는 후방필수요원으로 전투에 참가시키지 않고 청소년들을 나라의 기둥으로 훌륭하게 잘 교육시키라는 막중한 임무를 다할 수 있었으니 살아서 입은 은혜에 보답이라도 하시려는 듯 국가가 하는 일에는 늘 솔선수범하셨다.

지역사회의 발전을 위해 평생을 불사조처럼 헌신하셨는데 한갓 폐암에 손을 들고 2005년 11월 30일 10년여의 긴긴 독거노인의 대명사로 고독한 삶을 마감하고 84세의 일기로 몽매夢寐에도 잊지 못하시던 할멈을 찾아 가셨으니 그 곳에서 못 다한 회포를 마음껏 나누시고 이승에 남은 일곱 자녀와 그 손주들의 안녕도 챙겨주시옵소서. 못난 불효자식은 오늘도 아버님의 지적욕구를 충족코자 쉼 없이 살아오신 불굴의 노력을 흠모欽慕하며 다 못 챙겨드린 불효에 가슴을 칩니다.

은하수 건넌 아내 돌아올 줄 모르네

　군 복무를 마치고 삼랑진국민학교에 복직을 하자 할아버지의 증손주를 보고 싶어 하시는 성화와 자취를 하며 영우와 정우동생을 부산으로 통학시키는 애틋함, 어머니의 주부인력 경감기대 등이 복합적으로 작동하여 결혼을 압박당하고 있었는데 행동대장이신 어머님은 여기저기 며느릿감 수색작전이 무시로 진행되었으나 처음부터 결혼에 관심이 없었던 나는 어머님의 권유에 형식적으로 따르긴 했지만 번번이 퇴짜를 놓고 어머님의 노고가 오히려 달갑지 않았다.

　어머님의 집요한(?) 회유에 지친 나머지 설마 어머니가 당신의 며느리요 장남의 아내를 허투루 선택하시지는 않을 것이라는 생각으로 어머님 뜻에 따르겠으니 장가를 들라는 곳으로 가겠다고 항복하고 말았다.
　이웃동네 매화에 사는 김해김씨 가문에 4남 1녀 중의 고명딸인 국민학교의 후배로 학력은 국민학교졸업이지만 부모가 점잖으신 명문집안이라 그 쪽으로 결정을 했으니 근무에 지장이 없는 겨울방학 때 식을 올리는 것이 좋겠다고 하시며 1969년 1월 20일로 결혼식 날짜를 정했으니 한번 만나서 서로 예복도 맞추고 얼굴도 한번 보도록 하라는 작전명령이 떨어지는 바람에 사전에 얼굴도 한번 보지 않은 기이한 결혼이 진행되어 27살 덜 떨어진 총각이 22살 아가씨와 예복 맞추는 날 밀양읍내 중국집에서 처음으로 마주했는데 수줍어하는 옆모습이 그렇게 싫지는 않았다.

전통혼례를 치르려고 혼례를 치르는 당일아침 한복으로 갈아입고 마당에 자리를 펴고 먼저 조상님께 두 번 절하고 할아버지와 부모님께도 차례로 고告한 다음 두루마기 펄럭이며 마을 앞 들판을 가로질러 3km 정도 떨어진 신부 댁으로 성큼성큼 걸었으나 무얼 하러 가는지 아무 생각도 없었던 것 같다. 신부 댁에 도착하니 동네사람들이 한마당 가득하고 절친한 친구들과 동료직원들이 먼저 도착하여 발 들여놓을 곳이 없을 만큼 말 그대로 잔칫집이었다. 사모관대紗帽冠帶를 하고 초례청醮禮廳에 들어서서 주례자의 홀기笏記에 따라 예식을 치르고 신방으로 안내되었다. 그 때부터 주안상이 나오고 동리 청년들이 겹겹이 둘러앉아 술잔을 주고받으며 신랑을 다루기 시작하는데 발목을 묶어 횃대에 달아놓고 다듬이 방망이로 발바닥을 혹사시키는 등 갖은 장난을 감수하면서 첫날밤을 맞았지만 술이 과하여 초저녁에 잠에 떨어졌다.

깨어보니 신부가 족두리를 하고 한쪽 벽에 기대어 졸고 있지 아니 한가! 아뿔싸 신혼 첫날부터 잘 못 끼운 단추가 헤어질 때까지 머릿속에서 맴을 돈다.

이틀을 보낸 후 신부를 대동하고 '시발 택시'로 우리 집으로 돌아와서 환영잔치를 치르고는 일가친척들도 모두 돌아가시고 일상으로 돌아왔지만 시댁의 풍습과 음식 맛이라도 익혀야 한다며 평생에 단손이었던 엄마는 한동안 부엌일부터 함께하시면서 자취하는 아들에게 새색시를 돌려주지 않으시니 새색시도 아들도 난감하기는 마찬가지였다.

  우여곡절 끝에 혼수로 해온 이불 한 채 달랑 들고 내가 자취하던 방에서 신혼살림을 차렸지만 방학이 끝나면 부산으로 통학하던 동생과 함께 살아야 하니 어쩔 수 없이 방이 두 개인 집을 구해 이사를 했는데 주말마다 기차로 유천역에 내리면 다시 4km를 걸어서 시골집을 내왕했는데 시집에서 겨우 3km 떨어진 친정이 얼마나 그리웠을까? 철도 안든 신랑은 신부의 내색 없던 그 마음을 그때는 읽을 줄도 몰랐으니 후회가 막급하다.

  1970년 여름방학을 며칠 앞두고 첫아이 영호를 출산할 때부터 믿었던 출산 베테랑이신 어머님의 도움도 받지 못하고 혼자서 출산을 했으며 72년 5월 10일 둘째를 출산 할 때는 의사의 도움도 없이 우리끼리 출산을 했지만 대책 없던 남편을 원망한번 하지 않았으니 씨만 뿌려놓고 뒷감당은 무책임 했던 몹쓸 남편이었다.

  산골에서 국민학교를 졸업하고는 그냥 부모님과 셋 오빠는 물론이고 올케들의 보살핌과 사랑으로 온실 안 화초처럼 귀밑의 잔털이 보슬보슬 덧칠 한 번 하지 않았던 순수한 아내보다 학력도 더 높고 세련되며 세상물정에도 밝은 그리고 직장도 있어서 경제적으로도 도움이 되는 여우 같은 아내를 만나고 싶었던 가당치 않은 과욕의 반항심이 심저心底에 잠재하고 있었는지도 모른다.

  일과가 끝나면 자청하여 학구를 누비며 새마을 운동 홍보영화를 상영하러 다니거나 세상을 포기(?)한 원로교사들의 술시중으로 자정을 넘기기도 하고 새색시를 곁에 두고는 공부가 안 된다면서 밤이 늦도록 교실에서 책장을 넘기거나 검세 수로와 깐촌, 뒤끼미 등지의 밤낚시로 새댁의 애간장을 녹인 죄 가볍지 않으니 중벌을 받아 마땅한 지고…

  happy wife, happy life. 라는데…

상동국민학교로 옮긴 후로는 학교 현대화에 진력하느라 밤낮이 따로 없을 만큼 일에 빠져서 늘 봉급을 받기 전에 동생들의 학비부터 빌려서 보내주고, 생활비도 제대로 챙기지 못해 늘 이웃보기 부끄러울 만큼 궁핍하였지만 원래 교사들의 생활이 이런 거로구나 여기면서 불평 없이 생계를 꾸려왔는데 학벌 높고 세련되며 여우같은 직장여인을 만났다면 진즉에 이혼 당했을 법한 못난 가장인 줄도 모르고 분복에 넘쳐서 가족은 물론이고 내 몸마저 제대로 돌보지 않다가 중병에 들어 가슴을 저미게 한 죄 씻을 수가 없다.

간디스토마에 감염되어 황달에 시달리던 저승의 문 앞에서 낯설고 물다른 강원남도(?) 영해면 신리로 가서는 산 넘고 고개 너머 독립가옥을 뒤져가며 달걀을 수집하느라 발바닥이 부풀어 오리걸음을 하면서도 못난 남편을 구해보려고 애쓴 당신의 그 애틋한 사랑도 보답할 길이 없는데…

1980년 2월 29일 37세 철부지가 아무런 대책도 없이 덜렁 사표를 내고 아내와 셋 아들을 거닐고 부산으로 와서부터 부딪친 시련 중에 셋방을 구하러 다니며 아이들이 많다고 퇴짜를 맞는 수모도 가진 것이 없는 자의 자업자득으로 승화시키며 숨죽여온 당신의 한없는 인내와 첫아이를 대학에 입학할 때까지 남편의 봉급이 얼마인지도 모르고 주일마다 전해주는 몇 만원 생활비를 쪼개고 나누면서 다섯 식구를 건사해온 당신, 얼마나 답답하고 외로웠으면 "나는 여형제도 하나 없고 딸자식도 하나 없다"며 툭 툭 내뱉던 그 때 그 말이 지금에야 문득문득 가슴을 아리게 하네요.

가슴에 멍이 든 당신의 그 숭고한 헌신으로 유치원 구경 한번 못시킨 아들 셋, 재수는 필수고 삼수는 선택이라는 세태에도 한 놈도 재수 한

번 거치지 않고 대학졸업 시켜서 예쁜 자부 덕분으로 다섯 손주 애교에 빠져서 남부러운 줄 몰랐잖아요. 홀로계신 시아버지 걱정으로 1박2일 여행도 마음 놓고 다니지 못하다가 아버님 별이 되신 후로 친구들과 어울려 남부럽지 않게 틈틈이 2~3일씩 국내여행도 즐기고, 2004년 7월 31일부터 미국의 동부 일원—員과 캐나다를 10일간 여행하고 유엔 차석대사로 근무하고 있던 영우 동생의 뉴욕 맨해튼 관저官邸에서 8월 15일까지 5일동안 뉴욕 일대를 샅샅이 여행하면서 감탄하고 또 감탄했었으며, 2006년 1월 19일부터 5일간 베트남과 캄보디아 일원을 다녀오고, 07년 1월 24일부터 4일간 필리핀, 07년 8월 14일부터 10일간 호주 뉴질랜드, 07년 10월 15일부터 5일간 중국 황산일대. 09년 1월 9일부터 10일간 미얀마 태국 라오스를 여행하고 09년 5월 2일부터는 10일간 형제자매들과 영우 동생이 대사로 근무하던 영국을 여행하면서는 동생 내외의 주선으로 "맘마미아(웨스터 앤드 뮤지컬 맘마미아)"라는 생소한 뮤지컬도 관람하며 감동을 나누는 등 그 간에 맛보지 못했던 자유와 행복을 느끼는 듯 했었잖아요?

2009년 10월인가 보험가입 조건으로 가슴 X-ray사진에서 이상소견이 있어서 3개월 뒤에 다시 검진을 해보고 변화가 없으면 보험에 가입하기로 하였는데 만약에 3개월을 기다렸다가 더 많이 진행되면 치료시기가 늦어지거나 어려워질 수도 있겠다는 생각이 들어 폐질환 전문가를 인터넷으로 검색하여 서울의 삼성병원 폐식도 암센터로 찾아갔었다.

7일간 입원하면서 검사를 받은 결과 폐암 1기 진단을 받아 12월 11일 김홍관 교수 집도로 수술을 받은 5일 만에 퇴원하고 다시 1주일 뒤에 실밥 뽑고 했을 뿐 아주 초기에 발견하여 별도의 항암치료나 방사선 치료의 필요가 없다면서 1개월 또는 3개월 마다 천리 길을 마다않고 의사의 지시대로 검진을 받기만 했다.

3년만인 2012년 12월 11일 기관지로 전이轉移된 사실을 발견하고 레이저로 다시 시술을 받았는데도 항암치료를 하지 않아도 된다는 의사의 판단만으로도 다행이라 생각하고 공복에 CT촬영과 혈액검사를 하는 정기검사를 받기위해 예약 하루 전에 올라가서 병원 인근의 모텔에 투숙하였다가 예약시간에 맞추어 검사만 하고 부산으로 돌아왔다가 1주일 후에 검사결과를 보러 가면 "별다른 징후가 없습니다. 3개월 후에 다시 봅시다." 번번이 똑같은 30초짜리 이 말을 듣기위해 3개월에 두 번씩 다니기가 너무 힘들어서 부산이나 대구의 좀 가까운 곳에서 진료를 받을 수 있도록 배려를 부탁하면 들은 척도 아니한다.

　1년이 더 지난 2013년 추석 무렵부터 머리가 무겁고 어지럽다며 쉬고 싶다고 해서 만덕동 산 중턱에 있는 암 환자 회복을 위한 요양병원에 입원을 하고 치료를 받았으나 차도가 없어 집으로 돌아와 며칠을 쉬었는데 음식 먹는 것도 힘들어 하므로 혹시나 하고 아침밥을 먹다말고 방사선과에 내원하여 머리 사진을 찍었는데 가급적 빨리 대학병원으로 가야 한다며 검사한 내용을 복사하고 소견서 까지 붙여주는데 눈앞이 캄캄하고 하늘이 무너지나 내가 정신 줄을 놓으면 환자는 어떻게 하나싶어 정신을 가다듬고 동아대학 응급실로 찾아 갔다.

　어떤 놈이 와서 증상을 묻고 갔는데 또 다른 놈이 와서 증상을 묻고 하기를 되풀이 하다가 저녁때가 되어서야 다시 머리 사진을 찍어보고는 뇌종양이라면서 입원수속을 하란다. 세상에 내 자식도 의사지만 의사 놈들 저희들은 안 아프고 죽는지 두고 보자 싶은 조바심은 내 인내심을 시험하는 듯 천하태평이다 싶었다.
　여기서도 종양의 위치가 좋지 않아서 특수한 모자를 쓰고 방사선을 표적 조사照射하는데 보험 적용이 안 되므로 부담이 많다면서 목숨이 경각

頃刻에 달렸는데 치료 방법과 치료효과에 대한 이야기는 없고 돈 이야기만 늘어놓는데 울화를 억지로 참고 치료의 결과를 물어보니 크게 기대할 수는 없지만 그렇다고 아무런 조치도 해보지 않을 수는 없지 않겠느냐고 도리어 반문을 한다. 의사의 지시에 따르겠다고 서약을 하고 거금을 들여 10번의 방사선치료를 받았으나 기력만 떨어질 뿐 의사나 간호사의 표정에서 완쾌시키려는 의지가 읽히지 않았다.

  암 치료에 대한 정보를 수집하던 중 '비타민C 요법'이 획기적이며 송도의 복음병원에 우리나라에서 유일한 비타민C 요법 전문의사가 진료 중이라는 사실을 알아내었다. 동아대학에서 입원치료 1개월 만에 복음병원으로 옮겨서 1주일에 한 번씩 비타민C 주사를 맞았으나 1개월이 지나자 퇴원을 했다가 다시 입원을 하는 다람쥐 쳇바퀴 돌리는 건강보험정책이 환자 중심이 아니라 공단의 편의중심임에 화가 치밀었지만 병원도 환자도 별 도리가 없어 삼랑진의 양수발전소 하부저수지를 바라보는 산 중턱에 위치한 '좋은연인요양병원'에 입원하였다.

  함께 지내며 2주일에 한 번씩 복음병원으로 달려가서 주사를 맞곤 하였으나 점점 병세가 나빠지자 다시 최후의 방법이라며 실낱같은 희망을 걸고 방사선 치료를 10번까지 받기로 하고 3번을 받았을 때 불운이 겹쳤다. 기계가 고장이 나는 바람에 그 동안 방사선 치료를 받던 환자들을 상담을 통하여 같은 치료기기가 있는 병원 중에서 원하는 병원으로 이송하는 사건이 발생하였는데 내 차례가 되어 상담을 하니 아내의 경우는 "나머지 7번을 더 치료를 받는 것에 별다른 의미가 없다"고 하는 것이 아닌가! 그렇다면 무엇 때문에 그토록 환자를 괴롭혔는지 의사들이 한없이 원망스러웠다.

  가까운 부산 의료원에서 치료를 받겠다고 하니 그 때서야 쉽게 허락을 한다. 순진한 우리 부부는 의사가 암 환자를 만나면 환자가 회복할 수 없는 지경에 이를 때까지는 돈으로만 생각한다는 사실을 너무 늦게 깨달았다.

　메르스MERS Corona Virus대란으로 병상에 여유가 많은 거제리의 부산시립의료원 노인병동에 쉽게 입원하여 비타민C 주사를 맞으며 버티었는데 한 달이 지나자 더 이상 입원을 계속할 수 없으므로 마음에 드는 요양병원을 찾아보시는 게 좋겠다며 치료를 포기하는 지경에 이르자 아이들과 의논하여 당신이 그토록 그리워 하던 집으로 가자고 이해를 구한 후에 아파트 정문 앞에 있는 요양병원으로 옮기기로 수속을 마치고 요양병원의 엠블런스로 병원에 도착하였는데 집으로 간다더니 왜 여기에서 내리라고 하느냐며 집으로 가겠다고 떼를 쓰는 바람에 가슴이 미어졌더이다.

　집보다 편리한 병원에서 전문가들의 도움도 받고 휠체어를 타고 집에도 가고 하자면서 겨우 달래고 우겨서 요양병원 신세를 지기 시작했는데 이른 새벽에 출근하여 기저귀를 갈아주고 잘 잤는지 안부도 점검하고 먹고 싶은 음식과 반찬도 챙기며 병원이 문을 닫을 때까지 요양보호사와 간호사들의 싫어하는 눈치도 아랑곳 하지 않고 나름대로의 정성을 다했으나 폐암 진단 후 겨우 6년도 못 버티고 2015년 11월 7일 이른 아침에 너무 짧은 67년의 일생과 46년 파란만장했던 부부의 연緣을 미련도 없이 끊어버리고 언제 돌아오겠다는 약조도 없이 은하수를 건넌 당신 미워! 미워! 미워!!

　돌이켜보면 당신의 "나는 여자 형제도 하나 없고 딸자식도 하나 없고…"라고 허공에 내뱉던 그 말을 그 때는 흘려들었는데 당신의 마음이 얼마나 쓸쓸하고 답답했을까! 생각 없는 남편이 얼마나 답답했으면 뱉은 절규였을까 싶어 가슴을 후벼 파는구려. 하지만 당신의 가없는 희생으로 10학기의 방송대학 재학 때는 늦은 밤 이른 새벽에도 강의시간 빠뜨릴까 챙겨준 덕분으로 네 학기나 장학금을 받을 수 있었고 대학원 5학기 재학 때도 두 학기나 장학금을 받는 영예를 얻었으며 그런 장학금 증서를 액자에 넣어주며 자랑스러워했으며 손잡이가 닳아서 너덜너덜 헤진 10년도 더 들고 다닌 가방을 채권債券장수 가방 같다며 바꾸라고도 했잖아요?

이런 긴 시간에 걸쳐 라디오로 강의를 듣고 책을 가까이 하면서 셋 놈 아이들에게 공부하라고 채근採根하거나 과외공부는 고사하고 학원 한번 보내지 못했어도 재수 한 번 하지 않고 대학을 갈 수 있었고 당신의 검소하고 알뜰한 살림살이를 본받아 주어진 형편에 적응하고 부족함을 메우며 검소하고 부지런하게 살아가는 생활 모습이 이토록 든든하고 자랑스러운데 이 행복을 나에게만 유산으로 남겨두고 그토록 먼 길을 빈손으로 떠나면서 밉단 말 곱단 말 한마디도 남기지 않고 총총히 멀어질 수 있단 말이오? 무정한 사람아!

누군가가 "아내는 젊은이에게는 연인이고 중년 남자에게는 반려자이며 늙은이에게는 간호사"라 했는데 이 몸은 간호사도 없이 독거노인으로 어떻게 지내란 말이오?

덤으로 사는 세월 감사하며 살련다

　2005년 8월 31일 43년여의 공직생활과 62년간의 족적足跡을 마무리하고 갑자기 신천지로 떨어지고 나니 한동안 7~8월 삼복더위의 소나기구름처럼 갈피를 잡을 수가 없었다. 아내로부터 귀가 아프도록 들어야 했던 "부모밖에 모르는 사람, 동생들 밖에 모르는 사람, 직장밖에 모르는 사람"이었던 그가 당장 출근할 곳이 없으니 얼마간 멍청하게 공황장애恐慌障碍가 오는 것 같아 무엇인가 할 일을 찾아야겠다고 골똘히 생각을 해봐도 새 세상에 대하여 아는 것이 너무 없으니 어디서부터 어떤 것을 해봐야 할지 매사가 구름 잡는 형국形局이다. 이럴 줄 알았다면 퇴직을 하기 전에 틈틈이 퇴직 후를 대비했어야 할 것을 옹졸하게도 오직 직장만이 삶의 전부로 착각하고 화려하고 다양多樣하며 행복한 새 세상이 따로 있으리라고는 꿈에도 몰랐던 바보 중의 바보가 가장 먼저 또 시급하게 해야 할 일로 병석에 계신 아버님을 위해 할 수 있는 일을 찾아 봤지만 이미 너무 늦어버린 효도의 길은 새 세상 어디에도 찾을 길이 없어 피골이 상접하여 사투死鬪를 벌리는 아버님의 병상病狀을 고작 3개월도 못 지키고 후회만 남긴 체 별나라로 배웅하고 말았다.

내 철없던 시절 분복도 모르고 아내에게 입힌 상처를 손톱만큼이라도 치유가 되기를 애원이라도 해보려고 한때는 5년간의 긴 세월을 밤잠 참아가며 강의 듣고 장학금 받아가며 대학졸업생 남편이 되었으며 5학기 대학원 재학시절에도 졸음과의 전쟁에서 낙오자가 되지 않으려고 또 아이들의 본보기가 되려고 두 학기의 장학금 증서를 당신이 직접 액자에 넣어주며 자랑스럽다고 칭찬도 해 주었잖아요? 교감 선생님 사모님, 장학사님 사모님, 장학관님 사모님, 교장선생님 사모님 등등 남달리 다양한 이름의 사모님 소리도 들려주었잖아요?

퇴직 후인 2007년 12월 27일 정말 명예로운 "제20회 부산교육상 시상식"에도 나란히 참석하는 등 그 간의 당신의 헌신에 티끌만큼이라도 보답이 되었기를 바랐으며 국내는 물론 세계 여러 나라도 탐닉耽溺하면서 유람을 즐기기도 하였잖아요? 당신이 늘 하고 싶었던 성당에도 다니면서 어려운 이웃을 돕고 덕천동에 새로 축성祝聖하는 성당 건립비로 많이는 아니지만 일반 성도들 중에서는 부끄럽지 않을 만큼 전달할 여유도 생겼잖아요?

폐암 진단 후 6년 동안은 하루도 빠지지 않고 당신 곁을 지키며 고해성사를 하듯 애썼잖아요? 생전에 그토록 너그러웠듯이 이제 좀 용서해 주고 꿈속에서라도 웃는 모습 한번 보여주면 안 될까요?

아이들이 주말마다 택배로 보내주는 반찬에 당신의 정성이 빠졌으니 냉장고만 채울 뿐 버려지기 다반사라 보내주는 아이한테 미안하고 연명수단에 불과하니 하루가 여삼추라 친구들이나 지인들이 보기에 얼마나 측은하게 보였던지 좋은 사람 있으니 만나보라고 소개를 하기도 하고 심지어는 억지로 만남의 자리를 만들어주기도 하였다.

산행에라도 다녀보면 다시 용기를 얻을 수도 있다고 권하기도 하여 우선 가까운 부산의 인근인 금정산 금샘(796m), 금련산 봉수대(415m), 해운대 장산(634m), 영도의 봉래산(394m), 백양산(642m), 승학산(497m), 구덕산(565m), 가덕도의 연대봉(459m), 황령산(428m)등등의 가벼운 산행에 동참하면서 체력을 기르고 점차 마음에도 안정을 얻고 자신감을 가지게 되면서 제법 고난도의 산행도 마다하지 않았으니 봉화군의 청량산, 하동 노량의 연대봉 447m, 백암산 1004m, 강원도 평화의 댐 일원, 철원군 일대, 눈 덮인 소백산 비로봉 1,439m, 부산 도심 걷기 30km, 갈맷길 9개 코스 맛보기 등 크고 작은 산행길에 열심히 동참 했는데 그 중에서도 백인환 교수의 팔순八旬기념 해파랑길 완주일정 (2017년 1월 오륙도 해맞이 공원에서 출발하여 10월 고성군 통일전망대까지 770km 이어걷기)에 함께하면서 새삼 우리나라가 금수강산임을 절감切感하였다.

잘 정비된 등산길, 길손의 목을 축일 수 있도록 깨끗하게 관리되고 있는 옹달샘은 물론이고, 인적 드문 임도林道에도 이즈음에 화장실 하나 있었으면 싶은 곳엔 여지없이 마련된 어느 나라 어디에도 자랑할 수 있을 만큼 깔끔하고 동파凍破방지시설까지 갖춘 화장실은 기본이고 높고 깊은 산 어디를 가더라도 쉽게 볼 수 있는 "국가지점번호"(한글문자 2개와 아라비아숫자 8개를 조합하여 전국을 하나의 좌표체계로 표현한 것으로 긴급 구조 활동등 위치의 표시로 활용)로 국토 전체의 위치를 나타내는 표식은 상상을 초월한다.

산행을 통하여 우리나라가 이토록 아름다운 나라인지를 뒤늦게나마 깨우치게 되면서 내 작은 손일지라도 강산을 지키는 일에 보탬이 되어야 하겠다는 생각으로 매 주 금요일에 정기적으로 원근遠近의 산길을 오를 때는 쓰레기라도 한 줌씩 줍는다.

2003년 8월에 만덕 럭키아파트를 8,350만원에 팔고 같은 크기의 유림아파트에 1억2천8백6십5만원으로 입주하여 2016년 4월에 다시 2억

600만원에 팔고 아이들과 두 여동생이 가까운 해운대구 우동에 있는 자이아파트 24평으로 10평을 줄여서 전세를 가면서 33평 아파트 값에 1억 1000만원을 더하여 3억 일천만원이나 투자를 했다.

가끔은 구 해운대역 광장에서 베푸는 무료급식소를 찾아 급식 봉사로 보람을 찾기도 하면서 심신의 안정을 찾게 되니 값비싼 아파트에서 부담되는 관리비를 지불하면서 잠만 자고 나오느니 외로움이라도 잊어보려고 2016년 10월 17일 부모님이 남겨두신 때 묻은 고향집으로 귀향을 단행했다.

묵혀두었던 과수와 텃밭을 일구며 틈틈이 친구들을 만나고 산천 유람은 물론 이웃에 작은 도움이라도 되려고 바쁘게 살다보니 외로울 시간이 없으니 그나마 감사한 일이 아닌가?

내 손으로 가꾼 싱싱한 제철 채소들을 동생들과 나누면 가족냄새가 난다하고 잘 익은 감으로 홍시를 만들어 살아오면서 맺은 인연들과 나누는 재미를 남들은 모른다. 나누어 먹고 남은 감과 감 말랭이와 곶감도 나누어달라는 요청이 있으면 반가이 보내드리고 반대급부로 오는 돈은 새해 농비로 충당하는 재미도 도회지에서 지출하는 어떤 재미보다 값지다 아니할 수 없으며 여든이 가까워지면서도 건강에 무리를 느끼지 않고 참 농사꾼이 되어가는 것 같으니 이 또한 감사할 일이다.

농촌에 살면서 새로이 터득한 것이 있다면 나처럼 시간에 구애를 받지 않고 자유분방하게 살아가려면 식물은 재배하고 가꾸더라도 동물은 설령 고양이 한 마리라도 키우다가 데리고 다니면 짐 덩어리요 두고 다니면 굶어 죽을까봐 걱정덩어리요, 사고 칠까봐 골칫덩어리로 (노년의 남편신세처럼 짐 덩어리, 걱정덩어리, 골칫덩어리), 그들의 노예가 된다는 사실과 아무리 성심성의를 다하여 농작물을 돌본다 하더라도 기상조건이 도와주지 않으면 수확이 내 뜻을 따라주지 않는다는 사실이다.

내 할머님은 57세에 영면永眠하시어 할아버지께서 25년 7개월을 홀아비로 지내게 하셨고 어머님은 72세의 일기一期로 별이 되시면서 아버님은 9년 3개월의 긴긴 세월을 외로움과 씨름을 하시게 하였는데 당신은 67년 5개월을 이 세상에 머물다가 은하수를 건넌지가 7년이 지났는데 얼마나 더 많은 세월을 모르는 척 하려하오? 팔만대장경 어느 곳에는 "아내는 남편의 영원한 누님"이라고 했다는데 누님 없이 산다는 게 이토록 어려운줄 해로偕老하는 당신들은 모르리라!

지금까지 살아오면서 내 피붙이 중에 아직까지는 사고를 당하거나 선천적으로 지체장애肢體障碍와 뇌병변장애나 발달장애, 청각장애나 시각장애 등 장애를 가진이가 없으니 이는 하늘이 주신 크나큰 축복이 아닐 수 없으며 부모님의 음덕이요 이웃의 과분한 사랑의 덕택이라 생각하니 세상에 이보다 더 감사할 일이 또 있으랴 싶다.

여든을 맞는 올해는 큰 손주 무사히 군복무 끝내고 복학하였으며 큰 아이 둘째와 둘째의 큰아이가 거뜬히 대학에 진학하였고 둘째의 둘째와 막내의 유주도 똑똑하고 건강하니 아들 손주 걱정일랑 자기들 몫으로 남겨놓고 아껴 쓰면 20년이요 대충 쓰면 10년이며 아차하면 5년이요 까딱하면 순간이라는 남은 세월을 내 건강이나 잘 챙겨서 아이들과 이웃에 짐이 되지 않으면 더 이상 다행이 없겠다 싶을 뿐이다.

나는 세 가지 특성이 있다. 첫째로 중국 사람들은 네발달린 것은 책상 빼고는 다 먹고, 날아다니는 것 중에서는 비행기 말고는 다 먹는다는 말이 있는데 나는 솥에서 나온 것은 빨래를 제외하고는 다 잘 먹는다. 둘째로는 어디든지 기대기만 하면 잠이 온다. 셋째 아침 식사 후에는 반드시 화장실을 다녀와야 하루 일이 순조롭다. 즉 잘 먹고, 잘 자고, 배설을 잘하는 것이 나의 특성이라 할 수 있다. 늘그막에 변비로 고생하는 친구, 불면증으로 수면제의 도움을 받거나 치아가 부실하여 음식을 맛나게 먹지 못하는 사람들에 비하면 감사한 일이고 아직은 두 발로 걸을 수 있으니 세발이나 네발 또는 여섯 발로 어렵게 이동하는 사람보다는 더욱 감사한 일이 아닐 수 없다. 아직은 두 눈으로 식별이 가능하고 책이나 신문을 읽을 수 있으며 보청기의 도움을 받기는 하지만 나를 나무라거나 미워하는 말과 TV를 통해 세상 돌아가는 모습과 좋고 나쁜 소식들을 들을 수 있으니 이 또한 감사하지 아니한가!

초임지인 하동의 월운 제자부터 산동과 삼랑진, 상동과 신리의 제자들이 해마다 철철이 불쑥불쑥 찾아주고 문득문득 안부를 물어주니 맹자께서 남긴 말씀 "군자삼락君子三樂중에 천하의 영재英才를 얻어 교육하는 것이 그 중의 하나"라 하셨는데 내 이 소박한 즐거움이 맹자만 못하랴 싶다.

요즈음에도 가끔은 꿈속에서 내 교수방법이 미숙함은 깨닫지 못하고 영문도 모르는 제자들에게 쉽게 이해하지 못한다고 과욕過慾을 부리며 고통을 안겨준 일들로 후회하고 속죄하느라 식은땀을 흘리곤 한다.

만약에 다시 태어나서 그 때 그 시절로 돌아갈 수만 있다면 옳지 않은 속단으로 학생들을 바라보거나 한 번의 잘못된 행동만으로 그 학생을 규정해버리는 어리석음으로 학생들의 마음에 얼룩을 남기는 일은 저지르지 않겠다. 조심하고 또 조심하여 제자들을 아끼고 가능성을 개발하여 그들의 앞날이 하나같이 보람되고 행복이 가득하도록 가르쳐주고 싶다.

이루어질 수 없는 망상일 뿐이니 답답하기만 한데 소원을 이룰 수는 없을지라도 아직은 나도 건강하여 덤으로 살고 있으니 이웃과 사회를 위해 쓰일 곳이 있다면 기꺼이 쓰이고 싶을 뿐 "인생살이 걱정 없는 날이 죽는 날"이라고도 하지만 매사에 감사하고 또 감사하며 여한 없이 살고 싶다.

　수십 년 동안 해마다 내 처소處所를 몇 바퀴씩 돌아보며 탐색만 하고 가던 제비가 올해는 그냥 몇 바퀴 돌아보더니 곧 바로 집을 짓고 안착을 한다.
　아침 저녁으로 "good morning? good night!"하고 인사를 하면 눈을 깜빡이며 답례로 받아주니 반갑고 고맙다. 현관 위에다 안식처를 만들고 배변을 하니 좀 지저분하고 조심할 일도 더러 있지만 가족을 늘렸다가 내년에 다시 돌아올 때는 흥부네 집에 주고 남은 박 씨라도 하나 물어다 줄 것 같은 예감이다.

　부모님의 은공으로 이 세상에 왔다가 어영부영 세월의 강을 흘러 늙음의 산언저리가 보이기 시작하니 지금부터 마무리를 해야 할 것 같다.
　어느 날 소임을 다하고 부모님의 부름을 받았을 때 쓸모가 있는 장기臟器라도 남아 있거들랑 필요한 사람에게 나누어주라고 내 운전면허증과 주민등록증에 새겨놓고 칠순 생일 때도 아이들과 동생들에게 부탁 해두었다. 부모님 곁으로 가고나면 남은 흔적은 큰아이 널 키워준 동의대학교 한의과대학에 기증하여 후진들의 학구學究에 쓰일 수 있도록 하려무나. 이승에서 받은 은혜에 비할 수 없을 만큼 보잘 것 없는 미물微物일지라도 혹여 도움된다면 그나마 감사한 일이 아니겠니?

　올해는 동네의 노인회에서도 회장을 맡아달라고 하여 미력하지만 남는 시간을 마을 어르신들을 위해 어떤 회장님들보다 오래오래 기억에 남는 참 좋은 회장으로 감사하며 도움이 되는 머슴이고 싶다.

제 3 부

특수교육은 보물찾기

　우리 조상들은 천하의 영재를 얻어 교육하는 것을 만 사람의 존경을 받는 군자의 3대 즐거움 중에 하나로 꼽았습니다.
　오늘 날이라고 가르치는 일을 천직으로 한 교사가 천하의 영재를 가르치는 영광을 마다할 사람은 없을 것임에도 시류時流와 함께하지 않고 영재는커녕 보통의 아이들 보다 학습에 필요한 시간이 더 많이 요구되는 아동, 지적 능력이 열약하여 영악하지 못한 아이, 학습하는 방법이 어눌한 아동, 성공경험보다 실패경험이 더 많은 아동, 친구들로부터 상처받은 흔적이 켜켜이 쌓인 아동, 부모들의 보살핌이 미흡했던 아동. 모든 이웃들로부터 사랑이 고픈 아이들. 입을 닫고 웃음을 잃은 퀭한 눈빛의 한이 서린 아이들, 그러나 다른 어떤 아이들보다 잘할 수 있는 무엇이 몸속 어딘가에는 있을법한 그들을 맞아 네 작은 가슴에 지퍼가 달렸다면 열어보고 싶어 했으며, 투시경으로 머릿속을 한번 들여다 볼 수만 있어도 이토록 애타하지는 않았으련만…

　특수교육을 담당하는 교사들은 그들에게 적절한 교수방법을 찾지 못하여 가슴을 쳐야했으며, 그들 나름의 표현방법을 이해하지 못하는 무지無知로 무력해하였으며, 그들의 속마음을 읽지 못하는 고뇌와 치미는 울화를 웃음으로 승화시키며 바위산 깊은 계곡을 거슬러 올라 백두대간 어딘가에 있을 낙동강의 발원지發源地를 찾아 헤매듯 반복하고, 지쳐버린 부모를 설득하는 일까지 외롭고 지루한 여행을 기꺼이 하고 계십니다.

성문城門처럼 굳게 닫힌 입, 초점을 잃은 눈빛으로 속절없는 시간만 축을 내던 순이에게 눈을 맞추고 웃음을 잉태시키려고 몸살을 앓던 어느 날 배시시 말문이 열리는 희열을 맛 본 사람만이 특수교육을 말할 자격이 있지 않을까요?

모두가 부러워하는 영특한 아이들보다도 더 잘할 수 있는 어떤 무엇이 네 작은 몸속 어딘가에 있을법한 기대를 버리지 못하고 헤매고 찾아 고뇌하는 보물찾기가 바로 특수교육이 아닌가 한다.

다섯 식구의 생계를 걱정할 때 장애아 그들은 내 다섯 식구의 의·식·주를 해결해 주었으며, 꿈에서라도 승진이란 걸 생각하지 않던 나에게 전문직과 승진의 기회를 안겨주었으며, 종내에는 교장이라는 직함도 선뜻 건네주는 베풀 줄 아는 존재들이었다.

만약에 신이 계시다면 저들에게도 우리사회 구성원의 일원으로 역할하면서 한 켜의 톱니가 되도록 굽어 살피소서. 남다른 각오와 집념이 없이는 덤빌 수 없는 보물찾기 같은 도박에 몰두하고 계시는 이름 하여 특수교육담당교사 여러분의 앞날에 은총이 가득하기를 기원합니다.
〈2000. 12. .〉

온 세상에 '알아주는 삶'이

 인간은 평등하지만 능력은 평등하지 않습니다. 따라서 우리 아이가 능력이 남만 못한 것을 부끄럽게 생각하지 말고, 남만큼 노력하지 못하는 것을 부끄럽게 생각해야 합니다.

 어릴 적 나의 고향 마을에는 사람들이 '바보'라고 말하는 정신지체 장애인 용쾌라는 청년이 있었습니다. 사지가 멀쩡한 총각이었으나 제대로 할 수 있는 일이라고는 별로 없어서 집안이나 동네의 구박덩어리였습니다. 그러나 힘이 좋은 그는 우물에서 물을 길어오는 일은 곧잘 합니다. 동네에 잔치나 제사 등 큰 일이 있을 때면 이 총각에게 물 긷는 일을 부탁하곤 했습니다. 그런데 놀라운 사실은 이 '바보'가 동네 모든 집의 제삿날만은 확실하게 기억하고 있었다는 사실입니다.
 이렇듯 그가 제삿날에 관한 한 신통神通한 기억력을 발휘하는 것은 그날이 바로 신성神聖한 노동의 날이자 노동을 통한 자아성취의 날이며, 동네 사회에서 자신의 존재를 인정받는 날이기 때문일 것입니다.

우리가 이 세상에 와서 인간으로 살아가는 가장 살맛나는 삶은 누군가로부터 살아야 할 가치가 있다고 인정받는 일입니다. 가장 큰 상처를 받는 것은 무시당하는 것이며, 미움을 받는 것도 무관심보다는 오히려 나은 형편입니다. 생명체에게 있어서 관심은 그것만으로도 에너지를 주는 것이기 때문입니다.

어떤 사람이라도 살아있기만 하면 이 사회를 위해 뭔가 기여할 수 있습니다. 장애인도 정상인과는 다른 방식으로 기여할 수 있습니다. 만약 두 다리가 없다면 작가가 될 수도 있을 것이며, 두 눈이 없으면 음악가나 연주가가 될 수도 있고, 들을 수가 없다면 소음이 많은 일터에서는 정상인들보다 더 잘 견디며 효율적으로 일할 수 있습니다. 지능이 열약한 정신지체인은 남을 속이거나 이용하거나 꾀를 부리지 않습니다. 또 신이 주신 본래의 때 묻지 않은 그 마음을 그대로 가지고 있을 뿐만 아니라 몸이 튼튼하여 좋아하는 일에는 덥다고 짜증내거나 힘들다고 꾀를 부리지도 않고 지저분하다고 더러워하지도 않으며 지칠 줄 모르고 열심히 일하는 장점이 있습니다.

장애인 특히 지적장애인은 '아무 것도 할 수 없다'는 편견으로 노동을 통한 사회 기여와 자아성취의 기회를 제공하기 보다는 동정의 대상으로만 취급당하는 복지정책과 다 가졌다고 자만하는 자들의 무시가 가장 두렵습니다.

이제 우리도 변해야 합니다. 가진 자와 힘 있는 자, 정상인들이 장애인들에게도 나누어줄 줄을 알아야 선진국이 됩니다. 복지국가가 되는 것입니다. '주는 것' 중에서 가장 소중하고 값진 것은 "알아주는 것"입니다. 누군가 내 마음을 알아주면 세상은 그런대로 살만 합니다. 그러나

누가 알아주지 않아도 괜찮습니다. 알아달라고 뽐내는 삶보다 알아주는 삶이 귀하기 때문입니다. 알아달라고 하면 관계가 멀어지지만 알아주려고 하면 관계가 깊어집니다.

알아달라고 하면 섭섭함을 느끼지만 알아주려고 하면 넉넉함을 느낍니다. '행복'은 '알아달라는 삶'에 있는 것이 아니라 '알아주는 삶'에 있기 때문입니다.

지금은 우리의 몸과 마음이 건강하다 하더라도 모두 장애인 후보자입니다. 교통사고도 있고, 화재로 인한 사고도 있고, 목욕탕에서 미끄러지는 사고도 있으며, 환경오염으로 인한 질병도 많고, 늙으면 시력도 가고 청력도 갑니다. 뿐만 아니라 치매도 있고 알츠하이머도 넘보게 됩니다.

지금 건강할 때 서로 인정해주고, 격려해주고, 이해해주고, 알아주십시오. 필요한 사람을 위해 물질도 나누어 주십시오. 나눔을 위해 주머니를 잘 비우는 능력이 진짜 능력입니다. 부와 명예와 성공의 진짜 매력은 나눌 때 드러나는 법입니다. 사람이 가장 아름답게 될 때는 알아달라는 마음을 최소화 하고 알아주려는 마음을 최대화시킬 때입니다.
〈2007. 3.〉

나를 전율케 하는 말 '교육'!

　미래학자 존 나이스비트(Jone Naisbitt)는 미래는 교육이라 했습니다. 교육이란 무엇인가? 교육은 "배우는 법을 배우는 것learning how to learn" 이것이 교육의 본질이어야 미래가 있습니다.

　공병호 박사는 교육의 궁극적 목적은 '자기를 발견하게 하는 것'이라 했으며 사전事典에는 '불완전한 상태로부터 완전한 상태로 향상시킨다' 또 피교육자를 '현존하는 자연적 상태로부터 어떤 이상적인 상태로 이끌어가는 작용', '성숙자가 미성숙자를 대상으로 그 국가 사회가 요구하는 바람직한 사람이 되도록 이끌어가는 것' 형식적 교육과 비형식적 교육, 무의도적 교육과 의도적 교육, 가정교육과 사회교육 학교교육 등 상황에 따라 다양하게 분류하고 정의되기도 합니다.

　21세기의 교육은 〈무엇을 하고 싶은가?〉〈무엇을 할 수 있는가?〉 하고 싶고 잘 할 수 있는 것을 찾아내서 목숨을 건다는 각오로 임해야 합니다.

어떤 일에 10년만 목숨을 걸면 그 분야의 1인자가 될 수 있습니다.
교사는 가르치는 일에 1인자가 되어야 합니다.
목숨을 걸어도 쉽게 죽지 않습니다. 목숨! 그렇게 헤프지 않습니다.

-나는 이곳으로 다시 돌아올 수만 있다면 정말로 잘 할 수 있을 것 같건만 그럴 수 없음에 안타깝고 후회가 막급합니다.
-초임시절 성적이 나쁘다고 점수 목표를 일방적으로 정해주고 못 미치면 책상위에 꿇어앉히고 발바닥을 때린 일, 쉽게 잘 할 수 있도록 잘 가르칠 생각보다 의욕이라는 이름으로 우격다짐 하던 일과 교사의 자질향상이니 자기연찬이니 하는 이름으로 방송대학 5년 동안 매주 써 보내야 하는 리포터작성을 위해 자습을 시키고도 그때는 부끄러운 줄을 몰랐습니다.

-지도안을 만들거나 자료를 대충대충 만들고도, 말 귀를 잘 알아듣는 고학년을 담임하면서 늘 하던 방법으로 안일하게 가수형교수법에 안주했습니다. (가수는 히트곡 몇 곡만 있으면 평생 먹고 사니까요)

- 요즈음에도 나는 가끔 소홀히 한 업무 때문에 교장선생님이나 교감선생님으로부터 독촉을 받고 꾸중 들으며 학부모와 학생들로부터 원망 듣는 꿈에 시달리곤 합니다.

-오늘은 돌이킬 수없는 과거의 잘 못을 속죄하는 마음으로 이 자리에 섰습니다.

-지금 이 자리에 계신 후배 선생님들은 우리 아이들을 위해, 학교를 위해, 학부모들을 위해, 또 나와 가족의 행복과 영광을 위해 선택된 예

비후보 1인자라는 긍지와 자부심으로 지금까지도 잘 해오셨지만 임용당시의 초심으로 돌아가 10년을 죽기로 작정하고 실력을 쌓아야 후회하는 일을 줄일 수 있습니다. 10년은 순식간입니다. 어떤 일에 미치면 아플 여가는 물론 죽을 시간도 없어집니다.

 -다양화된 사회에서는 팔방미인을 요구하는 것이 아니라 전문성을 요구하며 그 분야의 일인자를 요구합니다.
 (공부 잘하면 답답한 사무실이나 연구실에 갇히던지(박사. 교수, 연구원), 아픈 사람들의 비명과 아우성 속에서 평생을 살던가(의사, 약사), 남의 싸움에 휘말려 어느 한사람 눈물 흘리게 (판사, 검사, 변호사)만들며 살아야 합니다.

 ☆교사, 선생님=숭고한 명사입니다.
 아무나 함부로 쉽게 들을 수 있는 이름이 아닙니다.
 교사, 의사, 약사, 판사, 검사, 변호사, 간호사 등등 '사'가 붙는 이름들은 국가가 각각의 업무수행능력을 갖추었을 때 붙여주는 이름입니다.
 교수는 자격증이 없이도 붙일 수 있는 이름이며 교수 요건이라고 하는 박사도 다 다릅니다. 서울대학박사가 서해안 꽁치라면 하버드대학박사는 태평양 참치일 수도 있습니다. 교수사회에도 낙오자가 있고 지게꾼 사회에서도 엘리트가 있습니다. '역사는 꿈꾸는 자의 것이며, 성공은 도전 하는 자의 것' 이랍니다.

 -교사자격증은 학생을 가르칠 수 있는 최소한의 요건을 갖추었다는 것이지 자격증이 있다고 모두 선생님은 아닙니다. 선생님이 되기 위해서는

★실력을 쌓아야 합니다
- 강영우 박사는 실력Competence은 꿈을 실현하는 도구라고 했습니다.
-목적을 달성하기 위해서 맡은 일 이외에 남의 일을 도우면서도 배워서 남보다 많이 알아야 합니다.

-집중력과 시간관리 능력을 개발하라합니다.
시간은 누구에게나 똑 같이 주어집니다. 정해진 시간 내에 우선순위에 따라 시간을 배정하고 관리하면서 조화를 이루어가는 능력이 중요합니다.

-배움에 대한 열정을 유지하라합니다.
열정 없이 성취되는 것은 아무 것도 없습니다. 실력 있는 사람은 새로운 발견과 깨달음에 지속적인 흥분과 감동을 느끼게 됩니다. 그것이 성취에 이르는 필수적인 에너지원이기 때문입니다.

-절실히 요구하면 성취할 수 있습니다.
꿈은 이루어진다고 하지 않았습니까?

-연장이 좋아야 풍성한 결실을 기대할 수 있습니다.
학문의 도구가 없거나 변변치 못하면 고장 난 연장으로 농사를 짓는 것과 같습니다. 선생님의 연장이라 할 수 있는 것은 교육과정, 교육심리, 교육방법, 외국어, 컴퓨터 다루기 등입니다. 연장이 좋아야 풍작을 거둘 수 있습니다.

-좋아하고 잘하는 분야에 미쳐야 합니다.
자신이 가장 잘할 수 있는 능력을 찾아 최선을 다해 개발해야 합니다.

취직이 되었고 돈을 벌 수 있는 직업을 택한 것이 아니라, 좋아하고 잘할 수 있는 직업을 혼신을 다해 찾아왔습니다. 여러분은 여기서, 이 안에서 당신만이 가진 특출한 능력을 찾아 인생을 걸고 끝까지 노력해야합니다 ⇒ 지속적인 행복과 보상이 따릅니다.

'천재는 노력하는 자를 능가할 수 없고, 노력하는 자는 즐기는 자를 당하지 못한다'고 합니다.

-기술이 좋은 자동차 정비센터 정비기사는 콧노래를 부르며 차를 고칩니다. 또 그 일을 늘 재미있어 합니다. 그러나 기술이 없는 사람은 어렵게 고치며 시간도 오래 걸립니다. 또 짜증도 냅니다.
과거에는 노력하고 열심히 하는 것이 특기였지만 요즈음은 특기가 아니라 일상에서 숨을 쉬듯 누구나 다 해야 하는 기본입니다.

-전미여자프로골프LPGA대회 시즌 3승으로 지난 1년 동안에 24억의 상금을 타낸 20세의 신지애나 은반의 여왕 김연아의 연간 소득이 100억이 넘는다니 부럽지 않나요?
여러분도 할 수 있습니다. 다만 그이만큼 골프를 좋아하고 그이만큼 스케이트를 좋아하고 노력하지 못할 따름입니다.

-비교 경쟁하지 마세요.
한국 사람은 눈을 감기고 선물을 안겨준 후 눈을 뜨게 하면 상대방 선물부터 봅니다.

-"엄마, 나 백점 맞았어." "네 짝은?" "걔도 백점 맞았어." "그럼 문제가 쉬웠나 보구나." ⇒ 한국 엘리트가정의 잘못된 가치교육 현주소 입

니다.

★가르치는 일에 프로가 되어야 합니다.
- 할 수 있는 것이 있다는 신념을 가져야 합니다.
* 인간능력의 한계가 어디까지인가?
* 장애아도 종유석처럼 자란다.
* 안 되는 것에 매달리지 말고 가능한 것에 집착하라.
* 생존교육이 먼저다.
* 그가 알 수 있는 방법으로 가르쳐라.
* 인내하라.
* 사랑하라
* 나에게 참 잘 왔다. 감사한 마음으로 대하라.
* 학부모가, 관리자가, 동료가 까무러치도록 매달리고 가르쳐라.
* 자나 깨나 내가 맡은 아이들이 눈에 밟혀야 한다.
「아이들의 집」 빅뉴스big news는 「오늘 아침에 ○○가 이름을 부르자 눈동자를 움직였다」입니다.

-아이들 → 선생님이 진정 좋아하는지, 건성으로 좋아하는 척 하는지 다 압니다
-부모들 → 누가 실력이 있고 훌륭한 선생인지, 지금 한창 연애에 빠졌는지, 부부싸움을 하고 왔는지, 자기 아이가 아픈지, 선생님 자신의 건강에 문제가 있는지, 누구 엄마와 위태위태한 관계에 있는지, 가르치는 일보다 증권이나 정치활동, 이직移職을 염두에 두고 있는지 귀신같이 안다.
★특수교육은 열려야 합니다
특수교육의 양적인 발전은 괄목할 만하다하겠습니다. 하지만 아직도

양질의 교육을 위해 장애범주의 확대, 직업교육 및 전환교육의 활성화, 발달장애인 평생교육 확대 등 교육결과의 기회균등 차원에서 보완하고 확충해야할 부분은 아직도 많습니다.

 - 내실있는 맞춤교육 (개별화)이어야 한다.
 * 철저한 진단평가
 * 현재의 수행능력 파악
 * 할 수 있고 개발할 수 있는 영역부터 발췌
 * 집중적으로 개선하려는 목표 설정
 * 적절한 난이도를 고려하여 잘게 잘게(small step)
 * 그가 흥미를 갖는 분야의 프로그램으로 끊임없이 해야 한다.
 -교실의 문도 열고, 마음도 열어야 한다.
 -특수교육이 특수교육 전공자인 특정인의 전유물이어서는 곤란하다.
 -특수교육은 전문성도 중요하지만 의지가 더 중요하고 온 몸으로 해야 하며 감사한 마음으로 기도하듯이 해야 합니다.

★장애자 그들은 동정의 대상이 아니라 배려의 대상입니다.
그들이 있음에 내가 정열을 태울 일자리가 있고 내 가정에 경제적인 안정을 가져오며, 현재의 내 가정에 그가 없는 것만으로도 우리는 축복받은 인생입니다. 그를 위한 애태움은 나를 위한 저축입니다. 이것이 그들을 함부로 할 수 없는 이유입니다.

살아있다는 게 무엇입니까?
"숨 한번 들여 마시고 마신 숨 다시 뱉어내고, 가졌다 버렸다, 버렸다 가졌다" 그게 바로 살아있다는 증거 아닌가요?
그러다 어느 한순간 들여 마신 숨 내 뱉지 못하면 그게 바로 죽는 거

아닌가요? 숨 잘 쉬고 있을 때 열정을 다해야 합니다. 힘들고 어려움이 있어도 하고 또 해야 합니다. 쉬는 건 무덤에 가서도 얼마든지 할 수 있으니까요.?
〈2009. 12. 22. 부산두레학교에서〉

선생님께 드리는 글

무심한 시간이 흘러 우린 운명을 안다는 지천명知天命의 나이가 되었고, 그때 우리들의 선생님께서는 어떻게 변하셨는지 참으로 궁금했습니다. 우리들을 기억하실지? 그때의 선생님보다 더 늙어버린 제자들을 대하실 선생님의 마음은 어떠하실지 어젯밤에는 가슴 설레어 잠도 오지 않았습니다.

그때 석탄 난로위에 도시락 포개어 놓았던 그 교실은 아니지만, 급식빵 기다리던 그 교정은 아니지만 조촐한 이 자리 그 시절이 너무나 아련합니다.

선생님 기억하십니까?
우리 삼랑진의 동네이름들을요.
송지, 관사, 안송지, 모래등, 검세, 똥뫼, 대실, 깐촌, 칠기점, 무실, 웁실, 밤골, 염동, 만어, 차밧골….

선생님 기억나시죠? 나이롱 바지, 애향단 깃발, 국민보건체조, 삼철이 아저씨, 급식 빵, 자전거방, 등등 추억속의 그 시절은 살아오는 내내 우리들의 안식과 평화의 유토피아였습니다.

시간의 강을 건너며 서른일곱 해가 지나서 친구들이 이렇게 선생님을 모시고 조촐한 자리를 마련하여 선생님을 뵙고 보니 감격과 기쁨이 교차하고 있습니다. 세월이 흘러 그 때 열두 살짜리 아이들은 이제 한 가정의 가장으로, 사회에서는 한 몫 당당히 해내는 일꾼으로 성장하였습니다. 오늘같이 저희들이 올곧게 성장 한 것은 다 선생님의 가르침 덕분입니다.

사람을 키우고 가르치는 일이 얼마나 힘든 일인지 부모가 되어 자식들을 키우다보니 저절로 알게 되었습니다. 좀 더 일찍 찾아뵙고 인사 드려야 했는데 바쁘게 살다보니 사람의 도리도 못하고 살아왔습니다. 너그러우신 마음으로 못난 제자들을 이해해주시기 바랍니다. 선생님을 향한 존경과 감사의 마음을 항상 간직하고 살겠습니다. 오래오래 항상 건강하시어 저희들을 지켜봐 주시기 바랍니다. 감사합니다. 사랑합니다.
〈2010. 2. 20〉

삼랑진초등학교 48회 졸업생 노준곤 올림

등록금 내리는 대학엔 가지마라

　요즈음은 신문이나 방송들이 경쟁적으로 대학마다 등록금을 내린다며 생색을 낸다고 야단들이다.

　정말로 등록금을 내리는 것만이 능사일까?
　나는 등록금을 내리는 대학에는 가지도 말고 보내지도 말라고 두 손을 잡고 말리려 한다.
　내가 가려고 하는 대학이나 다니는 대학의 등록금이 많다고 생각된다면 국공립대학으로 가거나 한국방송통신대학도 훌륭하고 사이버대학으로 가면 된다. 그보다 더 좋은 방법은 열심히 공부해서 장학금으로 공부하면 된다.

　어떤 지방대학의 교수들은 자기들 졸업생이 취업을 하는데 수도권 대학에 비해 상대적으로 손해를 보고 있다고 하면서도 자기들의 제자들을 더 잘 키울 방법이나 생각은 하지 못하는 것 같다.
　정치하는 사람들이야 원래 거짓말로 먹고 사는 사람들이니 그렇다고 하더라도 자녀들의 등록금 문제에 덜 심각한 소위 부유층이라고 하는 사람들은 상상을 초월하는 사교육비를 들여서 선호하는 대학을 선점先占하고, 스스로 공부에 매진하여 신분의 상승을 도모코자 코피를 쏟는 순박한 학생들을 들러리로 부추겨서 대학탐색전을 벌리도록 미로迷路를 더 촘촘하게 만들고 자기들만의 울타리를 더욱 공고히 하고 있다.

등록금 낮추는 대학은 오래 못 간다. 더욱이 취업에 열악하고 상대적으로 소외당한다고 생각하는 대학이라면 더더욱 등록금을 올려야 한다. 그것도 대폭 올려야 한다.
지금처럼 학생을 다 뽑아놓고 등록금을 얼마만큼 받겠다고 하니 모처럼 공부 좀 잘 해보겠다고 각오를 단단히 하고 새학기를 맞을 학생들에게 터무니없는 등록금 소동을 벌려서 김을 빼는 대학은 희망이 없다.

제대로 된 비전vision을 가진 대학이라면 매년 학생 모집 요강에 올해 입학하는 학생들은 지금부터 4년간 8학기 등록금은 얼마만큼씩만 받는다고 예고를 해야 해마다 등록금 문제로 왈가왈부할 필요가 없이 학업에 매진하여 한 학기라도 빨리 학점을 이수하고 조기졸업이라도 할 각오와 희망을 갖게 된다.

올린 등록금으로 기숙사도 늘리고 유능한 교수들도 초빙해서 유수한 기업에서 탐을 내는 제자를 양성한다면 그들 스스로 취업전선에서 지방대학출신이라 차별받는다고 억지를 쓰지 않아도 된다.
혹자가 우수인재 지방정주地方定住를 위한 취업우대정책을 펴야 한다고 주장하면서 말 그대로 역차별을 역설하는 것은 앞뒤가 맞지 않는 억지다.
등록금으로 교직원들에게 턱없이 많은 인건비로 쓰거나 부당하고 방만하게 또는 실익이 없는 연구용역비로 쓸 게 아니라 장학금 수혜대상자를 대폭 늘려야 한다.

돈은 부족하지만 정말 공부가 하고 싶어서, 공부해서 취업하고 싶은 학생, 대학을 신분상승의 사다리로 삼고자 하는 학생은 열심히 공부해서 장학금으로 공부하면 생색만 내는 등록금 인하혜택보다 100%많은 혜택을 보게 될 것이다.

남들이 대학 간다고 중학교 학력 수준도 안 되는 학생이나 공부가 목적이 아니고 대학에 등록금을 희사하고 졸업장만 필요한 학생이라면 아르바이트를 하던, 부모님의 돈으로 기부를 하던, 금융기관에 가서 융자라는 이름으로 빚을 내던 돈으로 때우면 된다.

정부는 꾼들의 무책임한 선동으로 형성된 여론에 못 이겨 쥐꼬리만큼밖에 내릴 수 없는 등록금 실태를 면밀히 파악하여 제대로 쓰이는지를 반드시 그리고 철저히 살펴야 한다.
총선總選이나 대선大選에서 대학생들의 표를 얻겠다고 등록금을 반값으로 내리겠다고 허풍떨고 변제능력도 생각하지 않고 자기돈 그냥 줄듯이 저리의 융자 폭을 넓혀서 선의의 신용불량자를 양산하도록 정부나 대학에 압력을 행사하면서 내년에 뿌릴 볍씨를 지금 당장 밥 지어서 배불리 먹자고 철없는 학생들을 충동질하는 신문과 방송은 물론 그런 어른들은 세상에서 제일 나쁜 악질분자다.

악질 사기꾼들의 압력에 못 견뎌서 학생들의 경거망동을 제대로 지도할 능력이 없는 대학도 하루빨리 문을 닫아야 선의의 피해자를 줄일 수 있다.
학력 인프레이션으로 고졸학생들이 할 일을 대졸학생들이 점령한 일자리를 바로 잡기 위해서 특성화고등학생들의 취업을 늘린다고 대학이 태클을 한다면 그 대학은 하루 빨리 망해야 한다.

 따라서 지금 학생들로부터 받은 등록금을 얼마나 알뜰히 그리고 유효적절하게 잘 활용하여 내실 있는 대학을 만들어 사회가 요구하는 인재를 길러낼 것인가를 고민하고 정말로 공부가 하고 싶은 학생들에게 걱정 없이 공부할 환경을 마련하기 위해서 오히려 등록금을 올리는 대학으로 진학하는 학생이라야 부모님의 어깨에 힘을 실어드리고 국가와 사회를 위해 헌신할 수 있는 미래가 촉망되는 확실한 선택이 될 것이다.
〈2012. 02. 01〉

세월의 속도

 몇 년 전부터 내 시간은 시속 70km로 달린다. 그러니까 범칙금을 물어야 할 과속인 셈이다.
 별로 하는 일도 없는데 하루해가 제 먼저 간다.
 시간관리를 좀 더 획기적으로 잘 해보려고 노력하지만 별로 뾰족한 방법이 없는 것 같다.
 그런 와중에도 요즈음은 내 시간만 그런 것도 아닌 것 같아 씁쓰레하다.

 지난 3월 2일에는 백양산에서 쇠미산을 잇는 산허리에 난 "갈맷길"이라는 숲속의 산책길을 헉헉거리며 걷다가 그 산책길 이웃에 "자연생태보존지역"이라는 습지에 아이들 몇이서 무엇인가를 열심히 들여다보고 있기에 나도 호기심이 발동하여 아이들 틈에 끼었다.
 가장자리에는 얼음도 다 녹지 않았는데 글쎄 개구리들이 모여서 데모(?)를 하는지 와글거리고 주변에는 키위를 갈아 만든 쥬스처럼 개구리알이 지천至賤이고 한 곳에는 벌써 알이 부화하여 검은 올챙이들이 무리

지어 팥죽 끓듯 한다.

　간간히 '양파깡'이 불어터진 모양의 그 유명한 도롱뇽의 알도 보인다.
　개구리가 잠에서 깨어난다는 경칩은 아직도 며칠이나 남았는데 잠에서 깨기는커녕 이미 산란이 한창인 걸 보니 이놈들도 세월이 내만큼이나 빨라진 모양이다.

　어제 본 이곳 만덕동의 '대성아파트' 주차장 옆에 활짝 핀 매화도 오가는 사람들의 환심을 사기에는 과분한 모습으로 마중을 나설 틈도 주지 않고 봄이 먼저 우리 곁에 와버렸다.
　도톰한 목련이 병아리 계란껍질 쪼듯 봉오리를 쪼고 있으니…
　개나리, 진달래, 자두, 앵두, 살구, 복사꽃도… 봄꽃들이 꽃피우기 경쟁을 하겠다 싶다.

　세월의 속도와 계절의 변화도 내 만큼이나 바쁜 모양이니 행여 또 뒤질세라 두툼한 외투는 한 겹쯤 벗어던지고 꽃 마중이나 나가볼까나!
〈2013. 03. 05〉

봄비가 준 선물

 간밤에는 내가 행복에 젖어있을 동안에 봄을 재촉하는 비와 바람이 예상보다 심했나 보다.
 비가 그친 오후에 앞산에 올랐더니 갈맷길 여기저기엔 질펀하니 물이 흘러내리고 삭정이는 물론이고 끝가지와 푸른 잎마저 어지럽게 널브러져 있어 바람의 세기를 가늠할 만하다.

 지난 몇 년 동안 부지런떤다고 새벽 3시에 일어나 애써서 배달한 신문을 두어 시간동안 읽고 나서 손전등을 들고 비 오고 눈 오는 날을 빼고는 앞산에 올랐다가 날이 밝을 무렵에 돌아오곤 했는데 지난겨울 어느 날 눈이 많이 와서 며칠 동안 산행을 할 수 없게 되고부터 마땅히 갈 곳이 없게 되자 온천천으로 때와 장소를 바꾸고부터는 눈이 녹은 뒤에도 오전에는 집에서 이것저것 뒤적이며 시간을 보내다가 볕이 따스한 오후에 햇볕을 받으며 산으로 가곤 한다.
 비가 그친지 얼마 지나지 않아서 인지 질펀한 산길이 물만 넘칠 뿐 땅이 질척거리지는 않아 그런대로 걸을 만 하다. 혹시 내려올 때 추울까봐서 입고 가던 재킷을 벗고 싶을 만큼 이마에 땀이 배고 등줄기가 답답해지자 자켓의 지퍼를 내렸다가 고갯마루에 올라서서 한 겹 벗어 팔에 걸치니 봄비 그친 숲속에서 불어주는 청량清凉한 바람 맛이 목욕 후에 마시는 캔 맥주 맛과는 비교를 할 수가 없다.

 수원지 쪽으로 내려가는 갈맷길 언저리를 따라 흐르는 개울물까지도 겨울동안 쌓였던 낙엽들을 깔끔하게 씻어버린 탓인지 오늘따라 옥구슬을 굴린다. 늘상 다니는 길이며 가끔은 비온 뒷날에도 다니던 길이건만 이처럼 감미로운 물소리도 새삼스럽다. 여느 날 보다는 적지만 오가는 등산객들의 표정 또한 유달리 밝고 맑다싶다. 아무 말이라도 건네 보고 싶어 입언저리가 간질간질한다. 옥천 샘에서 넘치는 약수 한 바가지로 오장육부를 세척하고 돌아서는데 아낙 둘이서 약수에 사과를 씻더니 한 입 베어 물기에 "맛있을 사과를 맛좋은 청정수에 씻어먹는 맛은 이웃사람 숨이 넘어가도 모르겠지요?"했더니 얼굴색이 분홍빛으로 변하면서 "나누고 싶은데 어쩌면 좋겠느냐"고 황급히 돌아서며 함박 웃는다. 나누고 얻지 못해도 마냥 즐겁기만 하다.

 키가 큰 삼나무와 편백나무로 이룬 숲속은 햇볕을 받을 수가 없는 줄로 알고 있었다. 따라서 그 숲 속의 키가 작은 나무는 햇볕에 목말라 살아 갈수가 없을 것 같지만 간혹 땅바닥넝쿨이나 떨기나무가 생존하는 이유를 오늘 비로소 알게 되었다.
 오후의 석양빛이 키 큰 나무들의 옆구리를 비추니 습기 머금은 숲속은 나무 등걸에서 실안개를 피우며 깊숙한 곳까지 그림자와 황금빛 햇살이 데이트를 한다. 숲 속이라고 늘 축축하고 음습하기만 하란 법은 없나보다. 자연은 참 오묘하다 싶다.
 전망대를 지나서 내가 붙여준 이름 "할매 샘"에 이르자 괴이한 일이 벌어지고 있었다. 원래 이름도 없는 샘인데다가 흐르는 물의 양이 목을 축일만큼도 되지 않아서 농으로 붙인 이름인데 자주 만나는 사람들은 할매샘으로 통한다. 그 할매 샘이 2년쯤 전부터 흐르는 물의 양이 신기하리만치 많아서 오가는 이의 발목을 잡더니 지난겨울 가뭄 때도 변함없이 흐르고, 지난 15일(금요일) 오후에도 바가지로 물을 받기가 쉽지 않을 정도로 많은 양의 약수가 흘러내렸는데 많은 비가 내린 뒷날인 오늘(18일)은 한 방울도 나오지 않는다. 참 괴이한 일이며 설명이 불가능한 일이다. 내가 너무 무시하는 이름으로 불러준 탓인가 싶어 혹시 보복(?)이라도 있을까 은근히 걱정이 된다.

　이렇게 생동감 넘치는 자연의 변화는 이제 춘분을 지나면 관절염에 좋다는 지리산 고로쇠 수액도(경북 영양 청송지역에서는 거저수라고도 함) 삼겹살에 소주가 제격인 청도 한재미나리도 내년을 기약해야 할까보다.

　연분홍 진달래를 보기만으로 만족하지 못하고 기어코 꺾어들고 등산객 흉내를 내는 여인의 환한 웃음과 예쁜 뒷모습이 오늘 같이 상쾌한 좋은 날씨와는 어딘가 잘못 어울리는 것 같아 씁쓰름하다.
　〈2013. 03. 18.〉

백양산 소고小考

 산 어귀에 다소곳이 피었던 진달래가 오가는 등산객의 시샘을 받았는지 스치는 훈풍과 입맞춤을 했는지 핑크빛 루즈rouge가 지워지더니 하나 둘 연둣빛으로 바꾸어 바르고 산으로 산으로 쉬지 않고 오른다.
 백양산의 성지곡 쪽은 편백과 삼나무가 덮고 있지만 만덕동 쪽은 상수리를 비롯한 굴참나무며 떡갈나무와 졸참나무 등 참나무종류와 단풍나무, 산 벚나무, 때죽나무, 너도밤나무를 비롯한 산밤나무, 오리나무 등 잡목이 대부분이어서 겨울에는 볼품이 없고 삭막하기 이를 데가 없다.
 이 볼품없던 백양산도 봄날을 맞으면 백양산을 사랑하는 만덕동 사람들이 밤낮없이 색칠을 하며 아름다운 명산名山으로 가꾼다.

 긴긴 겨울동안 산그늘에 햇볕도 제대로 받지 못하고 알몸으로 체력을 단련한 나목裸木들이 요즈음은 햇볕 쟁탈전을 벌린다.
 시집갈 새색시를 꾸미듯 만덕동 사람들은 볼품없던 나목들의 가지 끝에다 야시시한 연두색 속옷을 입힌다. 그도 한 번에 홀랑 갈아입히지 않고 자벌레 처럼 한 자씩 한 자씩 정상을 향해 밤낮없이 새 옷으로 갈아

입힌다.

 있는 듯 없는 듯 야릇한 향수를 뿌리며 새 옷만 입히는 게 아니라 요즈음은 야시시한 그 속옷위에 듬성듬성 운무雲霧처럼 산 벚 무늬도 그려 넣는데 무지개마을과 잘 어울리는 그 황홀한 명화감상은 지금의 저녁나절이 금상첨화錦上添花다.
 만덕동쪽의 백양산은 유독 산 벚꽃이 많아서 4월이 되면 잎새부터 웨딩드레스를 너울거리며 정상을 향해 한 자씩 한 자씩 쉬지 않고 순백純白의 무늬로 수놓아간다.
 산 벚꽃과 나목裸木들의 연두색 속옷이 어우러져서 백양산을 꾸미는 성스러운 작업은 흡사 자벌레들의 경주 같다.
 진달래가 올라가면서 순차적으로 피면 벚꽃이 질 새라 기어오르고, 오리나무도 함께 가자고 아둥바둥 나서며 때죽나무도 밤나무도 늦잠에서 깨어난 듯 모두가 자벌레처럼 정상을 향해 기어오른다.

 점점 진한 초록으로 겨우내 단련한 정력을 자랑하며 한 줌이라도 더 많은 햇볕의 사랑을 받으려고 아름다운 경주를 한다.

 다리脚가 부실한 나도 백양산 642m 정상까지 진달래보다 먼저 한번은 다녀오고 싶지만 엄동설한에 게으름을 피운 탓인지 선뜻 나서지 못하니 이렇게 저렇게 미루다 영원히 오르지 못하게 될까봐 지금부터 걱정 아닌 걱정을 한다.

 백양산의 4월은 치열하게 색칠경쟁을 하지만 마침내 모두가 의좋은 형제처럼 어깨를 걸고 진한 초록색으로 단체복을 갈아 입으면 이제 또 송화가루 흩날리며 백양산을 사랑하는 만덕동 사람들은 코끼리 마스크

를 하고 싱그러운 산림욕을 즐기리라. 〈2013. 04. 02〉

수능 문제의 처방은 없는가?

　작년 수능이 끝나고부터 벌어진 세계지리 문제의 오류가 1년을 너머 시비를 벌이면서 수십만 응시자와 수백만 가족과 국민들의 가슴을 조이더니 결국 629명의 수험생이 추가로 정답 판정을 받고 선택의 기로에서 망설이고 있다.
　참으로 황당한 일들이 한 둘이 아니지만 국가대사로 대학에 진학하려는 성인들의 시험장 입장의 편의를 위해 평소보다 유동인구가 적어졌음에도 온 나라 직장인들이 출근시간을 늦추는 일을 당연하게 여기는 국민들이 참 이상하다. 나라가 온통 수능 시험장에만 혼이 빠져 있으니 내가 김정은이라면 대한민국 수능일 아침에 폭격기를 띄우면 식은 죽 먹기다 싶다.

　수능이던 대학입학자격시험이던 이름이 문제가 아니라 수험생이 대학에 진학하여 학업을 수행할 기본적인 학력을 갖추었는지가 핵심일 터인데도 EBS 방송내용을 기본으로 수험생들의 실력에 맞추어 난이도를 조절한다니 이러다가 몇 년 후에는 초등학교 졸업수준의 교육과정 내용이 출제되지 않을까 걱정된다.

　배우는 학생들이 교육과정에서 제시한 내용을 제대로 배웠는지, 얼마나 잘 이수했는지를 가늠할 잣대를 제공하고 가르치는 사람이 얼마나 잘 그리고 알뜰히 가르쳤는지를 객관적으로 판단하여 교수 학습방법과 내용을 점검하고 반성하며 새로이 계획하는 단서를 제공하며 학생이나 인재를 필요로하는 대학이나 회사나 기관에서 학업이나 업무를 어느 정도로 수행할 수 있는지를 가늠하는 기능을 해야 하는 것이 평가의 목적일진데 학생들의 실력에 맞추어 난이도를 정하고 평가를 한다는 것은 학생과 교사를 대상으로 하는 정부평가기관의 사기행각이라 해도 과언이 아닌 것 같다.

　국가 중대사인 수능 시험 문제를 출제하고 관리할 교육부와 평가원 담당자의 안일함과 무소신, 무책임은 물론 출제한 교수와 점검한 교사의 철면피가 참 가소롭다.
　1년여 동안이나 지나서 그것도 전공한 학자들이 아닌 법률전문가인 재판부에 의해 시비가 가려지고 올해는 영어과목과 과학교과에서도 과오가 재발했단다.
　사람이 하는 일이라 자칫 실수를 할 수도 있을 수 있지만 629명이 추가로 정답 판정을 받아 해당 대학과 당사자의 황당한 선택의 고뇌는 고사하고라도 명색이 교육전문가라는 교육부가, 대한민국의 관계 학문분야의 최고 권위자인 대학의 교수가 시험문제를 잘 못 출제하여 동료 학자들의 자존심과 명예를 송두리 망가뜨리고도 지금까지 혀를 깨물었다거나 손목을 잘랐다는 양심의 소리는 들리지 않는다.

　적어도 직접 관여한 담당자와 관여한 출제자와 검토한 교사는 용기를 내어 언론 앞에 나와 과오에 대한 사죄가 있을법하지만 감감 무소식이니 참 황당하다.
　무릇 학자의 생명은 자존심이다. 따라서 자존심도 부끄러운 줄도 모르는 철면피는 이미 학자가 아니다.
　출제자와 검토자 및 업무담당자는 죄가 없는데 평가원장이 무슨 죄가 있는지 물러나고 끝내려 한다면 담당자가 잘 못이 있어도 기관장이 책임을 지므로 하급공무원이나 담당자의 무사안일하고 무책임한 업무자세는 달라질 수가 없으며 어렵고 복잡하며 파급력이 높은 일은 맡지 않는 것이 가장 현명한 공무원 사회가 될 것이다.
　공무원이 왜 필요한지 참 황당하다.

　사교육을 잡겠다고 수능문제 70%를 EBS교재와 연계해서 출제한다니 시험문제를 미리 알려주고 보는 시험과 무엇이 다르며 수능이 단지 대입 지원자의 서열을 정하기 위한 수단일 뿐 대학에 진학하려는 학생들이 배워야 할 것을 제대로 배워서 대학의 교재와 교수의 강의를 이해하고 전공분야의 학문을 원활하게 학습할 수 있는지와 무관하다면 참으로 황당한 일이 아닐 수 없다.

　고등학교 3년의 교육과정을 2년 만에 날치기로 끝내고 남은 1년 동안은 수능과 대학 입시에 매달리는 숨바꼭질을 당장 멈추어야 한다. 수학능력평가가 무슨 아이들의 놀이판이 아니라면 말이다.
　수학능력평가와 사교육비는 별개의 문제이며 교육부는 수능보다도 더 복잡하고 어려운 대학입시전형요강으로 대학과 학생과 학부모의 목을 조르는 일부터 포기해야 한다.
　대학은 기업이 필요로하는 학생을 기르기 위해 대학 스스로 필요한 학생을 선발하고 기업은 학벌이 아니라 자기회사에서 필요한 인재를 스스로 선발하면 입시문제가 이토록 목숨을 걸지 않아도 되지 않을까?

대학입시와 수능과 사교육이 이토록 엇박자를 치는 진짜 문제는 교육부 장관 자리를 교육의 교敎 자字도 모르는 정치꾼이 점령하니 당연한 귀결이 아닌가 싶다. 〈2014. 12. 19〉

국정감사 참 가소롭다

  19대 국회의 마지막 국정감사가 우여곡절 끝에 9월 10일부터 10월 8일까지 1개월간 실시된다고 하는데 이 기간 중 토요일과 일요일, 추석 연휴와 마무리 하는 날을 빼면 실제로 감사를 할 수 있는 날은 18일 정도이지만 증인채택이나 사소한 트집으로 싸움질 하느라 공치고 야당은 이 금쪽같은 시간에도 집안싸움으로 국정감사에는 아예 관심이 없을 뿐만 아니라 피감기관만 9월6일 현재 780곳에 이른다고 한다.

  국해의원國害議員 280여명이 13개 상임위 팀으로 나누어 이 많은 피감기관을 징검다리 건너듯 뛰어다니며 허세부리고 트집 잡고 싸움질하며 선거자금 걷는데 정신이 없다는 걸 눈 뜬 장님도 다 안다.

  도대체 몇 리어카나 되는지조차도 모르는 자료를 요구해놓고는 내용이 무엇인지도 모르면서 구름 잡는 질문으로 횡설수설하다가 시간이 없으니 서면으로 답변해 달라며 전국을 헤매고 다닌다고 감사가 제대로 될 턱이 없다.

증인 채택이나 출석요구도 가당치 않다. "예" "아니오" 그 한 마디를 듣기위해 그렇게 많은 기업체의 회장이나 사장, 나라를 지키는 경찰과 군 지휘관을 몇 시간씩 붙잡아 두고 망신 주는 일은 망국질 중에서도 가장 나쁜 망국질이다.

무릇 나라의 경제는 물론 일자리를 만드는 사람은 기업하는 사람이지 쓰레기 같은 국해의원이 아니다. 적게는 수백에서 수십만 수백만 명을 먹여 살리기 위해 노심초사하는 CEO들을 왜 불러요? 물어봐야 할 일이 있으면 시도 때도 없이 싸움질이나 하는 네놈들이 직접 찾아가거나 그것도 귀찮으면 보좌관들은 놀고 먹여 살찌워서 잡아먹을 건가?

년전에는 군부대 국감장에서 부대장인 장군앞에 사병복을 입고 나타나서 개망나니 짓으로 60만 국군의 명예를 짓밟더니 이번에는 경찰총수에게 장난감 총을 쥐어주고는 총기 사용법을 시연試演해 보라며 목숨 걸고 치안을 지키는 13만 경찰을 망신 주는 일이 생겼단다. 경찰청장이 얼떨결에 시연을 해보이려 한 모양인데 대한민국의 경찰총수라면 "장난감으로는 안 된다. 경찰이 사용하는 실물 권총에 실탄을 장전한 총으로 시연을 해 보겠다"고 하고는 그놈의 국해의원을 향해 방아쇠를 당겼다면 4천만의 속이 얼마나 시원했을까 싶다. 뒷골목의 3류 폭력배 같은 오만방자한 놈들을 쓰레기 하치장으로 보내준 나에게도 책임이 없다할 수 없으니 누굴 원망하랴! 하늘의 뜻이 진정 우리를 버리지 않기를 기도 할 뿐…

〈2015. 09. 16〉

동백섬 만물상

　백양산 언저리에서 24년을 살다가 이국異國의 냄새가 물씬 풍기는 이 곳 해운대 우동으로 이주한지 2주가 지났다.

　오늘따라 봄비에 갇혀 옴짝달싹 못하니 오만 잡념이 집안을 가득 채운다.
　아침 4시경 버릇처럼 자동으로 기상이 되면 이 곳 지리가 생소하여 묵직한 장산은 엄두도 내지 못하고 주먹만 한 동백섬을 맴돌게 된다.

　집을 나서서 꽃피는 동백섬까지 20분, 섬 둘레길 930여m를 한 바퀴 돌면 10분이 소요되므로 5바퀴를 돌고 해변으로 내려가 20분 정도 몸을 풀고 돌아오면 두 시간 남짓 걸리므로 아침운동으로는 이만하면 넉넉하다 싶다.

　아직 조금은 쌀쌀한 날씨지만 걷다보면 몸도 따뜻해지고 걷는 위치와 시간이 지남에 따라 풍광과 느낌이 다르고 앞서가는 사람들의 걸음걸이와 모습을 보면 지루함보다는 오히려 재미가 솔솔하다.

 주로 내 또래의 어른들인데 팔을 흔드는 모습부터 각양각색이다.
 앞으로 여덟 八자로 흔들거나 뒤로 여덟八자로 흔드는 사람, 직각으로 굽혀서 얼굴 위까지 피스톤운동을 하거나 흐느적흐느적 엉덩이만 유난히 좌우로 흔들며 열심히 옆 사람과 재잘대며 걷는 여자 분들과 발보다 윗몸이 먼저 가고 싶은 사람, 한쪽으로 기우뚱거리며 걷거나 반바지 차림으로 달리기를 하지만 3살 어린이가 달리듯 제자리에서 동동거리는 마음만 급한 사람, 방금 포경수술을 하고 병원 문을 나서는 사람처럼 양반걸음을 하는 사람, 온 몸에 문신文身을 한 외국인이 팬티만 입고 성큼성큼 달리기도 하고, 바다를 향해 두 손을 지극정성으로 비비며 지루하도록 절을 하는 사람, 벤치에 드러 누워 두 발을 하늘을 향해 바둥거리는 사람, 수로를 따라 흰 지팡이에 의지하여 망설임도 없이 걷는 시각장애인, 걷거나 뛰는 방향을 표시한 화살표를 거꾸로 읽는 멀쩡한 장애인도 있고 걸친 옷과 신발의 모습과 디자인도 천차만별이라 저 사람들에게 나는 어떤 모습으로 비칠까를 생각하면 절로 웃음이 나온다.

 마리나 쪽의 이국적인 빌딩숲 풍경과 광안 대교위에 걸린 보름달이 한 폭의 명화名畵가 되기도 하고 달맞이언덕위로 먼동이 트면 해변에는 멀리서 온 여행객들의 새벽 산책도 하나 둘 늘어난다. 멀리 동남 해상의 수평선에 섬처럼 떠있는 상선商船들의 조명도, 통통거리며 바쁘게 물살을 가르는 바지런한 조각배도 그림에서 빠지면 서운할 것 같다.

 섬 정상에 위치한 최치원 선생 동상으로 가는 길도 빼놓을 수 없는 풍치요, 입구의 주차장을 들어서서 산책길을 따라 화장실을 끼고 걷는 다른 길도 매력 만점이며 누리마루 전망대에서 남해를 바라보면 오륙도가

굽이굽이 강물처럼 • 255

점점이 떠있다.

　바다가 성이 나서 집채만 한 파도가 인어상을 덮치면 폭격을 맞은 파편처럼 부서지기도 하고 어떤 날은 숨도 쉬지 않는 듯 순한 맛이 캐시미어cashmere 이불같이 아늑하고 푹신한 느낌을 주는 앙큼함도 숨기고 있어 변화무상한 동백섬의 매력에 나도 모르게 빠져든다. 〈2016. 5. 3〉

정치개혁 제대로 하자

 6월에 있을 지방선거에 출마하기 위해 어느 지역 모모 의원이 사퇴를 했다느니 하는 그들만의 잔치를 춥고 배고픈 서민들과 선거 때마다 가려 뽑는다고 애쓴 유권자들이 보기엔 참 가당치도 않는 이야기로 들린다.

 국회의원이 되면 유권자를 하늘처럼 섬기며 지역발전을 위해 분골쇄신하겠다는 언약을 믿고 표를 모아 당선을 시켜준 게 얼마나 지났다고 유권자와의 그런 철석같은 약속을 헌신짝처럼 내던지고 더 큰 떡을 얻기 위해 유력 정당과 권력의 핵심 언저리를 맴돌며 발칙한 처신으로 주어진 임무를 팽개치고 엉뚱한 짓거리를 하면서도 의정활동비나 세비는 꼬박꼬박 챙기는데도 유권자들은 너무 너그럽다.

 ○○○당 당사의 벽면에는 "더 잘 하겠습니다"는 글귀가 붙어있었다. 내가 보기에는 "거짓말을 더 잘 하겠습니다"라는 말을 몇 자 줄여서 써 붙인 것 같은데 더 잘하겠다는 이 말이 진심에서 나온 말이라면 국민의

세금으로 선출된 공인이 더 큰 개인의 영달을 위해 유권자와의 약속을 손바닥 뒤집듯 하는 사기꾼들을 공천하고 당선시키려 한다면 당사의 벽면에 붙인 구호는 국민을 현혹하는 사기집단이라는 지탄을 면치 못할 것이며 국민의 신뢰를 져버린 정권이 제대로 된 정치를 할 수 있으리라고 믿을 사람도 없을 것이다.

더욱 안타까운 마음은 이런 철새를 가려야 할 특정지역 유권자들은 ○○○당이면 사기꾼이든 상습범법자든 눈감고 밀어주고, △△△당은 공천이 곧 당선이라는 자만에 빠져서 공천 갈라먹기 싸움이나 하고 있으며, 감시하고 가려내야할 시민단체들은 국민과 정부 간에 이간질 할 일만 찾아다니고, 힘 있는 노조는 어떻게 하면 나라와 국민을 더 괴롭힐 수 있을까만을 생각하며(?), 신문과 방송은 특종에만 관심이 있는 것 같아서 대통령 당선자의 의지나 믿어볼 수밖에 없다는 생각이다.

만약에 유권자가 맡겨준 직분을 사퇴하고 더 큰 떡을 갖기 위해 연고지를 옮겨가며 목을 맨다면 억지로 붙잡을 수는 없다고 하더라도 그 자리를 채우기 위하여 치러야하는 보궐선거비용은 당연히 원인제공자가 부담하게 하는 것이 국민이 낸 세금을 소중히 여기고 섬기는 마음이 있다는 증표가 아닌가싶다.

유권자들과의 약속을 그렇게 쉽게 팽개치는 이런 사람들을 당선시켜 줄 리도 없겠지만 국민이 낸 세금으로 자기는 이름만 팔면 먹고 싶은 떡이 저절로 굴러온다고 생각하며 국민을 우습게 여기는 이런 생각부터 함부로 할 수 없도록 책임을 지우는 일 이것이 정치개혁의 시작이 아닐까 한다. 〈2022. 5. 20〉

요즈음 TV 아이들이 볼까 두렵다

 어쩌다 세상이 궁금해 TV를 켜면 손주들이 볼까 얼굴이 달아오른다.
 탈세, 사기, 살해, 성폭력, 분식회계, 성추행, 부적절한 관계, 유용, 횡령, 갑질, 자살, 음주운전, 특혜, 법조비리, 방산비리, 파벌싸움, 권력다툼, 전관예우 등등 셀 수도 없이 많은 사건들로 저희끼리 감싸고 눈감아주고, 일감 몰아주고… 입에 담기조차 부끄럽다.
 제대로 굴러가는 나라라면 들어보기 어려운 용어들이다.

 게다가 매스컴에 따르면 신생 국민의 당 김○수에 대한 이야기가 참 가관이다.
 86년 12월 25일생이니 만 29세에 불과한데 국민의 당 비례대표로 국회에 입성한 당의 자랑인 인재란다. 나도 그렇게 생각한다. 30세도 되기 전에 상상이 안 되도록 많은 특권을 누리는 국해의원에 낙점된 것만 봐도 보통의 인재가 아니다. 뿐만 아니라 이른 나이에 수십억씩이나 되는 돈을 부당하게 챙기는 수법이나 신문과 방송 특히 검찰에까지 그런 일이 없다고 잡아떼는 수법이 수십 년 익힌 사기꾼들 못지않으니 장래가 촉망되는 국보급 인재임에 틀림없다. 따라서 신생 국민의 당 앞날도 햇볕이 쨍쨍할 것 같아 기대가 된다.

더 가관인 것은 민주당의 서○교 재선 국해의원(64년 11월 11일생으로 만 51세)의 특권남용 챔피언 전력을 보면 우리나라 국회가 쓰레기하치장이 아닌가하는 착각이 든다. 당의 지도부와 수도서울의 중량 갑 유권자들도 부끄러운 줄을 모르고 동료 300명 모두가 같은 쓰레기인 줄을 감지하지 못한다.

쓸데없이 보좌진을 늘리더니 가족들을 모두 보좌진에 이름 올려서 인건비를 횡령하거나 보좌진의 인건비를 갈취하는 등 구린내가 진동하는 더러운 얼굴로 고분고분하지 않는 총리부터 장·차관이나 피감기관장은 물론 군인, 경찰, 기업의 총수들까지 호통 치며 망신주거나 해임건의안을 내는 등 낯짝 두꺼운 짓만 가려서 한다는 보도는 모두를 실망하게 한다.

이달은 6·25남침이 일어난 지 66주년이 된다. 동란의 참화를 기억하고 국론을 하나로 모아 후손들에게 부끄럽지 않은 대한민국을 만들고 발전시키려는 각오를 다져야하고 자자손손 잊어서는 안 될 뜻 깊은 달이다.

뿐만 아니라 북쪽에서는 하루도 쉬지 않고 조국을 가만두지 않겠다고 협박을 이어가고 있어서 국민 모두는 물론 국방에 촌음도 곁눈질을 해서는 안 되는 상황임에도 국해의원이라는 특권으로 보도진들을 대거 대동하고 군부대를 들락거리니 각급 군 지휘관들은 그들을 수행하고 안내하며 보고하느라 국방공백사태를 만들게 된다. 당신들이 국토방위에 대해 아는 것이 무엇이며 무엇을 알고자 하는지 궁금하다. 기우杞憂 같지만 국방 비밀을 탐지하여 적에게 유리한 정보를 흘려주려는 의도는 아닌지 의심이 간다. 제발 사기진작이니 국방실태파악이니 그런 빌미로 국방을 방해하지 말라. 당신들이 한번 움직이면 부대전체는 벌집을 쑤신 듯 아수라장이 되는 줄을 알기나 하나?

　제발 빌고 또 빕니다. 20대 국회에서는 인면수심의 탈을 벗고 책임과 의무를 다하며 성실하게 살아가는 서민들의 심장에 염장을 지르지나 말고 그냥 임기나 채우고 마치기를 간절히 비나이다. 후손들에게 오명汚名을 남기며 가문과 족보를 더럽히지 말기를 간곡히 당부하나이다.

〈2016. 6. 25〉

안보라인에 구멍이 났다

　얼마 전에 방위사업을 군 수뇌부출신들이 장악하고는 그들 예비역 선배와 현역 후배들이 원원하면서 부정을 저질러 나라가 망하던 장병의 목숨이 날아가던 내 배만 채우자는 똥별들의 방위산업에 구멍이 뻥 뚫렸다는 기사를 접하고 가슴이 쿵 내려앉아 아직도 두근거리고 있다.

　와중에 최근에는 사드THAAD(고고도미사일방어체계)배치문제로 경북의 상주지역에 북한의 핵무기를 방어하는 사드는 절대로 안 된다는 홍역이 번지고 있다니 이 또한 심장이 멎을 지경이다.

　사드란 걸 들어 본적도 없는 농민들이야 명색이 머리통에 먹물이 든 사람들이 선동을 하면 그런가 하고 따르기 마련이지만 군수라는 사람이, 국해의원國害議員이라는 사람이, 대통령이 되겠다는 사람이, 정치가 아무리 개판이라 해도 그 정치판의 지도자라는 사람이 자기의 입신출세와 욕심을 채우기 위해 민초들을 선동하여 악의 소굴로 인도하고 있으니 앞으로 닥쳐올 나라와 정치의 앞날 걱정에 일이 손에 잡히지 않는다.

이 나라는 월급쟁이 교수는 있어도 지진이 할퀴고 갔는지 학자도 어른도 다 망가져버린 폐허가 된지 오래인 것 같다.

대통령과 정부도 마찬가지다.

대통령이 국민의 신뢰를 받지 못하고 관료가 국가관과 소신이 없으니 정치를 나무랄 수도 없다.

북한의 핵이 정말로 나라의 앞날을 걱정할 정도이며 잠수함발사탄도미사일이 안보에 치명적인 무기라고 판단되면 방어력을 갖추는 것이 국정 제1의 목표가 되어야 마땅할 것이다.

김정은의 핵무기가 말만으로 막을 수 있는 장난감이 아니라는 인식이 있다면 사드를 설치하건 대응하는 핵을 개발하던 대통령을 필두로 안보 라인의 철저한 검토와 협의하에 일사불란하게 대응하는 것이 당연지사가 되어야 할 터인데…

경제도 중요하고 청년의 일자리도 중요하며 복지든 외상이든 걱정해야 할일이 많지만 이런 호사는 국토방위에 흔들림이 없을 때 생각할 문제다. 나라를 잃고 국토가 초토화되며 권력과 재력을 가진자들이 비행기타고 도망간 후에는 "소 잃고 외양간 고치기"도 불가능한 교훈을 임진왜란과 병자호란은 너무 멀어서 기억에 없다손 치더라도 일제 36년과 6·25의 경험으로 익히 알고 있으면서도 말장난으로 안보를 외치면 김정은이가 콧방귀나 뀔까?

잠수함이 필요하면 시급히 개발하거나 도입해야하며 사드가 대안이라면 설치해야 한다. 언제 어디에 무엇을 배치하며 무슨 병기를 개발한다고 미리 떠벌리면 적은 한수 앞서간다. 귀신도 모르게 가능한 빨리 설치해야하고 막강한 병기를 개발하면 된다. 우리 국방력은 최대한 늘리되 국방정보는 숨길 수 있는 데까지 숨기고 적국의 국방력과 정보는 최

대한 많이 알고 확보하는 것이 전술의 진수眞髓다.

　정부와 장관이 과잉홍보로 허세를 부리는 와중에 국방장관이 비장의 무기와 배치장소를 세상에 공개해서 시끄러워지니 대통령이 다른 곳도 좋다고 죽 쑤는 소리하고, 청와대의 안보실장은 꿀 먹은 벙어리다. 국가 존망의 문제를 사전검토도 제대로 하지 않고 어설프게 공개를 해서 뒷수습에 좌왕우왕하는 꼴을 보면 이 정부가 얼마나 무능한지 삼척동자도 알 수 있다.

　사드 배치장소를 이곳저곳으로 흘려서 강풍에 산불 번지듯 불을 지르는 정부의 의도를 믿을 수가 없다. 이런 일련의 사건전개과정을 보면서 우리의 안보라인이 진정 나라를 걱정하는 책임있는 공직자의 자세인지 적국에 유리하도록 정보를 흘려서 알려줄 의도인지 도무지 믿을 수가 없다. 무식하고 미련하지만 선량한 민초들은 기대고 의지할 언덕을 찾을 수가 없다. 〈2016. 8. 25〉

지하철 배려석配慮席 문제는 없는가?

　65세 이상 어르신들과 임산부 장애인 영유아동반자 등 노약자들에게 지하철을 편하고 부담 없이 이용할 수 있도록 객차의 가장자리에 배려석을 마련해줘서 어르신들의 전용좌석으로 정착되었다.
　만삭滿朔의 임신부보다 더 힘들고 어려운 초기 임신부는 외관상 임신부의 표시가 나지 않아서 집중되는 시선을 감내할 용기가 없으면 배려석에 앉을 생각을 접어야 하고 열차 안에 손님이 넘쳐나도 빈 배려석에 젊은이가 앉는 경우는 찾아보기 어렵다. 참 잘 정착된 우리만의 경로정신이 아닌가 싶다.
　반면에 지하철을 이용하는 어르신이 많아지면서 일반좌석에 어르신들이 앉는 경우는 예삿일이 되고 있다.
　이런 일이 생기는 까닭은 어르신들을 위한 배려석이 부족하기 때문이기도 하려니와 좀 부끄러운 이야기이지만 어르신들을 위한 배려석에 함께 앉기를 꺼려하는 어르신들이 많아지면서 생기는 현상이기도 하다.

　정해준 배려석을 비워놓고 일반 좌석을 점령해서 큰 소리로 급하지도 않은 전화를 하거나 게임을 즐기는 어르신들을 보는 젊은이들의 보이지 않는 원망이 걱정스럽고 이런 몇몇 "호박에 줄치면 수박 될"거라고 여기는 얌체 어른들 때문에 어른의 품위나 공경심이 허물어지지나 않을까 싶은 염려스러운 마음으로 참 안타깝다.

또 배려석이 부족하여 앉을 수가 없지만 일반좌석으로 가면 아직은 자리를 내주는 젊은이들이 많아서 앉을 확률이 높기 때문이기도 하다.

자리에 앉기만을 집착한 나머지 자리양보를 받으면 한두 번쯤 사양하거나 고맙다는 헛 인사도 한마디 없는 어른들 때문에 공경심으로 양보하는 자리가 아니라 재수가 없어서 자리를 내줄 수밖에 없는 그 젊은이의 마음을 헤아리지 못하는 무감각도 어른이 존경받지 못하는 원인의 하나가 아닌가 한다.

차제에 여성 배려칸을 운영하듯이 객차마다 가장자리에 배정하는 배려석을 없애고 승하차가 편리한 객차 한 두 칸을 아예 어르신을 위한 전용 배려칸으로 운용하거나 배려석의 표지를 떼어 없애면 빈 좌석을 남겨 두고도 일에 지친 젊은이들이 서서 가지는 않을 것이다. 또 어르신들에게도 철도공사가 경로요금제를 시행하듯이 약간의 운임을 받으면 아무 곳에나 앉아도 마음이 불편하지 않을 것 같다.

이제 곧 봄이 오고 날씨가 따뜻해지면 어르신들의 나들이가 더욱 활발해 질 터인데 지하철의 배려석이 부족하여 일반좌석을 점령하면 요금을 내고 이용하는 젊은이들 보기가 더 미안하고 앉은 자리가 너무 불편해질 것 같다.

지하철을 무료로 이용하는 어르신들과 유료로 이용하는 젊은이들 모두에게 더 효율적이고 쾌적한 운용방법은 없을까? 〈2017. 2. 15〉

□ 발문

무한한 책임감으로 성공한 교육자

　힘들고 어렵게 살면서도 직분職分에 최선을 다하여 높은 수준의 성취를 이루어 내거나, 설사 내게 조금 불리한 일이 있다하더라도 일희일비一喜一悲하지 않고 매사 순리에 따라 기다려 줄줄 아는 사람, 인품이 부드럽고 인자하여 이웃을 소중하게 여기는 사람, 스스로를 갈고 닦아 늘 자신의 품격을 다듬고 높이며 스스로를 존중할 줄 아는 사람, 자신을 살피어 욕심을 내려놓을 수 있으며 자연의 순리를 따르고 수용하려는 여유를 아는 사람이라면 성공한 사람이라 할 수 있지 않을까 하는 생각을 늘 하고 있었습니다.

　나는 위에서 열거한 도덕적 규범과 능력을 갖춘 사람을 꼽으라면 천창우 교장을 지명하는데 주저하지 않습니다.

　천교장의 회고록을 읽으면서 '공부하면서 일하고 일하면서 공부하는 것이 인생이다' 라는 김형석 교수님의 말씀에 동의하면서(본문에서도 인용되고 있음) 천교장이야말로 교수님의 말씀을 증명이라도 하듯 살아온 사람이라고 생각합니다.

　본 회고록의 전편全篇을 관통하는 일관된 기조基調는 생활이 아무리 어려웠어도 좌절하지 않았고 남을 탓하기 전에 잘못된 일은 자신의 탓이라 여겨 잘못을 바로 잡기에 최선을 다하였습니다. 43년여의 교직생활에서 오로지 제자들을 사랑하고 학생을 가르치는 일을 가족보다 오히려 우선하였음을 알 수 있으며 그러한 생활은 퇴직 후 지금까지도 진정한 교육자의 면모를 잃지 않고 있음을 생활 곳곳에서 보여 주고 있습니다.

효심 또한 몸으로 본을 삼았고, 제자를 육성함에 혼신의 힘을 아끼지 않았으며, 가정과 동생들에게 헌신한 천교장의 근면과 성실함이 그리고 무한한 책임감이 성공한 인생을 살게 한 바탕이 아닌가 생각합니다. 이러한 일생의 족적들이 자식들에게, 또 많은 제자들과 후진들에게 깊은 감명과 영향을 미쳤을 것으로 확신합니다.
 어려운 시대를 함께 살아온 우리 7080세대는 천 교장처럼 치열하게 살아온 사람들이 있었기에 우리의 교육계가 이만큼 발전하게 된 바탕을 이루었다 할 수 있을 거라고 믿어 의심하지 않습니다.

후진들이 이 회고록을 읽고 7080세대들이 광복이후 6·25 전쟁의 폐허 속에서 감당하기 어려운 혹독하고도 극한적인 환경 속에서 어떻게 살아왔는지 짐작할 수 있을 것입니다. 후배 교육자들이 이 회고록을 읽는다면 교실도 교구도 제대로 없던 시대를 거치며 어떤 사명감으로 교수 활동을 하였는지 또 오늘의 교사들은 어떤 자세로 제자들 앞에 서야 할지를 가늠하게 될 것입니다. 독자들 모두가 저자처럼 지금보다 더 나은 미래를 위하여 일희일비하지 않고 늘 여유롭게 준비하는 행복한 삶을 살아갈 훌륭한 지침서가 될 것을 믿어 의심하지 않습니다.
 천교장의 변함없는 이웃사랑과 건강한 여생餘生을 기원하며 더 많은 독자讀者들께서 감명 받기를 기대합니다.

2022년 6월 부산 사범 동기생 박순강

■ 천창우 프로필

- 출생 : 1943. 7. 15(음력 6.14)
- 본적 : 경남 밀양시 상동면 고정리 519번지
- 주소 : 경남 밀양시 상동면 고답 2길 27
- 전화 : 010-3845-4548
- mail : ccu3773@hanmail.net

학력/
- 1950. 04. 05. ~ 1956. 03. 20. 밀양 고정국민학교
- 1956. 04. 01. ~ 1959. 03. 20. 밀양중학교 상동분교
- 1959. 04. 01. ~ 1960. 02. 20. 밀양농잠학교
- 1960. 03. 07. ~ 1963. 02. 25. 부산사범학교
- 1982. 03. 05. ~ 1987. 03. 26. 한국방송통신대학교
- 1993. 03. 02. ~ 1996. 02. 24. 부산대학교 교육대학원(교육학 석사)

경력/
- 1963. 03. 12. ~ 1963. 11. 20. 경남 하동군 월운국민학교
- 1964. 03. 09. ~ 1964. 11.18. 경남 밀양군 산동국민학교
- 1964. 11. 19. ~ 1967. 05. 13. 군복무(5관구 사령부 의무참모부)
- 1967. 06. 15. ~ 1974. 02. 28. 경남 밀양군 삼랑진국민학교
- 1974. 03. 01. ~ 1978. 02. 28. 경남 밀양군 상동국민학교
- 1978. 03. 01. ~ 1980. 02. 29. 경북 영덕군 신리국민학교
- 1980. 03. 18. ~ 1980. 04. 11. 부산 장산국민학교 임시교사
- 1980. 04. 14. ~ 1980. 05. 13. 장산국민학교 임시교사
- 1980. 06. 05. ~ 1980. 07. 23. 해운대국민학교 임시교사
- 1980. 08. 25. ~ 1980. 10. 16. 해운대국민학교 임시교사
- 1980. 10. 18. ~ 1981. 01. 17. 전포국민학교 임시교사

- 1981. 02. 06. ~ 1981. 2. 24. 내성국민학교 임시교사
- 1981. 03. 01. ~ 1981. 3. 05. 내성국민학교 임시교사
- 1981. 03. 06. ~ 1981. 4. 06. 부곡국민학교 임시교사
- 1981. 04. 07. ~ 1981. 12. 03. 부산혜성학교 임시교사
- 1981. 12. 04. ~ 1987. 2. 28. 부산혜성학교 교사
- 1987. 03. 01. ~ 1990. 3. 31. 여고국민학교 교사
- 1990. 04. 01. ~ 1993. 2. 28. 동래교육청 특수교육담당장학사
- 1993. 03. 01. ~ 1994. 8. 31. 구남국민학교 교감
- 1994. 09. 01. ~ 1996. 2. 29. 동부교육청 특수교육담당 장학사
- 1996. 03. 01. ~ 1997. 8. 31. 부산광역시교육청 특수교육담당 장학사
- 1997. 09. 01. ~ 1998. 12. 31. 부산광역시교육청 특수교육담당 장학관
- 1999. 01. 01. ~ 2000. 8. 31. 부산 거제초등학교 교장
- 2000. 09. 01. ~ 2003. 8. 31. 부산 구남초등학교 교장
- 2003. 09. 01. ~ 2005. 8. 31. 부산혜남학교 교장(정년퇴임)

자격/
- 1963. 02. 25 ; 국민학교 2급정교사 (무시험 검정)
- 1972. 02. 26 ; 국민학교 1급정교사 (무시험 검정)
- 1973. 11. 28 ; 중등학교 준교사 잠업 (고시검정)
- 1979. 11. 12 ; 특수학교 교사(정신박약) (고시검정)
- 1987. 07. 13 ; 국민학교 교감 (무시험 검정)
- 1996. 08. 24 ; 초등학교 교장 (무시험 검정)
- 1999. 01. 01 ; 유치원 원장 (무시험 검정)
- 2003. 08. 30 ; 특수학교 교장 (무시험 검정)

상훈
- 1976. 12. 05 ; 표창장 (경남교육감)
- 1979. 12. 05 ; 표창장 (경북교육감)

- 1983. 09. 30. ; 제 29회전국과학전람회 특상 : 문교부 장관상
- 1985. 12. 09. ; 제16회 전국교육자료전 2등급 ; 대한교육연합회장상
- 1986. 08. 01. ; 표창장 (특수학교(급)연수원 수강 유공) 대구대학교 총장
- 2005. 08. 31. ; 국민훈장 황조근정훈장
- 2007. 12. 27 ; 제20회 부산교육상

저서/
- 2005. 08. 31 ;『월운에서 혜남까지』
- 2005. 08. 31 ;『꽃이랑 나비랑』

가족관계/
- 첫째 아들 ; 영호 (한의학 박사, 프라임 한의원 경영)
- 첫째 자부 ; 임가화 (주부)
  손자 ; 병희 (대학생)
  손녀 ; 송희 (대학생)

- 둘째 아들 ; 보만 (개인사업)
- 둘째 자부 ; 정진희, (중등학교 교사)
  손자 ; 현승 (대학생)
  손녀 ; 서현 (중학생)

- 셋째 아들 ; 승환 (회사원)
  셋째 자부 ; 김영지 (주부)
  손녀 ; 유주 (초등생)